PROVENCE
CÔTE D'AZUR

Barbara A. Noe

COMMENT UTILISER

Musée du Riz de Camargue
✉ Rte. de Salin-de-Giraud, Le Sambuc
☎ 04 90 97 29 44
🕐 Ouvert ven.-lun.
Sur rendez-vous seulement les sam. et dim.
€

RENSEIGNEMENTS

Des informations sur les principaux sites à visiter figurent en marge des pages (voir la légende des symboles sur le dernier rabat de la couverture). Lorsque la visite est payante, le tarif des entrées est indiqué par le symbole €.

€	moins de 5 euros
€€	de 5 à 10 euros
€€€	de 10 à 15 euros
€€€€	de 15 à 20 euros
€€€€€	plus de 20 euros

95

CODE COULEUR

Chaque région est identifiée à l'aide d'une couleur afin de faciliter la navigation dans le guide. Ce même principe est appliqué dans la partie **Informations pratiques**.

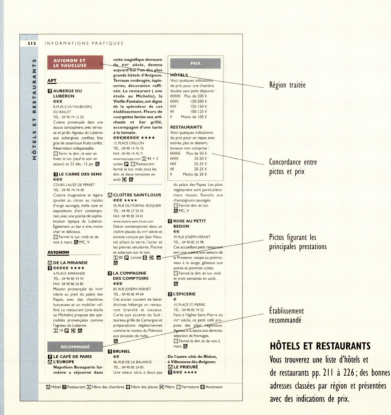

Région traitée

Concordance entre pictos et prix

Pictos figurant les principales prestations

Établissement recommandé

HÔTELS ET RESTAURANTS

Vous trouverez une liste d'hôtels et de restaurants pp. 211 à 226 ; des bonnes adresses classées par région et présentées avec des indications de prix.

CE GUIDE ?

CARTE RÉGIONALE

ITINÉRAIRE DE PROMENADE

- Un tableau indique les points de départ et d'arrivée, la durée et le nombre de kilomètres de la randonnée et les endroits à ne pas manquer.

PROMENADE EN VOITURE

SOMMAIRE

Histoire et culture	9-44
La Provence aujourd'hui	10-17
Une cuisine du soleil	18-19
Les vins de Provence	20-21
Le pays	22-23
Histoire de la Provence	24-33
Les arts	34-44

Avignon et le Vaucluse	45-80
Avignon	48-55
Luberon	56-60
Roussillon	61
Gordes et l'abbaye de Sénanque	62-63
Isle-sur-la-Sorgue	64
Fontaine-de-Vaucluse	64-65
Vaison-la-Romaine	66-67
Les Dentelles de Montmirail	68-69
Orange	70-73
La vie romaine et la culture	74-75
Châteauneuf-du-Pape	76-77
Autres sites à visiter	78-80

Vers le sud au fil du Rhône	81-106
Nîmes	84-86
Le pont du Gard	87
La Camargue	88-93
Sauvage Camargue	90-91
Arles	94-97
Une promenade en Arles	98-99
Les Baux-de-Provence	100-101
La Montagnette	102
Saint-Rémy-de-Provence	103-104
Autres sites à visiter	105-106

Aix, Marseille et le Var	107-134
Aix-en-Provence	110-113
La visite du vieil Aix	114-115
La montagne Sainte-Victoire	116-117
Marseille	118-125
Cassis et les calanques	126
Hyères et les îles d'Hyères	127
Saint-Tropez	128-129
L'arrière-pays de Saint-Tropez	130-131
Les vins de Provence	132-133
Autres sites à visiter	134

Photographies : p. 1 : L'emblématique tournesol.

pp. 2-3 : La Roque-Alric (Vaucluse).

p. 8 : Fête de la lavande à Sault (Vaucluse).

SOMMAIRE

Côte d'Azur : 135-162
Cannes et ses environs

Cannes	138-141
Vallauris	142-143
Mougins	143
Grasse	144-145
L'art de la parfumerie	146-147
Vence	148-149
Saint-Paul-de-Vence	150-152
Antibes	153-157
Napoléon en Provence	158-159
Biot	160
Cagnes-sur-Mer	161
Autres sites à visiter	162

Côte d'Azur : 163-186
de Nice à Menton

Nice	166-173
À la découverte du vieux Nice	168-169
Un paradis créé par l'homme	174-175
Les Trois Corniches	176-177
Monaco et Monte-Carlo	178-182
L'arrière-pays niçois	183
Menton	184-185
Autres sites à visiter	186

Les Alpes 187-203
de Provence

Le parc national du Mercantour	190-193
Les gorges du Verdon	194-195
La route des gorges du Verdon	196-197
Moustiers-Sainte-Marie	198
Le plateau de Valensole	199
Le pays de la lavande	200-201
Autres sites à visiter	202

Informations 204-234
pratiques

Préparez votre voyage	204
Se rendre en Provence	204-205
Comment se déplacer	205-206
Conseils pratiques	206-208
Urgences	208
Calendrier des événements et festivals	209-210
Hôtels et restaurants	211-226
Faire ses achats en Provence	227-230
Loisirs et activités sportives	231-234

Index 235-238
Crédits 239

Histoire et culture

La Provence aujourd'hui **10-17**
Une cuisine du soleil **18-19**
Les vins de Provence **20-21**
Le pays **22-23**
Histoire de la Provence **24-33**
Les arts **34-44**

À la Révolution française, Marseillais et royalistes s'opposèrent farouchement.

La Provence aujourd'hui

LE CHARME UNIQUE DE LA PROVENCE VIENT DE SA DIVERSITÉ UNIQUE. ELLE EST CONSTITUÉE D'UN véritable enchevêtrement de vallées couvertes de vergers, de sommets enneigés, de cours d'eau tumultueux, de sources bouillonnantes, de vestiges romains, de plages de galets, de marécages remplis d'oiseaux et de forêts sombres et touffues. Sans oublier les villes animées de Nice et de Marseille, ni les villages perchés endormis. Ancien et nouveau, tradition et modernisme, nature et culture s'imbriquent et offrent à cette région bien dotée des visages multiples et contradictoires.

Il est une chose sur laquelle tout le monde tombe d'accord : visiter la Provence, c'est inévitablement succomber à son charme. La lumière transparente, le bleu flamboyant de ses ciels, la beauté de ses paysages, tout contribue à séduire le voyageur : qu'il sirote un apéritif sur la terrasse du Café de France à Lacoste en contemplant la mosaïque des champs au loin dans la vallée et les maisons dorées du village médiéval de Bonnieux ; qu'il admire la

LA PROVENCE AUJOURD'HUI

vibration bleu-violet d'un champ de lavande en fleurs dans la plaine de Buoux ou observe les gestes séculaires d'un santonnier du village de Ségurat, occupé à peindre soigneusement ses petites figurines de terre cuite ; qu'il déguste une assiette de bouillabaisse près du bruyant marché aux poissons de Marseille ou scrute le ciel de Camargue pour apercevoir un vol de flamants roses…

La Provence est une terre splendide, qui n'a pas volé sa réputation pour ses vins fruités, ses fruits et légumes abondants, son architecture romane bien singulière, son calendrier ininterrompu de festivals, ses gens accueillants, son accent chantant et ses plages célèbres. Elle séduit depuis l'Antiquité et semble exercer aujourd'hui le même pouvoir sur chacun, jusque sur les vedettes de cinéma.

Il y a un je-ne-sais-quoi dans le style provençal, un mélange de sophistication et de rusticité, de tradition et d'élégance, qui ne doit rien au hasard : les pierres pâlies par le soleil brûlant du midi, les célèbres imprimés de couleurs vives fabriqués selon une tradition séculaire, la céramique et le travail du verre sont le fruit d'artisans locaux.

Même ceux qui n'ont jamais foulé le sol de la Provence en connaissent l'atmosphère radieuse, grâce aux témoignages des nombreux artistes qu'elle a inspirés : Matisse, Renoir, Picasso, Bonnard, Chagall et Cézanne, natif d'Aix-en-Provence, pour n'en citer que quelques-uns. Mais le plus exalté par le paysage est sans doute Vincent Van Gogh, qui arrive en Arles en 1888 et peint avec une ardeur frénétique plus de 180 toiles les deux années suivantes. Ses tableaux expriment l'essence de la Provence : couleurs franches et audacieuses de ses iris, tournesols, nuits étoilées et terrasses de cafés. En 1888, l'artiste écrit à sa sœur Wilhelmina : « Dans le Sud, la nature ne se peut peindre avec la palette de mauve par exemple, propre au nord… ici la palette est particulièrement colorée : bleu ciel, orange, rose, vermillon, un jaune très vif, vert clair, lis de vin et violet. »

Mais les choses ne sont pas aussi simples qu'il y paraît.

MÈRE NATURE

Le calcaire poreux, distinctif du paysage provençal, est un sol aride sur lequel se sont développés les oliviers aux reflets argentés, les cactées à épines, un maquis touffu et la garrigue. L'eau a beaucoup d'importance, comme l'attestent les nombreuses fontaines des villes et villages. En quelques jours, et parfois quelques heures, il peut pleuvoir ici plus qu'il ne pleut à Paris en une année. Les torrents dévalent des montagnes et vont grossir le Verdon, la Durance et le Rhône. La terre peut ensuite

Grâce aux milliards d'euros investis dans le cadre du projet Euroméditerranée qui prévoit, d'ici 2010, de faire de Marseille le plus grand port de la Méditerranée, la cité phocéenne se prépare un avenir radieux.

rester sèche pendant des mois. À cette rigueur s'ajoute le mistral venu de Sibérie qui souffle une centaine de jours par an, dévaste les récoltes et affecte l'humeur des habitants. Dans *Jean de Florette* et *Manon des Sources*, qui racontent respectivement la fin tragique d'un paysan auquel des voisins malveillants et vénaux soustraient la source de sa propriété, et la vengeance de sa fille après sa mort, Marcel Pagnol décrit parfaitement l'âpreté de la nature.

UN PARADIS AGRICOLE

L'étranger peut se demander comment cette terre rocailleuse, apparemment désolée, peut donner de telles richesses ? De fait, les vaillants Provençaux tirent de ce climat rude des produits dignes du jardin d'Éden : truffes exquises, savoureux abricots, cerises, pêches, coings, poires, olives, vins riches, fromages de chèvre piquants. Les marchés en regorgent et n'oublient pas les fleurs : brassées de tournesols, coquelicots ou œillets.

Les vagues violettes des champs de lavande du plateau de Puimichel. Aujourd'hui, la récolte est presque entièrement mécanisée, mais sur certaines exploitations anciennes, trop petites pour le passage du tracteur, la lavande est encore coupée à la main.

Paysans et pêcheurs à l'origine, les Provençaux entretiennent depuis toujours un lien étroit avec leur terre. Au lieu de la dominer, ils s'y sont adaptés, ont planté des arbres pour s'abriter de l'ardent soleil des étés, opposé leurs logis à l'incessant vent du nord et ajouté de lourds volets pour conserver un peu de fraîcheur à leurs habitations.

Après la Seconde Guerre mondiale, l'industrialisation qui prend son essor en France n'épargne pas la Provence et met en péril le mode de vie rural. L'économie s'est tournée vers l'énergie nucléaire et la construction de l'avion supersonique Concorde. Beaucoup d'agriculteurs, encouragés à moderniser

leurs équipements, ont fait faillite car les nouveaux outils conçus pour les grandes exploitations ne sont pas adaptés aux petites. Au début des années 1980, la région comptait 10 % d'agriculteurs, contre 35 % avant la guerre.

Grâce à la mode du naturel, les produits biologiques viennent à la rescousse de l'agriculture. La demande en huile d'olive, plantes et vins (atouts majeurs de la région), cultivés ou fabriqués selon les méthodes naturelles, ne cesse d'augmenter. Le pays réinstalle ses fermes familiales et opère un retour vers la tradition qui semble avoir de l'avenir. La Provence est du reste l'une des premières régions françaises productrices et exportatrices de produits agricoles.

Ce qui ne veut pas dire qu'elle est passée à côté de la modernisation. Au contraire. La recherche nucléaire continue à Cadarache, tandis qu'à La Gaude le pôle informatique et de télécommunications reste très actif.

LA PROVENCE AUJOURD'HUI

La Provence aime prendre son temps et se retrouve sur le terrain de boules (chaque village en possède un, comme ici à Fontvieille). Une façon, pour les anciens, d'oublier un peu la chaleur des après-midi.

ration de développement urbain qui concerne plus de 300 ha, est destinée à attirer de grandes entreprises technologiques et de services au cœur même de la ville. Le plan s'accompagne de nouveaux logements et infrastructures culturelles, prévoit la rénovation des musées et l'ouverture de restaurants. Tout cela pour faire de Marseille d'ici 2010 le principal pôle de la zone de libre-échange méditerranéenne.

AU CŒUR DE LA TRADITION

Parée de son héritage de dentelles, la reine d'Arles parle parfaitement le provençal, qualité plus importante encore que la beauté. Élue tous les trois ans par une assemblée de sept juges, l'Arlésienne incarne l'imprescriptible attachement de la région à ses coutumes.

Chaque village possède son blason, ses variétés de fruits, ses vins et ses friandises. L'année est ponctuée de festivals locaux, la plupart de danse et de musique traditionnelles, souvent en costumes. Beaucoup sont religieux, notamment le pèlerinage des Gitans aux Saintes-Maries-de-la-Mer qui viennent honorer leur sainte patronne, ou étroitement liés à la vie agricole, qu'il s'agisse de la récolte de la lavande, des olives, ou des vendanges. Certains sont plus obscurs, comme la procession des limaces (coquilles vides d'escargots garnies d'une flamme) de Gorbio ou du festin des cougourdons (de drôles de courges aux formes tarabiscotées) à Nice qui célèbre la fin de l'hiver.

Marseille consacre beaucoup d'énergie à la recherche biologique et le mont Ventoux abrite une station météorologique, Saint-Michel-de-Provence et Nice des observatoires astronomiques. Le port et le complexe industriel de Fos-sur-mer-Lavéra et de l'étang de Berre, spécialisés dans la pétrochimie, constituent l'un des centres chimiques les plus importants d'Europe.

Marseille vit à l'heure du projet Euroméditerranée. Unique en Europe, cette opé-

De toutes les fêtes où s'exprime la singularité des traditions locales, Noël reste la plus chère au cœur des Provençaux. Tout commence par le gros souper servi le 24 décembre au soir avant la messe de minuit. La famille se rassemble autour d'une table décorée de rameaux de myrte et de blé de Sainte-Barbe, signes de bonne récolte. Les plats sont maigres et privilégient les légumes et les poissons aux viandes grasses. On ajoute un couvert pour l'indigent ou en souvenir des parents disparus. Pendant trois jours, la

table n'est pas débarrassée pour que les anges puissent profiter de la fête et des treize desserts. Et bien sûr, sans crèche, il n'est pas de Noël provençal. Partout apparaissent les santons (littéralement petits saints), ces petites figurines en terre cuite ou taillées dans le bois dont la tradition remonte au XVIIIe siècle.

Mais ce qui définit peut-être le mieux la Provence sont les rituels quotidiens qui laissent penser que les habitants de la région savent prendre la vie comme elle vient, garder du temps pour voir leurs parents et amis sans jamais trop se biler. Les magasins et services (et la plupart des musées) ferment de midi à 14 h ou 15 h (parfois 16 h), ce qui laisse à leurs propriétaires et employés le temps de faire un vrai déjeuner suivi d'une sieste. Le dîner où l'on discute commence par un apéritif, pastis ou muscat, et se prolonge par une suite de plats préparés avec les produits frais de la région.

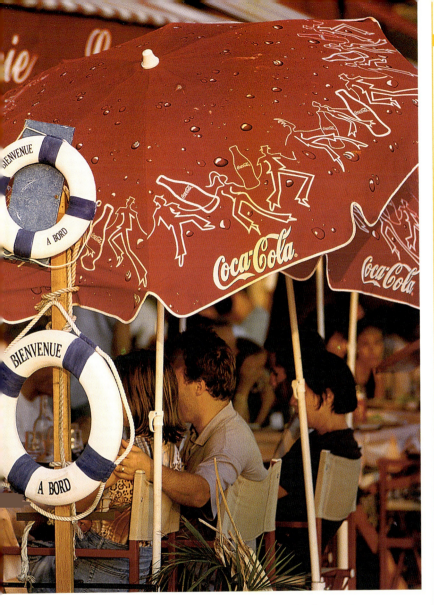

Sur le port (ici à Toulon), les cafés annoncent à la carte bouillabaisse fraîche et autres délices de la mer.

Il semble que la Provence ait su rester provençale et conserver son particularisme en se mettant à l'écart du monde. Et pourtant, depuis l'arrivée des Grecs en 600 av. J.C., les rivages du Midi ne cessent d'attirer les populations. Il y a quelques siècles, les marchands de la Compagnie des Indes occidentales importèrent les indiennes que tout le monde considère aujourd'hui comme typiquement provençales. La morue, si répandue, vient de Nouvelle-Angleterre. Marseille, grand carrefour des peuples, est une ville d'immigrés et un quart de ses habitants sont d'origine nord-africaine.

C'est ce qui fait la beauté de ce pays si attachant, plus complexe qu'il ne paraît. Une vie entière ne suffirait pas à en épuiser les charmes. ■

La fabrication des fromages de chèvre de Ganon n'a pas varié depuis l'époque des Gallo-Romains ; enveloppés d'une feuille de châtaignier, les fromages restent frais tout l'hiver.

Une cuisine du soleil

Les marchés de Provence regorgent de beaux produits à déguster au soleil – cerises, melons, tomates rouge vif, huiles d'olive, fromages de chèvre – qui procurent à la région une table simple, saine et savoureuse. Respectueuse des saisons et de la tradition, cette gastronomie méditerranéenne qui voue un culte aux olives, à l'ail et aux tomates, occupe une place à part dans la cuisine française. Si ses ingrédients remontent à l'Antiquité – les Grecs ont introduit les premières olives dans la région –, elle a bénéficié de l'influence plus grande encore de sa très proche voisine, l'Italie. Mais les Provençaux revendiquent bien fort leur propre cuisine du soleil.

Trois produits constituent la base de la cuisine provençale. L'ail accommode la plupart des plats, leur apportant sa touche piquante (et saine). L'huile d'olive, utilisée pour assaisonner ou cuisiner, est bien souvent tenue en aussi haute estime que le vin. Certaines huiles reçoivent même leur AOC (Appellation d'origine contrôlée), un label de qualité qui impose aux oléiculteurs de rigoureux critères. Les herbes de Provence – basilic, thym et surtout romarin – parfument toute sorte de plats, du poulet à la crème glacée. La sauge, le cerfeuil, l'estragon, l'anis et la lavande sont également omniprésents.

Les sauces et condiments spécifiques de la région tirent le meilleur parti de ces ingrédients. Le célèbre aïoli est une mayonnaise aillée qui accompagne la morue, un assortiment de légumes crus ou une soupe. L'anchoïade, ou pâte d'anchois, se prépare avec de l'ail et de l'huile d'olive, tandis que la tapenade est une purée d'olives à laquelle on ajoute de l'ail, des câpres, des anchois et de l'huile d'olive, et que l'on sert sur du pain grillé ou avec des branches de céleri.

Les légumes tiennent une place importante, qu'il s'agisse d'asperges de printemps, d'aubergines, de courgettes, de jeunes artichauts, de tomates ou de champignons. La fameuse ratatouille se cuisine avec des oignons, des tomates, des aubergines, des courgettes et des poivrons verts, et bien sûr de l'ail et des herbes de Provence. Les aubergines à la provençale – farcies de viande, d'oignons et d'herbes mélangés à une sauce

Le marché fermier de Saint-Rémy-de-Provence. Il existe plus de 15 variétés d'olives, destinées à la dégustation ou à la fabrication de l'huile.

tomate – et les fleurs de courgette farcies sont également très appréciées. La salade niçoise se compose en général de tomates, de concombres, d'œufs durs, d'oignons, de poivrons verts, de haricots verts, d'olives et parfois de thon (mais jamais de pommes de terre). La tarte aux oignons, aux olives et aux anchois s'appelle la pissaladière. Les tomates à la provençale, saupoudrées d'ail, de chapelure et grillées, accompagnent quantité de plats partout en Provence. La soupe au pistou, signature culinaire de la région, mélange haricots et différents autres légumes et se sert avec du pistou (une sorte de pâte faite de basilic, d'ail et d'huile d'olive). Et il ne faudrait pas oublier les truffes, l'or noir de la Provence (voir encadré p 58).

L'agneau est la viande la plus consommée, notamment l'agneau de Sisteron que les restaurateurs proposent sur leur carte sous le nom de gigot d'agneau aux herbes. Au chapitre du gibier, lapins et lièvres, sanglier, bécasses et grives sont préparés en civets ou entrent dans la composition du saucisson. Le bœuf en daube, longuement mijoté, figure sur nombre de menus. En Camargue, l'on vous servira partout de la viande de taureau ; grillée ou cuite en ragoût dans du vin rouge, en général avec des olives et des tomates ou encore dans le bœuf à la gardiane, accompagné en général du délicieux riz de la région au goût de noix.

Sur la côte, vous dégusterez du poisson frais : anchois, cabillaud, bar, dorade et merlan, pour n'en citer que quelques-uns, tandis que l'arrière-pays est le royaume de la truite de rivière. Dans les ports de pêche à l'ouest de Marseille, s'égayent sur les étals, oursins, violets et bulots. Mais la reine des spécialités de la mer est la bouillabaisse marseillaise (voir encadré p. 124). La bourride, une variante moins onéreuse, se prépare avec du poisson blanc et se sert avec de l'aïoli ; dans la recette de la baudroie, on ajoute des légumes et de l'ail.

La Provence est réputée pour ses fruits, notamment les cerises du Luberon, les melons de Cavaillon (cultivés depuis l'installation des papes à Avignon), les abricots, le raisin et les merveilleuses figues marseillaises qui mûrissent à la fin de l'été. Les meilleurs endroits pour s'approvisionner restent les marchés sur lesquels les producteurs vendent tous les produits de saison.

Le fromage de chèvre est la spécialité provençale. Le plus célèbre, le banon, se prépare aussi avec du lait de brebis. Le picodon est un petit chèvre piquant tandis que le pélardon est mature et sec. La brousse est un fromage doux et moelleux au lait de brebis, utilisé pour préparer des raviolis ou servi au dessert avec de l'huile d'olive et du miel.

Pour les desserts, voir l'encadré p. 186. ∎

Les vins de Provence

La richesse des sols et le climat ensoleillé de la Provence – balayée par les assauts violents du mistral – offrent les conditions idéales pour la culture de la vigne. Les Grecs furent les premiers à introduire la syrah, un cépage originaire de Shiraz, en Perse. La macération étant inconnue à l'époque, le rosé s'est imposé avec le temps comme le rafraîchissement par excellence des chauds étés de Provence. Mais bien que la région soit la deuxième zone de production française, la qualité n'a pas toujours été au rendez-vous. De fait, le vin est plus souvent qualifié de « piquette des touristes » ou de « vin de terrasse » que de breuvage « rare » et « subtil ». La situation évolue peu à peu avec l'arrivée d'une nouvelle génération de vignerons, soucieux d'améliorer la qualité.

Les rives du Rhône abritent certains crus de renommée mondiale. Ces appellations portent le nom de tavel, muscat de Beaumes-de-Venise, sans parler du légendaire châteauneuf-du-pape. Plus à l'est, les côtes de Provence fournissent l'essentiel des rosés, tandis que les minuscules vignobles du littoral produisent différents crus, dont les illustres blancs de Cassis. On y trouve certaines des appellations les plus célèbres de la région.

Côtes-du-rhône

Cette appellation, qui concerne en majorité des vins rouges, s'étend sur six départements et trois régions et couvre plus de 60 000 ha. La moitié sud du vignoble, dite des vins méridionaux, occupe la rive orientale du Rhône au nord d'Avignon et appartient à la Provence. Son cru le plus prestigieux, le châteauneuf-du-pape, date de l'installation des papes en Avignon (voir pp. 76-77). Forts en alcool et plaisants à déguster, ces rouges riches et puissants résultent d'un savant mélange de huit à treize cépages, la dominante étant le grenache. Le châteauneuf-du-pape blanc, plus rare, ne représente que 7 % de la production. Parmi les producteurs intéressants, citons Beaucastel et Rayas.

Il existe d'autres rouges très réputés, comme le robuste et chaleureux gigondas. Non loin, les rouges fruités et délicats des 17 côtes-du-rhône villages sont appréciés pour la richesse de leur terroir et leur microclimat. Les vins sont meilleurs lorsqu'ils fermentent selon les méthodes de vinification traditionnelle en fûts de chêne et s'abstiennent des nouvelles techniques de macération carbonique.

Le plus célèbre (et le plus cher) des rosés de Provence est le tavel, produit à 13 km à l'ouest de Châteauneuf-du-Pape. Sec et riche, il se déguste le plus jeune possible. Les domaines de la Forcadière et de la Genestrière produisent certains des meilleurs tavels.

Enfin, un vin blanc doux naturel, le muscat de Beaumes-de-Venise, a obtenu sa propre AOC. Il se sert couramment à l'apéritif.

Côtes-de-provence

La principale AOC de Provence (une production annuelle de 100 millions de bouteilles) qui occupe le sixième rang de France, couvre 18 000 ha entre Nice et Aix-en-Provence, dont l'arrière-pays varois et la région côtière entre Hyères et Fréjus. Compte tenu de la diversité de ses sols et climats, cette appellation, qui s'étend du littoral méditerranéen aux collines de l'arrière-pays, recouvre des vins très hétéroclites. La majorité – 75 % – sont des rosés frais et fruités, 20 % des rouges aux saveurs multiples et 5% de très rares blancs. Les côtes-de-provence se boivent toujours jeunes, à une température comprise entre 8 °C et 10 °C. Les domaines Gavoty et Richeaume sont d'excellentes productions.

Vignoble de Bandol

Bandol est apprécié pour son vin rouge rond, à l'arôme profond, produit avec le très tannique mourvèdre qui exige un minimum de 18 mois de vieillissement en foudres de chêne. Bon pour la consommation immédiate, il est cependant mieux connu pour ses grands vins de garde. Il existe aussi un rosé destiné à la demande locale, vieilli au minimum de 8 mois en fûts de chêne (inhabituel pour un rosé), ce qui lui donne sa couleur orange.

Vignoble de Cassis

Le minuscule port de Cassis est réputé pour son blanc sec et délicat, avec des arômes floraux et fruités. Il accompagne parfaitement les spécialités locales comme des bigorneaux à l'aïoli. Le clos-sainte-magdelaine est l'un des meilleurs blancs de Cassis, ses vignes mûrissant sur les terrasses calcaires et ensoleillées en bordure de Méditerranée. Cassis produit aussi des rouges et des rosés.

LES VINS DE PROVENCE

À gauche : le produit fini exposé à la Maison des Vins, aux Arcs. Ci-dessous : le processus de vieillissement au domaine Sainte-Roseline. En bas : Vendange près de Cotignac, côtes de Provence.

Déguster, visiter et acheter

On peut acheter directement au producteur, moins cher que chez les détaillants. La plupart des domaines proposent des dégustations.

Pour visiter les caves, il est préférable de téléphoner pour vérifier les jours et heures d'ouverture. La région de Châteauneuf-du-Pape est la plus intéressante, ainsi que le circuit des Dentelles de Montmirail (voir pp. 68-69) et l'arrière-pays varois près des Arcs (voir pp. 132-133). ■

HISTOIRE ET CULTURE

Le pays

LE CARACTÈRE DISTINCTIF DU PAYSAGE PROVENÇAL, LA CONJONCTION DE MASSIFS DE CALCAIRE blancs qui accrochent la lumière, d'escarpements ocre et rouge profond, de champs de lavande et du scintillement de la mer bleue, résulte de son passé géologique.

Il y a 200 000 millions d'années, un océan recouvrait le Sud-Est de la France. L'ère secondaire (245 à 66,4 millions d'années) vit émerger le continent tyrrhénien, créé par un arc volcanique entre l'actuelle Riviera française et la mer Tyrrhénienne. Lentement nivelés par l'érosion, les matériaux arrachés au sol furent entraînés par les cours d'eau vers le sud et se déposèrent au fond de la mer de Téthys. Ils se transformèrent en strates de roches régulières et parallèles composées de calcaire, d'argile, de schistes, de grès ou de sable. Au milieu du Tertiaire, des poussées lentes et puissantes s'exercèrent sur ces roches – l'ancien lit de la mer – et, en les compressant, les firent surgir très haut le long d'un axe est-ouest. Ces chaînons calcaires donnent sa spécificité au paysage provençal que nous connaissons. Le massif de l'Estérel à l'ouest de Cannes, le massif des Maures, la Sicile et la Corse sont des fragments de l'ancien continent tyrrhénien.

La Provence couvre six départements : le Vaucluse, les Bouches-du-Rhône, le Var, les Alpes-de-Haute-Provence, les Alpes-Maritimes et une partie des Hautes-Alpes. Dans les années 1960, ces départements furent regroupés dans une région administrative appelée Provence-Alpes-Côte-d'Azur, avec Marseille pour préfecture. Cette région de 257 par 225 km (31 399 km²) est bordée à l'ouest par le Rhône, au sud par la Méditerranée, à l'est par l'Italie et au nord par les Alpes.

LES DÉPARTEMENTS

Avec le Rhône comme frontière occidentale et la Durance au sud, une large partie du **Vaucluse** est couverte de terres fertiles propices à la culture de la vigne et des arbres fruitiers. Le département comprend aussi le plateau du Vaucluse, avec des grottes et des rivières souterraines émergeant sous la forme de sources, comme la légendaire fontaine de Vaucluse. Au nord, le mont Ventoux, culmine à 1 909 m.

Les multiples facettes des **Bouches-du-Rhône** – bordées par le Rhône, la Durance, la Méditerranée et le massif de la Sainte-Baume – offrent un concentré de Provence. À l'ouest, les dépôts alluviaux sont occupés par de vastes plaines. Au sud du massif calcaire des Alpilles s'étend la plaine de la Crau, un vaste champ de galets fluviaux, vestiges de l'ancien delta de la Durance. Au sud, le Rhône, qui se sépare en Grand-Rhône et Petit-Rhône avant de se jeter dans la mer, enserre l'île de la Camargue, terre de lagunes et paradis des oiseaux. À l'est, la vallée d'Arc sépare la montagne Sainte-Victoire de la chaîne de l'Étoile.

Vers l'est, entre la mer, les Alpes du sud et les Bouches-du-Rhône, se trouve la région la plus boisée de Provence, le **Var**. Sur la côte, le massif des Maures plonge dans la mer et se prolonge jusqu'aux îles d'Hyères, sommets émergés du massif.

Frontière entre les plateaux rocheux du Var et des Alpes, les **Alpes-Maritimes** présentent un littoral rocheux, la célèbre Côte d'Azur, qui s'appuie sur les contreforts des Alpes du sud.

Les **Alpes-de-Haute-Provence** marient sommets alpins et paysage provençal. Le département alterne entre les gorges du Verdon (le plus grand canyon d'Europe) et le plateau de Valensole, patrie de la lavande, qui occupe la rive nord-ouest de la Durance.

LA FLORE

La forêt recouvre 38 % de la Provence et se compose essentiellement de chênes verts à feuilles persistantes, de chênes blancs, de chênes-lièges et de pins maritimes, de pins d'Alep et de pins parasols. Les Grecs importent les premiers oliviers en 600 av. J.-C. Le palmier, le mimosa, l'eucalyptus et les cactées d'Australie arrivent avec les Anglais au XIXe siècle. Orangers et citronniers poussent sur le littoral depuis le Moyen Âge, ainsi que les amandiers, les châtaigniers et les tilleuls.

Dans le maquis poussent quantité de plantes, dont le romarin, le basilic, l'estragon, le thym, le fenouil et l'origan. Adaptées au climat chaud et sec, les plantes de la garrigue, dont le genévrier, le chêne-kermès et la fougère, peuvent survivre sur un sol calcaire. ■

Le site exceptionnel
de la montagne Sainte-Victoire.

Les *bories* du Luberon, ces constructions de pierres sèches, vestiges de l'habitat préhistorique.

Histoire de la Provence

LA PAISIBLE PROVENCE À LA BEAUTÉ DE CARTE POSTALE RÉSULTE D'UNE MULTITUDE DE CONFLITS – villes contre villes, provinces contre couronne, pouvoir contre population, catholiques contre protestants – qui n'ont cessé de déplacer les frontières. Un nationalisme fervent s'est développé au fil des siècles, auquel Frédéric Mistral donna un second souffle à la fin du XIXe siècle. Relayé au XXe par Marcel Pagnol et Jean Giono, il survit aujourd'hui sous la forme d'une loyauté indéfectible envers tout ce qui est provençal, cuisine proverbiale, traditions et langue.

LA PRÉHISTOIRE

La position stratégique de la Provence en bordure de Méditerranée attira très tôt les visiteurs. Les premiers s'installent dans la région de Monaco il y a environ un million d'années et ornent de dessins la grotte de l'Observatoire (aujourd'hui devenue un musée). Dès 400 000 ans av. J.-C., des populations s'établirent autour des plages de Terra Amata à Nice (le boulevard Carnot actuel). Les restes de cœurs mélangés à des coprolithes humains (déjections fossilisées) ont été retrouvés sur le site ; les graines qu'ils contiennent, qui poussent de la fin du printemps aux premières neiges, laissent penser qu'il s'agissait d'un campement saisonnier de chasseurs d'éléphants.

L'homme de Néandertal apparaît au paléolithique moyen, environ 60 000 ans avant notre ère. L'homme moderne, l'homo sapiens, apparaît quelque 25 000 ans plus tard, laissant derrière lui quelques-unes de ses armes dans les grottes Grimaldi. Des colliers et bracelets de coquillages et d'arêtes découverts avec des squelettes près des Rochers rouges aux environs de Menton, indiquent une société de chasseurs, pêcheurs, cueilleurs.

20 000 ans avant J.C., pic de l'âge de glace, des chasseurs ornent de bisons, de phoques et de bouquetins la grotte Cosquer près de Cassis, découverte dans les années 1960. Au néolithique, ou âge de pierre, vers 6 000 ans av. J.-C., les premières populations se fixent. Elles élèvent des moutons, cultivent des céréales et construisent des habitats de pierres sèches, les *bories*, qui ponctuent toujours le paysage du Luberon (le village de Gordes est entièrement bâti en bories). Elles enterrent leurs morts dans des sépultures collectives, sous des tumulus appelés dolmens, dont certains subsistent dans le massif des Maures.

Entre 2800 et 1300 av. J.-C., des bergers gagnèrent la vallée reculée des Merveilles, près de Tende, et gravèrent quelque trente mille rochers dans des grottes au pied du mont Bégo ; parmi ceux-ci, des figures de sorciers, ou orants, laissent penser que le site était un lieu de culte. Le musée des Merveilles de Tende retrace l'existence de ces premières populations.

Il est difficile de déterminer l'origine des Ligures qui leur font suite. Sous l'appellation de Ligures, on entend en général toute population vivant sur le pourtour de la Méditerranée durant la transition du néolithique à l'âge du fer. Vers 800 av. J.-C., ce groupe disparate édifie des villages fortifiés sur les hauteurs, qualifiés aujourd'hui du nom latin d'*oppida*.

À peu près à la même période, une tribu germanique, les Celtes, envahit la Provence par le nord. Ils se mêlent aux Ligures pour former une vaillante tribu, les Celto-Ligures, qui établissent leur fief à Entremont, juste au nord de l'actuelle Aix-en-Provence.

LES GRECS
(600-118 av. J.-C.)

La civilisation arrive en Provence avec les Grecs qui s'établissent à Massalia (Marseille) en 600 av. J.-C. En deux siècles, ils fondèrent des colonies de marchands à Antipolis (Antibes), Nikaia (Nice), Olbia (Hyères), Monoïkos (Monaco) et Glanum (près de Saint-Rémy). La vigne et l'olivier qu'ils introduisirent donnèrent à la Provence les fondements économiques dont elle allait bénéficier durant des siècles. Tandis que Rome cherchait à asseoir sa domination sur l'Occident, qui dura plusieurs siècles, Massalia se rangeait de son côté pour lutter contre leurs ennemis communs : les Phéniciens, les Celtes, les Ligures et surtout les Étrusques qui occupaient les régions entre les deux. Lorsque Hannibal, le célèbre général de Carthage (Afrique du Nord) franchit les Alpes avec son cortège d'éléphants pour attaquer Rome, les Massaliens rallièrent aussitôt les forces romaines. Et en 212 av. J.-C., Massalia se dota d'un gouvernement municipal d'inspiration romaine.

L'alliance atteignit son apogée en 125 av. J.-C., lorsque les Celto-Ligures, qui attendaient le bon moment, se rassemblèrent pour attaquer Massalia à partir d'Entremont. Les Massaliens débordés demandèrent l'aide de Rome. Les Romains détruirent l'oppidum d'Entremont, édifièrent la forteresse romaine d'Aquae Sextiae Salluvioum (Aix-en-Provence) sur ses bases, la première ville romaine de Gaule. Comprenant la nécessité de développer une zone tampon entre Rome et la confédération celto-ligure, et de protéger leur route commerciale vers l'Espagne, les Romains installèrent des garnisons dans les villes situées entre les Alpes et les Pyrénées. L'immense province romaine, la première hors d'Italie, était née.

PROVINCIA ROMANA
(118 av. J.-C.-472 ap. J.-C.)

Une fois la Gaule conquise par Jules César en 58-51 av. J.-C., les Romains créèrent une province prospère qu'ils administrèrent durant six siècles paisibles. Nîmes, Aix et Arles devinrent d'importantes cités romaines, tandis que s'agrandissaient les colonies de Glanum et de Vaison-la-Romaine. Toute la *provincia romana* était dotée d'imposants monuments et édifices publics : amphithéâtres, arènes, thermes, temples et stades, certains ayant conservé leur splendeur d'origine. L'ingénierie romaine s'appliqua aussi aux transports (dont une route entre l'Italie et l'Espagne) et à l'acheminement de l'eau, comme en témoigne le magnifique pont du Gard, non loin de Nîmes. Mais Rome laisse un autre témoignage de son passage, le développement d'une langue régionale, le provençal, dérivé du latin.

Pendant ce temps, Massalia, redevable à Rome de son appui, était autorisée à rester un État indépendant au sein du territoire romain. Mais la ville commit l'erreur fatale d'accorder son soutien à Pompée et non à César lors de la guerre civile de Rome en 49 av. J.-C. Une fois au pouvoir, César punit Massalia pour son manque d'allégeance, lui ôta son indépendance et transféra ses possessions à Arles, Narbonne et Fréjus. Néanmoins, la cité phocéenne – dernier avant-poste de la culture grecque en Occident – connut un solide essor intellectuel et ses universités rivalisèrent avec celles d'Athènes.

La conversion au christianisme de l'empereur Constantin en 312 apr. J.-C. marqua le début du déclin de l'Empire romain. Préférant gouverner de Constantinople plutôt que de Rome, ses ambitions se tournèrent avant tout vers l'Asie mineure. À la même période, la nouvelle religion gagna la Provence et les temples romains firent bientôt place aux églises et aux monastères.

LES INVASIONS
(du Ve au IXe siècle apr. J.-C.)

L'Empire romain d'Occident tombe en 476 ap. J.-C., après les invasions de plusieurs tribus germaniques ; les Burgondes (de Scandinavie), les Ostrogoths (les Goths de l'est venus de la région de la mer Noire), les Wisigoths (les Goths de l'ouest issus du delta du Danube en Transylvanie). Au VIe siècle, une autre tribu germanique, les Francs, prenait l'avantage. Marseille, Arles et Avignon se rebellèrent et furent brutalement écrasées. La Provence fut absorbée dans un mélange de duchés et royaumes d'Europe centrale et occidentale qui formèrent le noyau de la France et de l'Allemagne modernes.

La Provence resta sous domination franque avec les grands chefs carolingiens (dont Charlemagne) jusqu'en 843, date du traité de Verdun qui divisait en trois leur royaume. Les IXe et Xe siècles connurent d'autres invasions par les Normands, et même par les Hongrois, qui pillèrent Nîmes en 924.

Mais ce sont les Sarrasins – terme générique qui désigne les envahisseurs musulmans, Turcs, Maures et Arabes – qui commettent le plus de ravages. En dépit des alliances conclues par la Provence avec les Sarrasins pour lutter contre les Francs et établir sa propre indépendance, des conflits survinrent bientôt et se prolongèrent pendant des siècles. Les Provençaux se replièrent sur les collines où ils édifièrent leurs villes fortifiées – beaucoup de villages perchés de Provence datent de cette période chaotique. Les Sarrasins perdirent de nombreuses batailles, mais ce n'est qu'en 972, grâce à Guillaume le Libérateur, comte d'Arles, qui attaqua leur base à La Garde-Freinet dans le massif des Maures (près de Saint-Tropez), que leur menace fut jugulée une fois pour toutes.

LA PROVENCE MÉDIÉVALE
(1000-1300)

En 1032, la Provence fut rattachée au Saint Empire romain germanique. Toutefois, l'éloignement du siège du pouvoir au sud de l'Allemagne permit aux cités d'affirmer fièrement leur indépendance, et les conflits féodaux ou les renversements d'alliance n'intéressèrent guère les Carolingiens.

L'expansion considérable des institutions religieuses dans toute la région, sous l'impulsion de l'abbaye de Saint-Victor à Marseille, marqua un point en ces temps obscurs. C'est l'époque des pèlerinages, notamment à Saint-Trophime, à Arles et à Saint-Guilhem près d'Aniane, et le début des croisades en 1095. À la même période, la Provence (comme d'autres régions d'Europe) connut un extraordinaire essor dans les domaines de l'architecture, de la poésie et de la musique.

Au XIe siècle, une petite dynastie s'octroya le titre de comtes de Provence et gouverna le pays entre le Rhône et les Alpes. Quand la lignée s'éteignit en 1113, le titre passa aux comtes de Barcelone. L'intelligent Raymond Bérenger (1209-1245), premier comte catalan à établir sa

À gauche : Charlemagne, empereur des Francs de 800 à 814. Ci-dessus : c'est des côtes provençales que s'embarquèrent nombre de croisés pour se joindre à la guerre sainte.

résidence dans la nouvelle capitale provençale d'Aix, rêvait de créer un grand empire méditerranéen. Il donna la main de sa fille Béatrice, héritière de Provence, à Charles d'Anjou, frère de Louis IX (Saint Louis), roi de France. Après la mort de Bérenger en 1245, le comté de Provence passa à la maison d'Anjou.

L'ARRIVÉE DES PAPES EN AVIGNON (1309-1417)

En 1309, Clément V, natif de France et pape de 1305 à 1314, las de la constante agitation qui régnait alors à Rome, déplaça la cour papale en Avignon. Huit autres papes (dont deux schismatiques) prirent sa suite, gouvernant l'Église catholique romaine entre 1309 et 1377 depuis cette cité vassale du Saint-Siège. Le troisième pape Benoît XII, critiqué par tous pour son arrogance et sa cupidité, s'attela à la construction du palais des Papes. Par son ampleur inégalée (une superficie de plus de 15 000 m^2), le palais témoigne du pouvoir absolu de l'Église.

Le successeur de Benoît XII, Clément VI (1342-1352), était un aristocrate habitué au luxe. Trouvant le palais trop austère et trop

HISTOIRE ET CULTURE

Le pape régna sur la chrétienté à partir d'Avignon pendant la presque totalité du XIVe siècle.

simple à son goût, il décida d'en construire un second, plus élégant. Le Palais neuf est admiré à son époque pour être une des résidences les plus élégantes et une forteresse des plus imposantes. Clément VI entreprend alors la restauration du célèbre pont d'Avignon (pont Saint-Bénezet).

À cette époque, Avignon et sa région, le comtat Venaissin, furent le lieu d'une renaissance culturelle. Elle se traduisit par le développement des industries nouvelles du verre et du papier, et l'émergence d'une école artistique, connue aujourd'hui sous le nom de primitifs provençaux, ou école d'Avignon. En effet, l'installation des papes en Avignon contribua à faire de la ville un des plus brillants foyers artistiques d'Europe, qui attira de nombreux peintres, en majorité italiens. Le rayonnement de l'école d'Avignon ne s'arrêta qu'au début du XVIe siècle, tandis que la vénalité de la papauté avait entraîné la cité dans d'infamantes corruptions, que condamna le poète Pétrarque, résidant alors à Avignon.

Grégoire XI (1370-1378) parvint finalement à rétablir le Saint-Siège à Rome en 1377. Toutefois, les cardinaux français étaient si mécontents de l'élection du pape italien Urbain VI, qu'ils appelèrent à un autre vote. Ils choisirent leur propre pape, Clément VII, ce qui conduisit au grand schisme d'Occident. Il y a donc à ce

L'évolution d'une langue

La langue française découle de la conquête romaine. Les Romains apportèrent à la fois le latin classique (langue littéraire enseignée à l'école) et le latin familier parlé par les soldats et les marchands. Ce dernier remplaça la langue celtique et évolua progressivement vers une langue romane usuelle, celle qui devait devenir le français. Toutefois, il n'émergea pas une seule langue, mais divers dialectes : au sud, le provençal, l'aquitain, le languedocien, l'auvergnat et le dauphinois, appelés langue d'oc, tandis qu'au nord se développaient d'autres idiomes, dont la langue d'oil. La sujétion des provinces du Sud au XIIIe siècle assura la domination de la langue d'oil, et c'est elle qui allait devenir le français.
Le provençal survit comme langue parlée, mais sa littérature s'est éteinte jusqu'à sa renaissance au XIXe siècle. ∎

moment-là deux papes, l'un à Rome, l'autre en Avignon. Le schisme dure une quarantaine d'années, jusqu'en 1417, moment où Martin V se fixe lui-même à Rome.

AUTRES FAITS MARQUANTS DU MOYEN ÂGE (1348-1536)

La peste noire gagna le port de Marseille en 1348 et décima la population de la ville. Au même moment, des despotes féodaux comme les seigneurs des Baux ne firent qu'ajouter à la terreur et au chaos. Les choses semblèrent toutefois s'améliorer en 1409. Le très habile Louis II d'Anjou fonda l'université d'Aix. Son fils, le bon roi René, un des hommes les plus cultivés et éclairés de son temps, encouragea le développement des arts. Aix devient la cité phare de la Provence. René est le dernier comte de Provence à gouverner et à sa mort, en 1480, la Provence est rattachée à la France. L'empereur Charles Quint saisit cette occasion pour envahir la Provence entre 1524 et 1536 lors des guerres franco-italiennes.

LES GUERRES DE RELIGION ET LEURS CONSÉQUENCES (1545-1720)

Conséquence de la Réforme qui agita l'Europe, les guerres de Religion entre catholiques et protestants « hérétiques » occupèrent la majeure partie de la fin du XVIe siècle. Des enclaves protestantes s'installèrent à Orange, en Haute-Provence et dans le Luberon, notamment à Nîmes où les trois quarts de la population devinrent huguenots.

L'ouverture des hostilités de la guerre en Provence débuta en 1545 après les six jours de massacre de la population de 11 villages vaudois (une secte protestante) du Luberon. En 1563, l'essentiel de la population protestante d'Orange fut massacré par ses voisins catholiques et, en 1567, 200 catholiques périrent dans l'attaque de Nîmes. La destruction complète des églises (dont Saint-Gilles) et d'un certain patrimoine

C'est grâce aux efforts de Frédéric Mistral et d'autres poètes et écrivains provençaux, que la langue et la culture provençales se sont maintenues.

artistique s'étendit à toute la région. Les hostilités s'achevèrent en 1578 avec l'édit de Nantes par lequel Henri IV garantissait aux protestants des libertés civiles et religieuses. Cette paix difficile se prolongea jusqu'à la révocation de l'édit de Nantes par Louis XIV en 1685, qui entraîna la reprise des persécutions envers les protestants. De nombreux chefs huguenots furent tués ou emprisonnés dans la tour de Constance à Aigues-Mortes et au château d'If à Marseille.

Aux XVIIe et XVIIIe siècles, les alliances régionales s'affaiblirent tandis que se développait le sentiment national. Les villes s'agrandirent et s'embellirent d'élégants hôtels particuliers, les châteaux se multiplièrent. En dépit de l'essor de l'industrie textile et du développement des ports de Toulon (célèbre pour la construction navale) et Marseille, les temps étaient rudes pour beaucoup et la peste dévastatrice de 1720 ne fit qu'accroître le problème. Arrivée à Marseille par un bateau en provenance de Syrie, la peste frappa plus de la moitié des habitants. Tout contact avec Marseille se trouvait interdit et un énorme mur fut construit pour endiguer l'épidémie. Elle se répandit pourtant à Toulon, Aix et Arles avant de décroître l'année suivante.

LA RÉVOLUTION (1789-1795)

S'associant au mécontentement général contre la royauté, les Provençaux rejoignirent avec enthousiasme les révolutionnaires de 1789. À Marseille, la guillotine installée sur la Canebière vit rouler autant de têtes royalistes que celle de Paris. C'est à la Garde nationale de Marseille que l'on doit l'une des grandes contributions de la Provence à la Révolution. En marchant sur Paris, la Garde entonne un air composé lors de la guerre contre la Prusse, le *Chant de guerre pour l'armée du Rhin*. Rebaptisé plus tard *La Marseillaise*, il devient l'hymne national français.

À cette époque, l'anarchie règne en France. De nombreux châteaux sont détruits, les églises désacralisées et les cathédrales transformées en temples de la Raison. Redoutant les persécutions religieuses, la population modèle de petites figurines d'argile, les santons, qu'elle utilise pour prier en cachette.

DE NOUVELLES DONNES TERRITORIALES (1790-1860)

En 1790, la Provence se divisait en trois départements : le Var, les Bouches-du-Rhône et les

Basses-Alpes. L'annexion par la France d'Avignon et du comtat Venaissin deux ans plus tard permit la création d'un nouveau département : le Vaucluse.

Les forces révolutionnaires arrachèrent Nice à l'Italie en 1793, ainsi que Monaco qui jusqu'ici était un État indépendant gouverné par la famille Grimaldi. Les Anglais, tirant parti de la confusion, occupèrent Toulon en 1793, avant d'en être chassés par un Napoléon Bonaparte âgé de 24 ans. Le jeune Corse prenait le pouvoir en 1799 (voir pp. 158-159).

En 1814, la France perdait les territoires dont elle s'était emparée en 1793. Nice et ses environs revenaient à Victor-Emmanuel Ier, roi de Sardaigne.

L'année suivante, Napoléon quitta son exil de l'île d'Elbe et accosta à Golfe-Juan avec sa flotte de partisans. Il marcha via Cannes, Grasse, Castellane, Digne-les-Bains et Sisteron (aujourd'hui la Route Napoléon) vers Paris où il reprit le pouvoir.

Révoltés par les impôts élevés, Menton et Roquebrune se déclarèrent indépendants de Monaco en 1848. En 1860, Charles III, roi de Monaco, céda ses droits sur ces villes à la France en échange de la reconnaissance de Monaco comme État indépendant.

Le dernier grand bouleversement territorial vit Nice et son arrière-pays revenir à la Maison de Savoie en 1860, quand Napoléon III conclut un pacte avec le roi d'Italie, Victor-Emmanuel II, pour aider à chasser les Autrichiens de l'Italie du Nord. En échange, la France retrouvait la Savoie et Nice.

LA BELLE ÉPOQUE (1840-1910)

Au Second Empire (1852-1870), l'auteur du poème épique *Mirèio* (*Mireille*), Frédéric Mistral, prit l'initiative de la renaissance de la culture et de la langue provençales. Avec sept autres jeunes poètes, il initia en 1854 le mouvement Félibrige (voir encadré p. 38).

Au même moment, l'industrialisation transformait la région. L'ouverture du canal de Suez en 1869 et l'expansion des colonies françaises ont accru le trafic du port et la prospérité de Marseille. La ligne de chemin de fer côtière, une merveille de technologie avec ses tunnels et ses viaducs surélevés, rejoignit Toulon en 1856, Nice en 1865 et Monaco en 1868. La construction de la route entre Nice et Monaco commença en 1864.

Mais surtout, la période vit se développer la Provence côtière, véritable havre pour les gens riches et célèbres. Les premiers visiteurs réguliers furent des gentlemen anglais qui fréquentaient le littoral, station obligée de leur circuit mondain. Peu à peu, Français, Anglais, Américains et Russes fortunés entendirent parler des bienfaits du climat et des paysages spectaculaires de la côte et vinrent passer leurs hivers à Nice et à Hyères où ils firent construire de somptueuses villas. La promenade des Anglais de Nice s'ouvrit en 1822.

L'émergence de Cannes, comme centre touristique, date de 1834. Lord Brougham, ancien chancelier de Grande-Bretagne, s'amouracha

La Belle Époque et la naissance des séjours balnéaires.

du petit village de pêcheurs qu'il était alors et décida d'y faire bâtir une villa. Ses amis et compatriotes le suivirent. Beaulieu et Antibes furent découverts à la même période.

Les têtes couronnées, elles aussi, passent leurs hivers sur la Riviera, dont la reine Victoria, l'Aga Khan et l'impératrice Eugénie, épouse de Napoléon III. En 1887, Stéphane Liégeard publie le premier guide de la région, intitulé *La Côte d'Azur*. Cette partie du littoral provençal a dès lors trouvé son nom.

Entre 1890 et 1910, le nombre de visiteurs étrangers à Nice est multiplié par six et passe à plus de 150 000, ce qui fait d'elle la ville européenne à la plus forte croissance. La Provence a enfin trouvé sa place dans l'économie nationale, tandis que les mutations industrielles touchent tous les secteurs : artisanat traditionnel, chimie minérale, extraction de lignite, huileries, savonneries, fabriques, métallurgie et matériels de transports.

LA PREMIÈRE GUERRE MONDIALE ET L'ENTRE-DEUX-GUERRES

La Provence paya un lourd tribut. Un homme sur cinq périt au cours de la Première Guerre mondiale. Heureusement, le Sud, dont l'économie repose davantage sur le tourisme que sur l'industrie, se remit plus vite de la crise financière au sortir du conflit.

Les années 1920 et 1930 voient l'explosion du chic et du « glamour », emblèmes de la Côte d'Azur. D'imposants hôtels sortent de terre sur les fronts de mer de Nice et de Cannes. Les personnalités Sara et Gerald Murphy se font construire la Villa America au Cap-d'Antibes et invitent leurs amis à venir batifoler sous le soleil estival, dont Ernest Hemingway, et F. Scott Fitzgerald (qui raconte les péripéties d'une jeunesse oisive dans son roman *Tendre est la nuit*). Le premier casino ouvre ses portes en 1929 à Nice, au palais de la Méditerranée, à l'instigation du magnat du chemin de fer Frank Jay Gould.

Les congés payés instaurés en 1936 sous le gouvernement du Front populaire donnent une impulsion supplémentaire au tourisme.

LA SECONDE GUERRE MONDIALE

Paris tombe aux mains des Allemands en juin 1940 et le Sud fait désormais partie de la zone libre, ou France libre (à l'exception de Menton et la proche vallée de la Roya, occupées par les Italiens). La Côte d'Azur, et Nice en particulier, devint une enclave de sécurité dans la France occupée et, en 1942, quelque 43 000 juifs y ont trouvé refuge. Monaco resta neutre durant toute la guerre.

Avec l'invasion de la France de Vichy par les nazis en 1942, la Provence entra en guerre. Les troupes allemandes occupèrent le Midi et la Résistance du maquis passa à l'action.

Quand les nazis s'apprêtèrent à confisquer la flotte de guerre française à Toulon en 1942, les Français préférèrent couler leurs bâtiments plutôt que de les voir passer aux mains des Allemands. Ces derniers répliquèrent en attaquant Toulon, tandis que les Italiens s'emparèrent de Nice. En janvier 1943, Hitler donna 24 heures aux 40 000 habitants du quartier du Panier à Marseille – quartier populaire, refuge des juifs et des chefs de la Résistance – pour choisir entre plier bagages ou être incarcérés. Une bonne partie du quartier fut rasée.

Le 15 août 1944, soit dix semaines après le Jour J, les forces alliées attaquèrent la côte varoise. Ce débarquement du sud, de moindre envergure, fut planifié pour appuyer celui de Normandie et prendre les Allemands en tenaille. Des milliers de parachutistes sautèrent de nuit sur l'intérieur des terres entre Draguignan et Fréjus, tandis que les plages entre Cannes et Toulon voyaient débarquer des troupes. En 14 jours, toute la Provence fut libérée. La vallée de la Roya ne revint à la France qu'en 1947.

LA PROVENCE MODERNE

En 1946, le Festival international du film redonna un air de normalité à la Côte d'Azur d'après guerre et propulsa Cannes au rang de capitale européenne du cinéma. Les deux décennies suivantes, la Côte d'Azur construisit sa réputation de refuge des vedettes, synonyme d'argent et de grande vie. En 1956, le mariage de conte de fées du prince Rainier III avec une princesse du cinéma hollywoodien Grace Kelly, ajouté à l'apparition de Brigitte Bardot dans le film tourné à Saint-Tropez *Et Dieu créa la femme*, accrurent encore le mythe.

L'Algérie obtint son indépendance en 1962. Quelque 750 000 Pieds-Noirs (des Français nés en Algérie), démunis et sans logement, furent contraints de revenir en France. Beaucoup s'installèrent en Provence, notamment à Marseille, Toulon et Nice, et suscitèrent un fort sentiment anti-immigrant.

La Provence s'industrialisa rapidement dans les années 1960 : cinq barrages hydroélectriques furent construits sur la Durance et, en 1965, un centre pétrochimique de 10 000 ha et un port industriel à Fos-sur-Mer virent le jour.

De plus en plus d'étrangers (essentiellement britanniques) arrivèrent en Provence et com-

La Résistance, qui participa à la lutte contre les nazis à Marseille avant l'entrée des troupes alliées, célèbre la libération de la ville en septembre 1944.

mencèrent à restaurer les vieux mas, comme Peter Mayle le raconte dans son livre *Une année en Provence*, dont la publication en 1990 entraîna d'autres vocations, notamment dans le Luberon.

Le président socialiste François Mitterrand, élu en 1981, octroya des pouvoirs aux régions françaises, signant là un tournant essentiel dans le centralisme séculaire parisien. S'il y a tout lieu de s'en louer aujourd'hui, cela facilita quelque peu la corruption qui régnait largement dans les années 1980 et 1990 et qui s'acheva avec les égarements de Jacques Médecin, maire de droite de Nice pendant 38 ans, jugé coupable à deux reprises pour fraude fiscale et évasion de capitaux.

Au milieu des années 1990, le Front national de Jean-Marie Le Pen remporta les élections municipales de 1995 à Toulon, Orange et Marignane et celles de 1997 à Vitrolles. Le FN manqua sa percée dans la politique nationale jusqu'aux élections présidentielles de 2002, où Le Pen stupéfia la nation en obtenant 4,8 millions de voix (16,86 %) à l'élection primaire. La région PACA (Provence-Alpes-Côte d'Azur) lui apporta son plus grand soutien ; il y battit du reste Jacques Chirac et Lionel Jospin au premier tour. Au second tour, les Français horrifiés se ruent aux urnes et réélisent Jacques Chirac avec une majorité écrasante de 82,21 %. Malgré tout, la région demeure le principal soutien électoral de Le Pen.

Le nouveau millénaire inaugure le TGV Méditerranée, qui relie Paris à Marseille en trois heures. Toute la région attend les bénéfices de la zone de libre-échange du projet Euroméditerranée, dont Marseille sera le pôle central. Dans le cadre d'un programme international d'investissements économiques d'un montant de près de 3 milliards d'euros, qui doit être effectif en 2010, la ville deviendra un centre d'affaires et touristique, un projet qui contraste avec l'image rurale associée à la Provence depuis ses origines. ■

> # Les arts

LE PAYSAGE PROVENÇAL A INSPIRÉ DE NOMBREUX ARTISTES, EN PARTICULIER VAN GOGH, CÉZANNE, Dufy et d'autres qui fondèrent le mouvement post-impressionniste à la fin du XIXe siècle. Après la Seconde Guerre mondiale, Pablo Picasso donne à ses créations un tour joyeux et coloré, directement inspiré de la lumière chatoyante et des ciels bleus de Provence. Le Midi séduit aussi les écrivains, qu'il s'agisse d'un Frédéric Mistral décidé à préserver sa langue ou d'un F. Scott Fitzgerald, dont le roman *Tendre est la nuit* rend hommage à la Riviera et à ses plaisirs mondains. Le cinéma est né sur la Côte d'Azur et l'industrie cinématographique célèbre sa grande messe chaque année au mois de mai, lors du festival de Cannes.

L'ARCHITECTURE

Nourrie d'influences françaises et italiennes au fil des siècles, l'architecture provençale a pourtant su se construire un style bien à elle. Les premiers édifices de la région, des mégalithes de pierre du néolithique (4 000 à 2 400 ans av. J.-C.), subsistent dans la vallée des Merveilles. Les *bories* du Luberon, des huttes en forme d'igloos construites en pierre sèche, dateraient de 3 500 ans av. J.-C.

Mais l'influence romaine fut la plus déterminante. Durant les six siècles de leur occupation de la *Provincia romana*, les Romains ont bâti aqueducs, fortifications, places publiques, temples, amphithéâtres, thermes et arcs de triomphe. Ils reprirent les formes architecturales grecques auxquelles ils apportèrent leur touche personnelle : arches rondes et massives, voûtes ou dômes. Élément essentiel de l'architecture grecque, la colonne devient, avec les Romains, pur ornement. La Maison carrée de Nîmes, un temple parfaitement conservé, en est le meilleur exemple.

Les Romains quittèrent la région en 476, mais leurs édifices ont traversé les siècles. Certains subsistent, comme les arènes de Nîmes et d'Arles où se déroulent aujourd'hui des corridas. Chaque été, le théâtre antique d'Orange présente des concerts ou des spectacles lyriques. L'architecture des premiers chrétiens conserve certains éléments romains. Le cloître Saint-Sauveur d'Aix-en-Provence, construit au XIIe siècle, témoigne de ce réemploi de formes ; colonnes, pilastres, et parfois même des tombes, sont harmonieusement intégrés à leurs nouveaux édifices.

Dès le Xe siècle, la population, chassée par les envahisseurs, doit se réfugier sur les hauteurs. Les villes s'entourent de remparts. La circulation entre les habitations s'effectue souvent par des souterrains ou des ruelles grossièrement pavées, et une rigole centrale permet l'évacuation des eaux usées. Ces villages perchés tels que Bonnieux, Gordes et Grimaud, ajoutent aujourd'hui au pittoresque.

Le renouveau religieux du XIe siècle a permis à la Provence de développer son propre style architectural, le premier d'Europe occidentale, le roman provençal. Associant l'ordre classique et la perfection des formes romanes aux influences d'Europe du Nord et du Sud, il se caractérise par des arches romaines, des voûtes en berceau, par l'épaisseur des murs, consolidés par des contreforts, par la rareté des ouvertures et des ornements. Les bâtiments sont pour l'essentiel à vocation religieuse, comme en témoignent les trois abbayes cisterciennes de Sénanque (1148), du Thoronet (1160) et de Silvacane (1175).

Le gothique, qui s'épanouit dans le Nord de la France du XIIe au XVe siècle, n'a laissé que peu de traces dans le Sud. Reconnaissable à ses arcs-boutants, à ses grands vitraux (qui racontent en images l'histoire religieuse aux fidèles illettrés) et surtout à ses voûtes d'ogives qui cherchent à élever l'esprit de l'homme vers le ciel. Si le palais des Papes d'Avignon en est l'exemple le plus parfait, la Provence recèle d'autres trésors comme la chartreuse du Val-de-Bénédiction à Villeneuve-lès-Avignon, la basilique royale de Saint-Maximin de la Sainte-Baume et la cathédrale Saint-Siffrein à Carpentras.

La Renaissance toucha assez peu la Provence, occupée par les guerres de Religion. Au XVIIe siècle, l'ingénieur militaire de Louis XIV Sébastien Le Prestre de Vauban (1633-1707) fit construire des places fortes dans toute la France.

Au XVIIe siècle, l'ingénieur militaire Vauban dirige la construction de la citadelle du village perché d'Entremont.

En Provence, il a laissé le Fort carré d'Antibes et les citadelles des villages d'Entrevaux et de Sisteron.

Empiétant sur le XVIIIe siècle, le baroque italien gagna les frontières orientales de la Provence et laissa des témoignages importants dans les églises de Menton et de Nice. Fondé sur l'architecture classique, le style donne lieu à une profusion de peintures, de sculptures et d'ornements dorés, pour un effet spectaculaire. La cathédrale Sainte-Réparate et l'église Saint-Jacques de Nice, l'église Saint-Michel de Menton attestent d'un baroque dans sa pleine maturité. Le baroque tardif, ou rococo, au caractère plus intime, s'engage dans des formes plus raffinées, légères et galantes.

Vers 1740, le néoclassicisme profite du regain d'intérêt pour les formes classiques héritées de l'Antiquité. Des colonnes, des formes géométriques simples et des ornements traditionnels veulent traduire l'idée de stabilité et de permanence dans des temps troublés. Dans l'architecture domestique, il s'exprime par d'élégantes façades ornées de portails et de fenêtres finement sculptés (le quartier Mazarin à Aix-en-Provence). Le style trouve sa propre évolution au milieu du XIXe siècle, sous l'impulsion de Napoléon III, soucieux de donner un air de grandeur et d'empire à son architecture monumentale.

Les architectes de la Belle Époque, qui régnèrent entre 1870 et 1914, fondèrent leurs créations éclectiques sur l'enseignement de l'École des Beaux-Arts, jouant avec tous les styles historiques, au gré de leur fantaisie ; palais mauresques côtoient châteaux néogothiques, « pièces montées et autres confiseries ». Le décor extravagant s'enrichit de frises en stuc ou de peintures en trompe-l'œil. Nice offre la plus riche collection de villas Belle Époque (voir encadré p. 170). L'architecte d'origine suisse Charles Édouard Jeanneret,

Les passages voûtés et les ruelles pavées de **Peille** caractérisent l'architecture des villages perchés du Moyen Âge, construits sur les hauteurs pour se protéger des pillages.

LES ARTS

Campaniles de fer forgé

Résultat de luttes incessantes où la pierre inerte s'oppose au Mistral, les Provençaux ont affiné leur technique, et les lourds clochers calcaires ont cédé la place aux ouvrages de fer forgé. Le vent s'y engouffre et fait tinter leurs cloches loin dans la campagne. Certains clochers sont très richement ornés, d'autres simples et sans fioritures. ■

mieux connu sous le nom de Le Corbusier (1887-1965), fut l'un des grands promoteurs du style international. Il interpréta les objets un peu à la manière des peintres cubistes et défendit une philosophie du fonctionnel qui lui fit dire que les bâtiments sont des « machines à habiter ». À Marseille, Le Corbusier a réalisé la Cité radieuse, une unité d'habitation (1946-1952) de 337 duplex emboîtés deux par deux et reposant sur 34 piliers de béton.

Plus récemment, l'architecture ultramoderne s'est illustrée dans la construction de nombreuses galeries d'art, dont le Musée d'art moderne et d'art contemporain de Nice (1990), avec ses tours carrées reliées par un passage de verre ; en 1993, l'architecte Norman Foster remporte le projet du Carré d'art de Nîmes. Le bâtiment aux murs de verre pris entre des colonnes de béton, s'harmonise avec le temple romain tout proche.

Toute évocation de l'architecture de Provence serait incomplète sans l'habitat vernaculaire qui s'exprime de la façon la plus visible dans les mas disséminés dans la campagne et les cabanes des gardians en Camargue. Ces deux types de construction sont des structures basses et trapues, aux épais murs de pierre, aux petites fenêtres munies de lourds volets, aux portes renforcées qui protègent des assauts violents du mistral et de l'implacable soleil d'été. Leurs façades nord sont quasi aveugles, des allées de cyprès arrêtent le vent. Au sud, platanes et acacias apportent leur ombrage.

LA LITTÉRATURE PROVENÇALE

Depuis le Moyen Âge, la Provence voit fleurir une littérature riche. Les troubadours se déplacent dans des cours féodales pour chanter l'amour courtois en occitan, ou langue d'oc (voir encadré p. 29), selon de rigoureuses conventions de rimes et de mètres. Apparaissent le canso (chanson d'amour), le sirventès (chanson politique ou morale) et le partimen (chanson-débat). Bernart de Ventadorn et Raimbaud de Vacqueyras sont les plus célèbres troubadours de Provence.

La littérature provençale décline après l'annexion de la Provence à la France en 1481 et l'émergence du français comme langue officielle. Toutefois, certains écrivains continuent d'écrire dans leur ancienne langue. Louis Bellaud, natif de Grasse et plus connu sous le nom de Bellaud de la Bellaudière (1532-1588), laisse les célèbres *Obros e rimos prouvenssalos*, un ouvrage de 160 sonnets. Nicolas Saboly d'Avignon (1614-1675) est le grand écrivain provençal de l'âge classique. Ses *Noëls provençaux*, une suite de poèmes sur la nativité, influencèrent Frédéric Mistral et Joseph Roumanille.

Le nom le plus attaché au mouvement provençal est celui du poète Frédéric Mistral (1830-1914). Il n'écrit qu'en langue d'oc et on lui doit en grande partie le renouveau de la littérature provençale à la fin du XIXe siècle (voir encadré p. 38).

La littérature provençale de langue française

Le médecin et astrologue Nostradamus, né à Saint-Rémy de Provence en 1503, se fait

HISTOIRE ET CULTURE

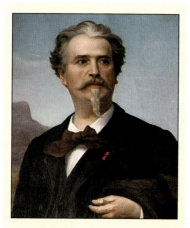

Frédéric Mistral

Amoureux inconditionnel de la langue et des traditions provençales – l'ancienne langue d'oc que parlaient les troubadours – le poète Frédéric Mistral (1830-1914) consacre sa vie à la défense de l'identité provençale. Ses écrits mettent en valeur la pureté de la langue et exaltent la beauté du paysage. *Miréio* (Mireille) (1859), un poème épique en 12 chants, raconte un amour maudit tandis que *Calendau* (1867) évoque les pêcheurs de Provence ; *Nerto* (1884) retrace les derniers jours des papes en Avignon. Mistral s'attelle durant vingt ans à la rédaction d'un dictionnaire des dialectes, croyances et traditions provençales : *Lou Tresor dou Felibrige*. Avec six autres amis écrivains – Théodore Aubanel, Jean Brunet, Anselme Mathieu, Joseph Roumanille, Paul Giéra et Alphonse Tavan –, il fonde les Félibres en 1854, un groupe de défenseurs ardents de la langue originelle de Provence. En 1904, il se voit décerner le prix Nobel de littérature et, la même année, décide de consacrer son prix à la création du Museon Arlaten d'Arles. Toutefois, Mistral et ses amis célèbrent une époque révolue et le mouvement finit par s'éteindre. De littérature provençale vivante, elle est devenue celle des personnes âgées ou des habitants des zones reculées de Provence. ■

connaître par *Les Centuries* (1555), un recueil de plus de mille prophéties rédigées en quatrains. Il meurt à Salon-de-Provence en 1566, de la goutte, comme il l'avait prédit.

Le très scandaleux marquis de Sade (1740-1814), propriétaire du château de Lacoste dans le Luberon, mène une vie de criminel débauché. Accusé d'empoisonnement, il est condamné à mort par contumace en 1772. Il s'évade, se fait arrêter et purge sa peine à la Bastille et au donjon de Vincennes où il passe en tout trente ans de sa vie et rédige ses œuvres les plus célèbres : *Justine ou les Malheurs de la vertu* ; *Juliette ou les Prospérités du vice* ; *La Philosophie dans le boudoir*. Si beaucoup considèrent ses écrits comme licencieux et obscènes, certains critiques relèvent son importance littéraire et philosophique et voient en lui un précurseur du surhomme de Nietzsche. Son style a influencé les écrivains du XIXe siècle, comme Baudelaire et Lamartine. Sa littérature, longtemps combattue et censurée, est réhabilitée par Guillaume Apollinaire et les surréalistes au XXe siècle.

Né à Nîmes, Alphonse Daudet (1840-1897), auteur d'expression française, passe pourtant l'essentiel de son temps en compagnie de Frédéric Mistral à Maillane. Son drame romantique *L'Arlésienne* sera mis en musique par Georges Bizet, mais ce sont les *Lettres de mon moulin*, publiées en 1866, qui le rendent célèbre. Inspirées de ses séjours à Fontvieille, ces nouvelles où défile une galerie de personnages pittoresques racontent la Provence. Dans *Tartarin de Tarascon*, Daudet campe le Méridional hâbleur, ridicule, mais sympathique.

Au XXe siècle, Jean Giono (1895-1970), natif de Manosque, célèbre les Alpes provençales et leurs habitants dans une langue richement poétique. *Le Hussard sur le toit*, adapté au cinéma en 1995, compte parmi ses œuvres majeures. Son contemporain Marcel Pagnol (1895-1974) est avant tout un dramaturge qui ne devient qu'incidemment romancier. En 1952, il tourne *Manon des sources* près de La Treille. Le film remporte un succès tel qu'il en fait un livre. Pagnol laisse une trilogie de souvenirs d'enfance : *La Gloire de mon père*, *Le Château de ma mère* et *Le Temps des secrets* (1957-1959). *Jean de Florette* et *Manon des sources* appartiennent à *L'Eau des Collines* (1962).

LES ARTS

Coiffé du bonnet de torero, Picasso (au centre) mime une course de taureaux sous l'œil amusé de Jean Cocteau (à sa droite) à Vallauris en 1955.

Le poète René Char (1907-1988), aussi estimé que controversé, naît à L'Isle-sur-la-Sorgue. Surréaliste à ses débuts, il impose ensuite son propre style de poèmes en prose, dans une langue elliptique et abrupte. Fervent résistant, militant contre la prolifération des armes nucléaires, ses écrits posent les grands problèmes moraux, politiques et esthétiques du XXe siècle.

Les premiers écrits de Françoise Sagan (1935-2004), qui réside à Saint-Tropez, traduisent la révolte et le cynisme de la jeunesse bourgeoise à laquelle elle appartient. En 1954, son roman *Bonjour tristesse*, l'histoire d'une adolescente de 17 ans dont la jalousie pour la maîtresse de son père aura des conséquences tragiques, a pour cadre la Côte d'Azur.

L'appel de la muse provençale

De nombreux écrivains étrangers succombèrent au charme de la Provence. Le premier d'entre eux, le poète italien Pétrarque (1304-1374), arriva à Avignon avec son père à l'âge de 9 ans. Il s'éprend de la belle Laure de Noves, hélas mariée, à qui il écrit 366 sonnets et ballades. Torturé par son amour non partagé (et las des corruptions de la cour papale), il s'installe à Fontaine-de-Vaucluse où il rédige ses *Canzoniere*, dédiés à sa bien-aimée. Ils lui valent d'être, avec Dante, l'un des plus grands poètes de la Renaissance, et parmi les premiers à écrire dans l'italien vernaculaire.

Plusieurs siècles plus tard, dans les Années folles (1920 et 1930), le romancier anglais Somerset Maugham s'installa au Cap-Ferrat. Il ne situe pourtant que peu de ses écrits en Provence, hormis deux nouvelles : *Les Trois Grosses Dames d'Antibes* et *La Leçon des choses*. L'Américain F. Scott Fitzgerald (1896-1940) est sans doute le plus célèbre des auteurs expatriés. Avec sa femme Zelda, il a passé ses étés au Cap-Ferrat à festoyer en compagnie d'Ernest Hemingway et d'autres Américains. Ces tumultueuses villégiatures ont su nourrir ses romans.

D'autres viennent sur la Riviera pour raisons de santé. Tuberculeux, D.H. Lawrence séjourne à Bandol en 1929 puis à Vence, où il meurt. Katherine Mansfield s'installe à Bandol et à Menton en 1920-1921, où elle écrit certains de ses meilleurs livres. Mais le climat idyllique de Menton ne vient pas à bout de sa consomption et elle s'éteint en 1923.

LA PEINTURE

Les premiers peintres de Provence sont les hommes du paléolithique supérieur qui ornent la grotte Cosquer, récemment découverte près de Marseille, de dizaines d'œuvres peintes et gravées représentant chevaux, bisons, cerfs, pingouins et empreintes de mains. Toutefois il faut attendre le XIVe siècle pour que la région apporte une contribution notable à l'histoire de l'art. Les papes installés à Avignon (1309-1417) font venir les meilleurs artistes italiens pour décorer le palais des Papes : Simone Martini (1280-1344), l'un des artistes les plus originaux et influents de l'école siennoise et son assistant Matteo Giovanetti, de Viterbe. Leurs fresques somptueuses mêlent le naturalisme italien au gothique français dans un style élégant et raffiné connu sous le nom de gothique international dans les cours d'Europe occidentale.

L'école d'Avignon, qui naît au début du XVe siècle, intègre au gothique international les techniques rigoureuses des maîtres flamands et produit quelques-unes des œuvres majeures de l'art français. Deux maîtres du Nord deviennent les chefs de file du mouvement : Enguerrand Charenton, ou Quarton (vers 1416-1466), et Nicolas Froment (1435-1486). La très grave *Pietà d'Avignon*, de Quarton, son œuvre la plus célèbre, est aujourd'hui au Louvre, mais la Provence a gardé son autre chef-d'œuvre, le retable du *Couronnement de la Vierge* (1453), exposé au musée municipal de Villeneuve-lès-Avignon. Le triptyque du *Buisson ardent*, peint par Froment en 1475-1476 à la demande du bon roi René, se trouve aujourd'hui dans la cathédrale d'Aix (voir p. 111). Ce grand défenseur des arts transforma Aix en un grand carrefour culturel.

La famille Bréa, et surtout Louis Bréa (1450-1523), domine l'école de Nice qui s'épanouit aux XVe et XVIe siècles et marque la transition entre l'art médiéval et celui de la Renaissance. (Nice appartenait à cette époque à l'Italie.) Les Bréa ornent les autels de nombreuses églises de Nice et des alentours. La première œuvre connue de Louis est le retable de la *Pietà* (1475) de l'église du couvent des Franciscains à Cimiez, rigoureusement provençal et très proche de la Pietà de Quarton. Les Bréa exceptés, la Provence, aux prises avec les guerres de Religion et son annexion à la France, manque le grand tournant de la Renaissance. Cette époque révolue, les artistes se déplacent à Rome et à Paris en quête de meilleures opportunités.

Le grand sculpteur (peintre et architecte) Pierre Puget (1620-1694), qualifié de Michel-Ange de la Provence, débute sa carrière en apprenant à sculpter des figures de proue, puis se rend à Rome pour étudier sous la direction du Bernin. Il laisse dans sa Marseille natale le bâtiment de la Vieille-Charité et des sculptures au musée des Beaux-Arts.

Le post-impressionnisme et l'art moderne

Aux XIXe et XXe siècles, les artistes découvrent la lumière vibrante et les paysages spectaculaires de Provence. Dès lors, la région est associée à ce grand moment de la peinture. Le représentant le plus marquant de la période est Paul Cézanne (1839-1906), originaire d'Aix-en-Provence. Après avoir passé quelque temps à Paris et à Auvers-sur-Oise, il est retourné dans le Midi en 1870 pour fuir la guerre franco-prussienne. Ce contemporain de l'impressionnisme commence alors à se concentrer sur quelques motifs récurrents : natures mortes d'objets de l'atelier tels que pommes, statues et nappes ; études de baigneurs et surtout la montagne Sainte-Victoire. Cézanne la peint plus d'une centaine de fois, essayant de repérer dans sa forme « le cylindre, la sphère et le cône », une démarche consciente qui annonce la peinture abstraite. Bien qu'aucune œuvre majeure ne soit visible sur sa terre natale, quelques tableaux mineurs sont exposés au musée Granet d'Aix-en-Provence.

En 1907, l'artiste Georges Braque a redécouvert Paul Cézanne lors des rétrospectives de son œuvre organisées au Salon d'automne et à la galerie Bernheim Jeune à Paris. Avec son ami Picasso, ils voient dans les derniers tableaux de Cézanne une nouvelle géométrisation de la forme et de nouveaux liens spatiaux qui deviennent le fondement du cubisme.

Les grands tableaux de Vincent Van Gogh (1853-1890) datent de son séjour de deux ans en Provence. En 1988, il peint *Le Café de nuit sur l'endroit Lamartine, Arles, La Chambre à coucher* et *La Maison jaune*. Il quitte Paris pour

Une nuit claire à Saint-Rémy. *La Nuit étoilée* (1889) est l'une des nombreuses toiles tourmentées peintes par Van Gogh lors de son séjour en Provence en 1888-1889.

Arles cette même année, dans l'espoir de fonder une Académie du Midi. Il persuade son ami et mentor Paul Gauguin (1848-1903) de le rejoindre, mais Gauguin trouve Arles horrible et veut retourner dans le Nord de la France. Balançant entre dépression et exaltation, luttant contre ses démons, Van Gogh finit par menacer Gauguin d'un rasoir avant de se couper l'oreille. Conduit à l'Hôtel-Dieu (aujourd'hui Espace Van Gogh), il demande à être interné à Saint-Rémy en mai 1889 où il peint les fleurs (dont ses fameux Iris) et le jardin de l'asile. Van Gogh part pour Auvers-sur-Oise en mai 1890. L'artiste perturbé, au sommet de son génie, n'y peint pas moins de 76 toiles avant de se donner la mort le 27 juillet.

Bien que Van Gogh n'ait pas fondé d'école artistique, il a grandement influencé les Fauves. Henri Matisse et André Derain – qui découvrent ses peintures à la Galerie Bernheim Jeune en 1901 –, mais aussi Georges Rouault, Maurice de Vlaminck, Raoul Dufy et Kees Van Dongen s'inspirent de ses formes simplifiées et de ses couleurs très vives. Ils présentent leurs propres toiles inspirées de Van Gogh – la plupart peintes sur la Côte d'Azur, à La Ciotat, à Cassis et à L'Estaque – au Salon d'automne de 1905. La salle qui leur est consacrée est aussitôt qualifiée de « cage aux fauves » par un critique d'art ; le mouvement a trouvé son nom.

D'autres artistes découvrent le charme de la Côte d'Azur à la fin du XIXe siècle. En 1892, le peintre pointilliste Paul Signac (1863-1935), en visite à Saint-Tropez, est si impressionné par sa beauté qu'il y achète une maison. Le peintre fauve Pierre Albert Marquet (1875-1947) s'installe à Marseille en 1916. Membre du mouvement des nabis, Pierre Bonnard (1867-1947) passe au Cannet les vingt dernières années de sa vie, peignant tout ce qui l'entoure ; fenêtres ouvertes sur le jardin, déjeuners entre amis, scènes intimes. Bonnard développe un style qui unit couleur et lumière et offre une transition entre l'impressionnisme et l'art abstrait.

Toutefois, le grand nom de la période reste Pierre Auguste Renoir, l'un des fondateurs du mouvement impressionniste. Déjà âgé, Renoir séjourne sur la côte à la fin des années 1890 pour des raisons de santé. Il vit successivement au Cannet, à Villefranche et à Antibes et achète une maison et un atelier à Cagnes-sur-Mer. S'il peint Les Grandes Baigneuses en 1887, il délaisse pourtant la peinture de plein air, préférant s'atteler à la sculpture.

L'entre-deux-guerres et au-delà

Henri Matisse visite Nice pour la première fois en 1917 et, enchanté par l'environnement brillant et sensuel, décide deux ans plus tard de venir y passer ses hivers. Il commence à s'intéresser à la couleur en voyant la collection de tableaux impressionnistes d'un peintre australien en Bretagne. Mais la vraie découverte, c'est celle de l'œuvre de Paul Signac à qui il rend visite à Saint-Tropez en 1904 et qui lui inspire Luxe, calme et volupté. L'année suivante, Matisse part pour Collioure avec son ami Derain où il peint l'œuvre majeure de sa carrière : Le Bonheur de vivre. Dès lors il va sa propre route, chargée de couleurs et pavée d'inspiration orientaliste. Sa dernière œuvre importante, dont il pensait qu'elle représentait son plein aboutissement, est la chapelle du Rosaire à Vence, qu'il dessine entièrement, des vitraux au chemin de croix, en passant par les candélabres et les vêtements sacerdotaux.

Inspiré par Cézanne et les débuts du cubisme, Fernand Léger (1881-1955) développe un style distinct dans lequel il use de lignes simples et de blocs de couleur pour figurer la vie urbaine, l'ère des machines et du monde ouvrier. Cette nouvelle inspiration lui vint après le choc de la Première Guerre mondiale. Après sa mort, sa veuve a ouvert un musée à Biot qui lui est consacré.

Pablo Picasso (1881-1973) est à l'évidence le plus important de tous ces grands artistes. Dès 1912, il avait séjourné avec Braque à Sorgues. Après Paris, où il reste durant les sombres années de guerre, le flamboyant Catalan s'installe à Antibes en 1945 et, sous le soleil brillant du Midi, produit chef-d'œuvre après chef-d'œuvre, s'adonnant avec passion à la céramique et à la lithographie. Son travail prend une tournure joyeuse, se peuple de faunes, de chèvres et d'oursins. Picasso déclare un jour : « Il est étrange qu'à Paris, je n'aie jamais dessiné de faunes, de centaures ou de héros mythiques. À croire qu'ils n'existent qu'ici. » L'aboutissement de cette période est sa Joie de vivre (1946), un portrait léger et fantasque de sa dernière maîtresse Françoise Gillot, représentée en femme-fleur, baignée de lumière et entourée de centaures et de faunes jouant de la flûte. La plupart de ses œuvres sont exposées aujourd'hui au château Grimaldi d'Antibes où il possédait un atelier. Lors de son séjour provençal, Picasso s'intéressa à la poterie dans l'atelier Madoura de Vallauris et commença sa longue aventure avec la céramique.

Le peintre franco-russe Marc Chagall (1887-1985), célèbre pour le lyrisme de ses illustrations de contes populaires ou de scènes bibliques, illustre aussi des livres, dessine des décors de théâtre et des vitraux. Il s'installe à Vence en 1950 et commence à peindre et à travailler la céramique avant de créer quelques années plus tard ses premières mosaïques. Le Musée national Message biblique Marc Chagall de Nice présente ses interprétations très colorées de l'Ancien Testament. L'artiste est enterré à Saint-Paul-de-Vence.

Le peintre d'origine hongroise Victor Vasarely (1908-1997) débute comme graphiste avant de s'engager définitivement dans l'abstraction en 1947. Il est un pionnier de l'op' art (optical art) utilisant des motifs noirs et blancs ou colorés qui donnent l'impression de mouvement ou de vibration et changent de formes dans l'œil du spectateur. La fondation Vasarely, abritée par un bâtiment construit à Aix-en-Provence en 1975 sur une idée de l'artiste lui-même, présente 42 de ses œuvres.

Mais à mesure que le centre de la vie artistique se déplace outre-Atlantique, la Provence perd son aura artistique. Il reste encore quelques nids de novateurs. Dans les années 1960, Nice devint le centre du Nouveau Réalisme, une version française du pop' art. Yves Klein, Martial Raysse et Arman en sont les chefs de file et leurs œuvres sont exposées dans le bâtiment ultramoderne du musée d'Art moderne et contemporain de Nice. En

1969, l'abstraction géométrique du groupe Support Surface naît à Nice, fondé par les héritiers de Claude Viallat (né en 1936). Gilles Barbier, Stéphane Magnin et Francesco Finizio sont les artistes d'aujourd'hui.

LE CINÉMA

Lorsque les pionniers du cinématographe Auguste et Louis Lumière projettent leur film de deux minutes L'Entrée d'un train en gare de La Ciotat, les spectateurs se trouvent stupéfaits Victorine, est Mare Nostrum une histoire d'espionnage qui met en scène des sous-marins allemands. Combien de chefs-d'œuvre ces studios n'ont-ils pas permis ? Les Visiteurs du soir (de Marcel Carné), Fanfan la Tulipe (de Christian-Jaque), Lola Montes (de Max Ophüls), Le Testament d'Orphée (de Jean Cocteau), La Nuit américaine (de François Truffaut) et bon nombre de films de Georges Lautner.

L'écrivain et réalisateur Marcel Pagnol (1895-1974) construit des studios près de Mar-

Grace Kelly et Cary Grant dans le célèbre film d'Alfred Hitchcock La Main au collet (1955), dont toute l'intrigue se déroule sur la Côte d'Azur.

sur leur siège. On est 1895, au château familial de La Ciotat, trois mois avant la première à Paris. Depuis, le destin de la Provence est scellé au cinéma.

En quête d'une plus grande indépendance, le producteur d'Hollywood Rex Ingram (1892-1950) achète en 1925 les studios de la Victorine, à Nice, et transforme la ville en petit Hollywood de la Côte d'Azur. C'est en 1921 qu'il connaît le succès, avec Les Quatre Cavaliers de l'Apocalypse, film qui contribua beaucoup à la célébrité des deux partenaires Rudolph Valentino et Alice Terry, l'épouse de Rex Ingram. Son premier film, muet, tourné dans les studios de la

seille en 1934 et, durant les années 1930, se consacre presque exclusivement à faire des films, dont La Femme du boulanger (1938), d'après un roman de Jean Giono. La fuite de la boulangère avec un berger va bouleverser la tranquillité du village, le boulanger cessant de cuire le pain.

Pagnol s'est fait fort d'introduire, dès ses premiers films, une stricte dimension régionaliste. Toute son œuvre a la Provence pour décor, et des dialogues écrits pour l'accent du Midi. Raimu, natif de Toulon, l'un des acteurs vedettes de Pagnol, est célèbre pour ses incarnations savoureuses du caractère méridional.

L'actrice (oscarisée) **Charlize Theron** s'apprête à monter les marches pour la cérémonie officielle du 57e festival de **Cannes**, en mai 2004.

Alfred Hitchcock, lui-même, vint tourner sur la Côte d'Azur pour les besoins de son film *La Main au collet* (1955) avec Grace Kelly et Cary Grant. Reste la scène inoubliable où l'on suit la voiture conduite par Grace Kelly sur la magnifique route de la Grande Corniche, qui serpente dans les hauteurs entre Nice et Cannes.

Cannes endosse ses habits de paillettes en 1946, quand les vedettes arrivent sur la Croisette pour l'ouverture du premier Festival International du Film. Chaque mois de mai, la ville s'emplit de stars tandis que sont jugés des documentaires, des courts et longs métrages de fiction du monde entier. Considéré comme le plus prestigieux des festivals cinématographiques, il est aussi le rendez-vous privilégié des affaires et du talent.

Après l'interruption de la guerre, l'industrie cinématographique provençale remonte grâce à *Et Dieu créa la femme* (1956), un film à petit budget réalisé par le jeune Roger Vadim qui fit jouer sa femme, une inconnue du nom de Brigitte Bardot. BB devient aussitôt un sex symbol international, un des rares à être né hors d'Hollywood. Le film, qui prouva aux financiers français que les jeunes réalisateurs pouvaient réaliser des succès commerciaux, pave la route à la nouvelle vague.

Le terme, inventé par des journalistes, s'applique aux jeunes réalisateurs français qui présentent leurs premiers longs métrages à partir de la fin des années 1950. Agressifs, influents, anticonformistes, ces réalisateurs sont devenus les plus grands noms de l'industrie du film : Jean-Luc Godard, François Truffaut, Louis Malle. Malgré un succès relatif, *Le Beau Serge* (1959) de Claude Chabrol commence à attirer l'attention. Mais la vraie découverte arrive en 1959 avec le triomphe du film de Truffaut *Les Quatre Cents Coups* qui obtient à Cannes le prix de la mise en scène et *Hiroshima mon amour* d'Alain Resnais qui remporte le prix de la critique.

Bien que la nouvelle vague ait perdu son mordant et que les studios Victorine ne produisent plus aujourd'hui que des téléfilms commerciaux, la Provence continue d'être l'un des décors préférés des réalisateurs et la cour de récréation de nombreuses stars. ■

Au-delà de la majestueuse Avignon, le centre médiéval du pouvoir des papes, s'étend une terre légendaire. Vignobles, champs de lavande, étals de marchés et villages perchés, environnés de ruines romaines en font tout le charme.

Avignon et le Vaucluse

Introduction et carte **46-47**
Avignon **48-55**
Luberon **56-60**
Roussillon **61**
Gordes et l'abbaye de Sénanque **62-63**
Isle-sur-la-Sorgue **64**
Fontaine-de-Vaucluse **64-65**
Vaison-la-Romaine **66-67**
Les Dentelles de Montmirail **68-69**
Orange **70-73**
La vie romaine et la culture **74-75**
Châteauneuf-du-Pape **76-77**
Autres sites à visiter **78-80**
Hôtels et restaurants **211-215**

Un peintre immortalise l'abbaye de Sénanque.

Avignon et le Vaucluse

AINSI NOMMÉE D'APRÈS LA PROCHE VALLÉE QUI RECÈLE LA FONTAINE-DE-VAUCLUSE, cette superbe région de villages perchés, de falaises ocre, de montagnes rocheuses et de vignobles infinis, se déploie du nord à l'est de sa capitale, Avignon. Les Romains ont légué les colonnes, les ponts et les arcs triomphaux, mais c'est l'arrivée des papes au XIVe siècle qui a changé la région pour toujours. Connus pour leur style de vie ostentatoire, introduisant raisins, melons et une nouvelle perspective de l'art, de l'architecture et du théâtre, les papes ont inauguré une nouvelle ère de culture et d'art de vivre, encore célébrée aujourd'hui.

Blottie à l'intérieur de ses remparts antiques, le long du Rhône, Avignon est la ville la plus importante de la région. Si son majestueux palais des Papes focalise l'attention, elle réserve beaucoup plus, entre autres de nombreux musées installés dans d'anciens hôtels particuliers.

À l'est, commence le Luberon légendaire et sa campagne bucolique, avec ses champs éclatants, ses fleurs épanouies et ses villages de poupées, typiques de la Provence. Le marquis de Sade a laissé son empreinte au château de Lacoste (récemment acheté par Pierre Cardin qui y propose l'été un festival de théâtre), tandis que les villages de Ménerbes, Bonnieux et Oppède-le-Vieux ont leurs propres charmes. Loin des zones touristiques, un Luberon moins

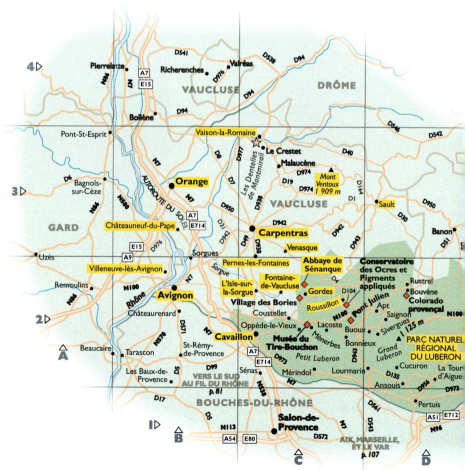

Les petites parcelles cultivées de Provence sont un legs romain.

connu recèle de petits hameaux comme Lourmarin, dont le château, « la villa Médicis de Provence », héberge depuis des années de nombreux artistes et écrivains. L'ocre rouge et brillante teinte la terre autour de Roussillon, où serpente un sentier dans les formations capricieuses d'une carrière désaffectée. Gordes – et son château Renaissance – est perchée sur son promontoire depuis le XVIe siècle. Non loin se trouve le village des Bories, constitué de ces petites habitations de pierres sèches datant du XVIIe siècle (mais la technique est plus ancienne) et, plus séculaire encore se cache la sobre et belle abbaye de Sénanque, fondée en 1148.

Les communes d'Isle-sur-la-Sorgue et Fontaine-de-Vaucluse se sont développées sur la Sorgue. La première est réputée pour ses marchés d'antiquités, tandis que la seconde, plus mystique, est connue pour sa source tumultueuse. À quelle profondeur ? Nul ne sait. Toutes les deux sont des communes pittoresques mais touristiques, qui offrent une pléthore de musées dont un consacré à Pétrarque et un autre à la Résistance durant la Seconde Guerre mondiale.

Les ruines romaines abondent à Vaison-la-Romaine, une ville remarquable avec ses quartiers haut et bas, enjambée par un antique pont romain. Vaison est le point de départ d'un périple vers les Dentelles de Montmirail, la belle région vallonnée des Côtes-du-Rhône, striée par les vignes. Davantage de sites romains encore vous attendent à Orange, dont l'amphithéâtre le mieux préservé au monde sert de cadre à des spectacles. ■

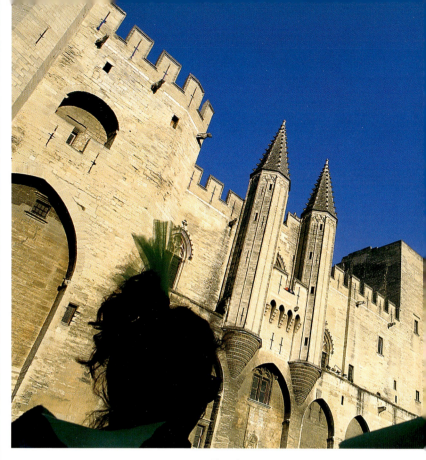

Avignon

Le palais des Papes remonte aux premiers jours d'Avignon.

Avignon
🅜 46 B2
Office du tourisme
✉ 41, cours Jean-Jaurès
☏ 04 32 74 32 74
www.ot-avignon.fr

Note : la Carte-Pass d'Avignon donne droit à des réductions sur les entrées des monuments et musées. Demandez la vôtre à l'office du tourisme ou sur les lieux de visite.

POUR RÉGNER SUR L'ÉGLISE CATHOLIQUE, LES PAPES ONT FAIT ÉRIGER, au XIVe siècle, le palais pontifical, la forteresse gothique d'Avignon, à l'ombre duquel s'épanouit aujourd'hui une ville universitaire. Dans cette cité dévouée aux arts – une longue tradition papale – se tient chaque année au mois de juillet, le célèbre Festival d'Avignon.

Avignon devient le Vatican du nord en 1309, quand le pape Clément V doit fuir l'insécurité politique de Rome. Son successeur, Jean XXII, préfère également résider en ville et c'est le troisième pape, Benoît XII, qui fait édifier ce magnifique palais. Durant les décennies suivantes, les autorités ecclésiastiques tiennent une cour extravagante, friande de festivités artistiques et culturelles à la hauteur de leur rang. Parallèlement, la ville devient un lieu de rencontres internationales pour les pèlerins, les diplomates, les ecclésiastiques et les courtisans. Le poète Pétrarque y a vécu une grande partie de sa vie. Simone Martini, le grand peintre de Sienne, y a également résidé et a beaucoup servi le pape. Lui et son apprenti, Matteo Giovanetti, ont orné le palais et la cathédrale de fresques raffinées, à l'origine du style gothique international. En 1376, lorsque le pape Grégoire XI est rappelé à Rome, Avignon élit son rival, provoquant un schisme qui divise le

AVIGNON 49

monde chrétien. La lutte s'achève en 1417 avec la fin du culte papal.

La ville étant ceinte de remparts médiévaux, vous entrerez très probablement par la **porte de la République**, où commence la rue de la République qui partage en deux la ville et mène directement à la **place de l'Horloge**. C'est sur cette place vivante, avec ses cafés, ses restaurants et son manège de chevaux de bois de la Belle Époque, que bat le cœur touristique de la ville. Un de ses plus beaux édifices, le **théâtre de l'Opéra**, achevé en 1847, propose un prestigieux programme annuel de théâtre et d'opéra, et certaines des pièces les plus importantes du Festival d'Avignon (voir encadré p. 55).

Pour visiter le cœur papal de la ville, prenez la montée en partant de la place de l'Horloge.

PALAIS DES PAPES

À la fois forteresse et cadre du festival, cet édifice de pierre contenant peintures, sculptures, tapisseries et pièces d'argenterie, possède peu de meubles ou d'objets d'art illustrant le luxueux art de vivre des papes. L'audioguide propose aux visiteurs un récit historique vivant et détaillé.

Le palais des Papes se compose de deux édifices, le Palais vieux, édifié par Benoît XII sur les côtés est et nord, et le Palais neuf, une résidence gothique, que le successeur de Benoît, Clément VI, a fait édifier sur les côtés sud et ouest. **La cour d'honneur** fait la jonction entre les deux palais – point de départ de la visite – et sert de cadre aux représentations du Festival d'Avignon depuis 1947.

De la cour d'honneur, vous entrez dans l'immense salle de la **Grande Trésorerie**. Là, la Chambre apostolique s'occupait des affaires financières papales, dont les questions relatives aux impôts prélevés sur les établissements religieux, et à la frappe de la monnaie.

Montez l'escalier jusqu'à la **salle de Jésus**, qui doit son nom au monogramme du Christ qui orne les murs : « I.H.S. », abréviations latines de « Jesus, Hominum, Salvator », et autrefois vestibule des appartements privés du pape, où les cardinaux attendaient que le pape revête ses vêtements consistoriaux. Vous pouvez prendre connaissance de fac-similés de documents papaux et de panneaux relatifs aux différents papes.

On poursuit la visite avec la **chambre du Camérier**, un temps divisée en plusieurs parties maintenant réunies en une grande pièce, où l'on peut découvrir huit cavités dans le dallage, destinées à cacher des documents précieux. Le camérier était le plus haut dignitaire de l'Église après le pape et supervisait la Chambre apostolique.

Palais des Papes

✉ Place du Palais
☎ 04 90 27 50 74
🌐 www.palais-des-papes.com
€ Ticket jumelé avec le pont Saint-Bénezet : €€€. Visite guidée gratuite.

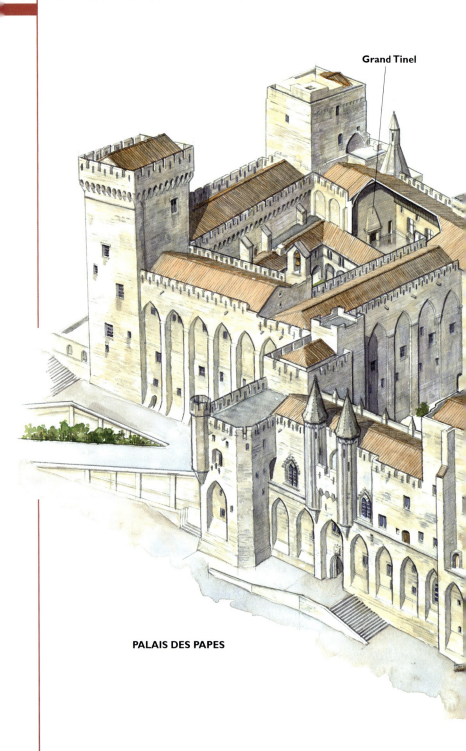

Ne manquez pas maintenant un coup d'œil au **Revestiaire pontifical** et ses décorations vert et or pâles représentant des chérubins et des blasons. Dans cette petite pièce, le pape revêtait les vêtements consistoriaux : l'aumusse, l'aube et l'étole, avec des sandales rouges, une cape ornée d'un pectoral, des gants, une cape rouge de velours et la mitre blanche.

Vous entrez ensuite dans la **salle du Consistoire**, un long hall sombre percé à l'est de quatre grandes et étroites fenêtres. Le pape siégeait sur une estrade appuyée sur le mur du sud. L'assemblée prenait place sur des banquettes de pierre lambrissées, le long des murs. Cette salle servait de tribunal et de salle d'audience des souverains et des ambassadeurs. On y délibérait des questions légales, théologiques et politiques.

Le Rhône glisse paisiblement devant Avignon.

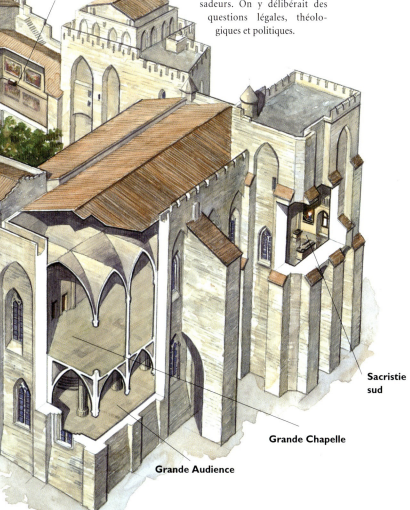

Chambre du Parement

Sacristie sud

Grande Chapelle

Grande Audience

Cathédrale Notre-Dame-des-Doms
✉ Place du Palais
☎ 04 90 82 12 24
🕐 Trésor : Ouvert déc.-mars sur rendez-vous

Détails de sculptures gravées sur l'Hôtel des Monnaies (1619), un des meilleurs exemples de style baroque en Avignon.

La petite **chapelle Saint-Jean** est ornée de splendides fresques, admirablement conservées. Peintes par Matteo Giovanetti, entre 1346 et 1348, elles figurent les principaux épisodes de la vie de saint Jean le Baptiste (sur les murs nord et est) et saint Jean l'Évangéliste (sur les murs sud et ouest).

Le **cloître de Benoît XII** apporte quelque fraîcheur avant de gravir l'escalier pour le **Grand Tinel** (Tinel a pour racines *tina*, le mot latin qui veut dire « baril » ou « tonneau ») où se déroulaient les banquets, les jours de fête. Cette salle est ornée de tapisseries des Gobelins. À côté de la cheminée, la visite se poursuit par la **cuisine haute**, consacrée à la cuisson au gril ou à la broche des viandes, les pièces maîtresses des banquets médiévaux.

Revenez sur vos pas par le Grand Tinel, sans oublier de jeter un coup d'œil à la **chapelle Saint-Martial** (en cours de restauration et actuellement fermée à la visite). D'autres fresques murales de Matteo Giovanetti, peintes entre 1344 et 1346, dépeignent des scènes de la vie de saint Martial.

Vous parviendrez à la **chambre de Parement**, l'antichambre du pape, attenante à ses appartements privés. Le terme de « parement » était utilisé pour les tapisseries qui couvraient les murs et les sièges (celles qui sont accrochées aujourd'hui proviennent de la manufacture des Gobelins). Le pape et des cardinaux y tenaient les consistoires secrets.

À côté, vous pouvez admirer le **Studium** (la tour d'étude) dont le carrelage, le seul authentique du palais, date du XIVe siècle. Des carrelages vert et marron alternent avec des scènes décoratives de créatures et de dessins géométriques.

La **chambre du Pape** donne une idée de la dévotion des papes à la magnificence, avec ses fresques représentant des feuilles de chênes et des sarments de vigne s'entrelaçant sur un riche fond bleu.

À cet endroit, vous laissez le Palais vieux de Benoît XII et entrez dans le Palais neuf de Clément VI. La première pièce, la **chambre du Cerf**, où le pape avait fait installer son bureau et son lit, tient son nom de la scène de chasse au cerf qui orne ses murs, réalisée par des artistes français et italiens au XIVe siècle.

En bas, un escalier de bois descend vers la **sacristie du Nord**, où le pontife se changeait pendant les cérémonies dans la **Grande Chapelle** attenante. Les baies voûtées en croisement d'ogives et les décorations sculptées dans la pierre marquent la différence avec le Palais vieux, où les voûtes en bois lambrissées et les plafonds étaient plus ordinaires. Les bustes de plâtre de personnalités politiques et religieuses sont des cadeaux de villes européennes.

Retenez votre souffle quand vous entrez dans la **Grande Chapelle**, avec son plafond vertigineux, empli de lumière. On doit à Clément VI cette magnifique salle mesurant 52 x 15 x 20 m. Malgré la menace de la Peste noire, elle a été achevée en moins d'un an, en 1348. Les jours de cérémonie, on la parait de tentures et de tapisseries. Seules quelques fresques des XVIe et XVIIe siècles subsistent à l'heure actuelle. À côté, dans le **revestiaire des Cardinaux**, les cardinaux revêtaient leurs habits.

La visite vous conduit ensuite à une pièce où est diffusé le film *L'Autre Rome*. En haut des escaliers, la **terrasse des Grands Dignitaires** offre un magnifique panorama sur Avignon et ses environs.

Au nord-ouest, la **loggia** donne sur la cour d'honneur, grâce à la fenêtre d'Indulgence d'où le pape bénissait la foule. En bas, vous parviendrez à la sombre **salle de la Grande Audience**, séparée en deux nefs. Elle accueillait le tribunal des causes apostoliques. On y a entendu des milliers de jugements, sans appel possible. Il subsiste quelques tracés de fresques de Matteo Giovanetti (1352) représentant des prophètes.

Vous sortez par la **salle de la Petite Audience** où vous avez acheté vos billets. De là, vous pouvez suivre les panneaux jusqu'à une salle de dégustation de vins des papes et, plus loin, à une boutique de souvenirs.

AUTOUR DU PALAIS

Bâtie au XVIIe siècle, la **cathédrale Notre-Dame-des-Doms** a été élevée sur une basilique paléochrétienne et subi de nombreuses transformations. Elle renferme le tombeau gothique flamboyant de quelques papes, et une statue dorée de la Vierge du XIXe siècle la surmonte.

Plus haut, au nord de la place du Palais, le **Petit Palais** a été construit pour le cardinal Bérenger Frédol aux environs de 1318-1320. Il accueille aujourd'hui deux collections : les peintures et sculptures de l'école d'Avignon provenant de la collection Calvet et une importante collection de peintures italiennes du XIIIe au XVIe siècle de la collection Campana. *La Vierge et l'Enfant entre deux saints et deux donateurs* (salle XVII, 1450-1455) par Enguerrand Quarton, un des fondateurs de l'école d'Avignon, est un véritable chef-d'œuvre. Sa simplicité et l'utilisation de la lumière dans sa composition et dans la construction des formes sont typiques de l'école d'Avignon. Il y a là une véritable tentative de rapprocher le réalisme flamand et l'abstraction italienne.

D'autres chefs-d'œuvre vous attendent, *La Vierge en Majesté* par le maître Simone Martini, datée de 1310, révélatrice de la beauté du travail des maîtres italiens au début du XIVe siècle (salle III), *La Vierge de Miséricorde*, œuvre de Pietro di Domenico da Montepulciano (salle VIII) et la gracieuse *Vierge à l'Enfant* de Botticelli (salle XI). L'escalier en spirale en pierre mène au deuxième étage où vous attend davantage d'art italien (salle XVIII).

Les magasins occupent les anciennes demeures historiques d'Avignon, vendant cartes postales, poteries régionales, vêtements à la mode.

Musée du Petit Palais
✉ Place du Palais-des-Papes
☎ 04 90 86 44 58
🕐 Fermé le mar.
€ €€

Le célèbre pont d'Avignon a perdu plus de la moitié de ses travées au cours des inondations de l'époque médiévale.

Pont St-Bénezet
- Rue Ferruce
- 04 90 82 74 02
- €€. Ticket combiné avec le palais des Papes : €€€

Papalines

Ce sont de délicieuses truffes de chocolat enrobant un cœur de liqueur distillée à partir de 60 herbes du mont Ventoux voisin. ■

À la sortie du Petit Palais, un passage mène au **jardin du Rocher des Doms**, un parc public du XIXe siècle enjolivé de fontaines, de statues classiques, d'une grotte, et d'un étang où viennent se baigner les cygnes. Il surplombe le Rhône, du haut de ses 30 m, là où le fleuve se partage, donnant cet endroit déjà stratégique à l'époque néolithique. Devenu durant la papauté l'aire privée des cardinaux et des évêques, l'ancien petit vignoble des papes y pousse toujours.

Descendez par l'escalier jusqu'au Rhône et le **pont Saint-Bénezet**, le célèbre pont d'Avignon. Personne ne sait qui a construit l'original, mais l'histoire raconte qu'un jeune berger entendit des voix lui ordonnant d'élever un pont sur le Rhône, à Avignon. Il réussit à convaincre l'évêque en déplaçant seul un rocher, devenant ainsi un surhomme. C'est un miracle que le pont ait résisté : construit entre 1177 et 1185, détruit en 1226 durant le siège de la ville puis reconstruit, il dut supporter les dommages des inondations et les réparations jusqu'en 1660, quand les crues du Rhône en brisèrent plus de la moitié. Seules quatre de ses vingt-deux arches ont résisté ainsi que la petite chapelle du pont, la **chapelle Saint-Nicolas**, qui abritait les restes de saint Bénezet avant qu'ils ne disparaissent pendant la Révolution française. Si la comptine raconte que « Sur le pont d'Avignon, on y danse, on y danse… », c'était plus précisément sur l'île de la Barthelasse que l'on dansait, sous les dernières arches du pont où s'égaillaient des guinguettes au bord de l'eau.

LES MUSÉES D'AVIGNON

Dans le labyrinthe des petites rues d'Avignon, vous découvrirez plusieurs délicieux petits musées. Face à la rue de la République, le **musée Lapidaire**, l'annexe archéologique du musée Calvet, est situé dans une ancienne chapelle du collège des jésuites du XVIe siècle. Quatre civilisations y sont présentées : l'Égypte, la Grèce et l'Italie du Sud, les Étrusques et Rome, les Gallo-Romains et les paléochrétiens. Des vestiges romains trouvés localement, dont des bustes taillés et des carrelages des Ier et IIe siècles av. J.-C., sont particulièrement intéressants.

Non loin, près de l'église Saint-Denis, la **fondation Angladon-Dubrujeaud** accueille dans un ancien hôtel particulier la magnifique collection de tableaux de Jacques Doucet, le célèbre couturier parisien qui a aidé plusieurs jeunes artistes dont Picasso, Braque et Max Jacob. Le rez-de-chaussée, moderne, aux murs blancs, présente le fonds des chefs-d'œuvre des XIXe et XXe siècles, dont des Picasso (*Arlequin* 1915, *Nature morte cubiste*, 1920, *Nature morte à la guitare* 1919), un charmant Modigliani, *La Blouse rose*, et le seul tableau de Van Gogh que vous pourrez admirer en Provence, le sombre *Wagons de chemins de fer* peint en Arles en 1888. Vous découvrirez aussi des œuvres de Degas, Manet, Cézanne et Sisley. En haut, les salles décorées de meubles anciens regorgent de belles pièces et de rares objets d'art dont des porcelaines chinoises du XVIe au XVIIIe siècle.

Un autre bel hôtel particulier abrite le **musée Calvet**, de l'autre côté de la rue de la République sur la petite rue Joseph-Vernet. Ce musée présente une grande variété de peintures et de sculptures du XVe au XXe siècle, des arts décoratifs et des arts d'Asie, d'Océanie et d'Afrique. On remarquera la statue de *Barra* de Jean-Pierre David (XIXe siècle), celle d'un jeune tambour tué par les Vendéens, pendant la Révolution, pour avoir crié « Vive la République » au lieu de « Vive le Roi ». Parmi d'autres œuvres connues du XIXe siècle, on peut également admirer *Mazeppa et les loups* par l'artiste romantique Horace Vernet, la *Nature morte au chapeau espagnol* d'Édouard Manet et un paysage italien de Jean-Baptiste Corot. L'art moderne y est représenté avec Raoul Dufy et Maurice Utrillo, et par trois œuvres remarquables de l'expressionniste Chaïm Soutine : *L'Idiot du village*, *Le Vieil Homme* et *La Chute*. D'autres salles sont consacrées à l'art asiatique, dont un bouddha chinois du XVIe siècle et une tête d'argile khmère d'environ 1200.

Après avoir descendu quelques rues sinueuses, le **musée Louis Voulant**, également situé dans un hôtel particulier, présente l'étrange petite collection d'arts décoratifs des XVIIe et XVIIIe siècles de l'homme d'affaires et collectionneur Louis-Vouland (1883-1973). Bercés par le chant des oiseaux du jardin, vous y admirerez des faïences de Moustiers et de Marseille, de la porcelaine asiatique, des meubles (dont quatre fauteuils Régence de 1736 représentant des fables de Jean de la Fontaine), une tapisserie des Gobelins du XVIIIe siècle et le ravissant *L'Enfant aux Cerises* par Joos Van Clève (1485-1540). ∎

Le Festival

Le festival d'Avignon a débuté en 1947, quand le poète, comédien et directeur de théâtre Jean Vilar fut convié à donner *Le Meurtre dans la cathédrale* de T. S. Eliot – et qu'il refusa. Il créa à la place trois pièces : *Richard II* de Shakespeare, *Tobie et Sara* de Paul Claudel et *La Terrasse de Midi* de Maurice Clavel, en utilisant de jeunes talents. Le renouveau du théâtre français était lancé. Le festival maintient la tradition avec quarante pièces et spectacles de danse français et étrangers, présentés devant plus de 120 000 spectateurs. Le festival *off*, nommé en opposition au festival *in*, accueille chaque année plus de 500 spectacles partout dans la ville. ∎

Musée Lapidaire
- 27, rue de la République
- 04 90 85 75 38
- www.fondation-calvet.org
- Fermé le mar.
- €€

Fondation Angladon-Dubrujeaud
- 5, rue Laboureur
- 04 90 82 29 03
- www.angladon.com
- Fermé lun.-mar., ouv. le mar. de mi-avr. à mi-nov. et les jours fériés de 13 h à 18 h.
- €€

Musée Calvet
- 65, rue Joseph-Vernet
- 04 90 86 33 84
- www.fondation-calvet.org
- Fermé le mar.
- €€

Musée Louis Vouland
- 17, rue Victor-Hugo
- 04 90 86 30 79
- www.vouland.com
- Fermé le lun. et le mat. nov.-avr.
- €€

Luberon

Maison du Parc naturel régional du Luberon et musée de la Paléontologie
✉ 60, place Juan-Jaurès, Apt
☎ 04 90 04 42 00
🕑 Fermé le dim.
€ Musée : €

Musée du Tire-Bouchon
✉ Domaine de la Citadelle, Le Châtaignier, chemin de Cavaillon, Ménerbes
☎ 04 90 72 41 58
🕑 Fermé sam.-dim. et oct.-mars
€ €€

Bonnieux
🅜 46 C2
Office de tourisme
✉ 7, place Carnot
☎ 04 90 75 91 90

Musée de la Boulangerie
✉ 12, rue de la République, Bonnieux
☎ 04 90 75 88 34
€ €€

C'est en juillet que la lavande du Luberon explose d'arômes et de couleurs.

LES VILLAGES MÉDIÉVAUX HAUT PERCHÉS, LES FERMES BLONDES, LES vignobles, l'abondance de cerises, de melons, de fromages de chèvre, les champs parfumés de coquelicots, les tournesols et la lavande : le Luberon est la quintessence de la Provence classique. Le Luberon a officiellement laissé tomber son accent, et il se prononce désormais à l'anglaise, suite à la dernière « invasion ».

Une terre riche et fertile s'étend de Cavaillon, à l'ouest, à Manosque, à l'est, et de Apt, au sud, à la rivière de la Durance. La montagne du Luberon domine le paysage, un massif rocheux couvert de chênes d'où la région tire son nom. Cette barrière puissante n'est interrompue qu'en un point, à la Combe-de-Lourmarin, créant le Grand Luberon – qui culmine à Mourre Nègre à 1 125 m – à l'est et le Petit Luberon à l'ouest. La plus grande partie du territoire constitue le Parc naturel régional du Luberon, établi en 1977.

Les villages perchés remontent au temps où les Ligures, les Romains, suivis par les Sarrasins, s'installèrent ici. Mais la période la plus déterminante se situe dans les années 1500, pendant les guerres de Religion, quand les Vaudois, protestants réfugiés dans le Luberon, ont été persécutés par les catholiques. Des villages ont été rasés, des populations entières décimées.

PETIT LUBERON

À l'ombre du massif du Luberon, des petites routes de campagne traversent un patchwork de vignobles, de champs de cerises et de lavande, vers de délicieux villages provençaux haut perchés. Prenez le temps de visiter les marchés de fermiers et de vous arrêter dans de surprenants petits musées, dont un consacré aux tire-bouchons et un autre au pain.

Oppède-le-Vieux est une ville fantôme aujourd'hui, ses ruelles silencieuses et ses édifices déserts ont emporté les secrets de son passé.

Le nom de la ville vient de son importante forteresse romaine. On a découvert ici des pièces de monnaie, des tuiles et un autel voué au culte de Mercure (maintenant au musée de Cavaillon, voir p. 78). Sa population entièrement vaudoise, protes-

tante, a été massacrée par les catholiques en 1545, dans les convulsions des guerres de Religion. Les survivants ont quitté le vieux village pour les plaines en contrebas.

Laissez votre voiture au parking en bas du village et suivez le chemin pittoresque qui monte dans la colline. En entrant dans le village, gravissez les ruelles pavées escarpées le long des demeures abandonnées. Perchée au sommet du village, la **collégiale de Notre-Dame-d'Alidon** a été bâtie au XVIe siècle sur le site d'une ancienne église. De style roman, elle s'est vu ajouter des éléments gothiques en 1592. À l'intérieur, d'une grande simplicité, l'essentiel de l'ornementation réside dans les fresques, dont certaines ont fait l'objet d'une restauration.

L'autel est surmonté d'une peinture du XVIIe siècle de Reynaud le Vieux, un portrait de la Vierge remettant un rosaire à saint Dominique et à sainte Catherine de Sienne. Montez jusqu'aux ruines du château fort construit au XIIIe siècle sous Raymond VI de Toulouse et agrandi au cours des siècles suivants. Ce château a appartenu au tristement célèbre Jean Maynier d'Oppède, artisan du massacre des Vaudois du Luberon.

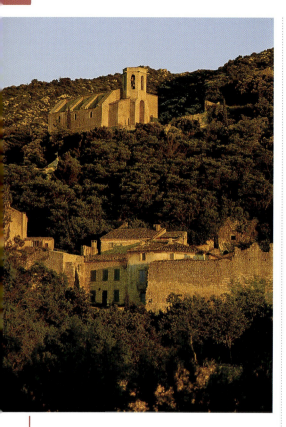

Église Neuve-de-Bonnieux.

MARCHÉS AUX TRUFFES (en saison)
Apt
Sam. mat., place de la Bouquerie
Carpentras
Ven. mat., devant l'Hôtel-Dieu
Richerenches
Sam. mat., rue principale
Valréas
Mer. mat., place du Cardinal-Maury

Suivez les petites routes sur 5 km à l'est d'Oppède, passez les cerisiers et les figuiers jusqu'au joli village de **Ménerbes**, un autre village de crête fortifié. Son château (fermé aux visiteurs), perché sur le plus haut point, était considéré comme imprenable. Cependant, pendant les guerres de Religion, 120 protestants ont réussi à pénétrer par ruse en 1577 et s'y sont réfugiés pendant plus d'un an, avant que les catholiques ne le reprennent. Malgré sa soudaine renommée, due à Peter Mayle qui vécut ici de 1986 à 1993 et y écrivit *Une année en Provence*, Ménerbes demeure un endroit modeste et amical.

Dans la vallée toute proche, vous pouvez visiter le **musée du Tire-Bouchon**, créé par Yves Rousset-Rouard, le maire du village, le producteur de films et l'ancien député. Il présente plus de 1 000 tire-bouchons différents du XVIIe siècle à nos jours. Vous verrez un des premiers tire-bouchons français, forgé à la main dans les années 1600 et des tire-bouchons plus modernes, certains de très grande taille. Le musée fait partie du domaine Citadelle et une dégustation de vin est offerte à la fin de la visite.

À la fin des années 1700, entre de fréquents séjours en prison, le marquis de Sade s'est retiré dans son château qui domine **Lacoste**, à 6 km à l'est de Ménerbes, et y a mené une vie pour le moins dissolue. Les perversions sexuelles de l'auteur de *Justine* (1791) et ses écrits érotiques ont donné le terme de sadisme. Le couturier Pierre Cardin a récemment acquis le château en ruine et l'a converti en théâtre de plein air. Le Festival de Lacoste (tél. : 04 90 75 93 12) s'y tient chaque été. La ville elle-même est magnifiquement restaurée, avec ses ruelles pavées serpentant jusqu'au château. Savourez un apéri-

Truffes

On appelle « le diamant noir du gourmet » la truffe terreuse d'hiver. Le chêne à feuilles persistantes qui pousse sur la terre sèche de la face sud du massif du Lubéron, offre le milieu idéal. Les Romains de Provence connaissaient déjà ce mets et les papes d'Avignon l'utilisaient dans nombre de leurs plats de banquet. Les truffes coûtent des centaines d'euros la livre et les restaurants locaux offrent des menus dédiés à la truffe, de novembre à mars. Appelées *rabasses* en Provence, on les récolte secrètement, avec un chien ou une truie, souvent la nuit. ∎

tif au **Café de France**, avec sa vue sublime sur les terres cultivées de **Bonnieux**, perché sur son piton, 5 km plus loin.

Bonnieux est le plus grand village du Petit Luberon. Ses constructions couleur sable s'agrippent au rocher où s'élève sa **Haute Église** du XIIe siècle. Passés les petites places et les belles maisons anciennes, vous devrez monter 86 marches pour atteindre l'église souvent fermée. La vue y est impressionnante sur les vignes, les champs de lavande et les arbres fruitiers, jusqu'aux monts du Vaucluse. Dans une petite rue calme se cache le **musée de la Boulangerie** et son four à pain d'époque. Au pied de la colline s'élève l'**Église Neuve**, construite en 1870. Elle renferme quatre tableaux primitifs du XVe siècle.

Tout près, sur la D149, le **pont Julien** à trois arches est le seul vestige de l'ancienne route romaine entre l'Italie du nord et la Provence.

GRAND LUBERON

Frère plus sauvage du doux Petit Luberon, le Grand Luberon est une terre boisée, entrecoupée de gorges et parsemée de petits villages reculés. **Apt**, son principal centre d'activités, arbore cependant un air industriel. La beauté de la ville réside dans sa partie ancienne, avec ses passages voûtés et ses fontaines. Les mardi et samedi, le marché en plein air se déploie sur la place Lauze-de-Perret. Jetez un coup d'œil sur les fruits confits, une spécialité locale. Cachée plus loin dans une cour, derrière la rue des Marchands, se niche la **maison du Parc naturel régional du Luberon**, et son musée consacré à l'histoire naturelle de la région, et un bureau d'informations touristiques. Les ossements de sainte Anne, la mère de la vierge Marie, ont été découverts dit-on dans la crypte du XVIIIe siècle de la ville, et sont à l'origine de la construction de la cathédrale

Sainte-Anne au XIe siècle. Observez le linceul de la sainte parmi les reliques et admirez le vitrail du XIVe siècle au bout de l'abside qui retrace sa vie. Le musée principal de la ville, le **Musée archéologique** (*27, rue de l'Amphithéâtre, tél. : 04 90 74 78 45, fermé le mat. et mar.* €€) présente

des objets romains, résultats de fouilles dans le secteur.

De petites routes au sud d'Apt traversent les paysages les plus sauvages du massif du Luberon, des forêts à perte de vue dans les effluves d'herbes de Provence. Suivez la GR92 jusqu'au village restauré de Saignon. Ici, les joueurs de pétanque passent leurs après-midi à l'ombre des platanes, et le rocher de Bellevue – à gauche du vieux château – offre un point de vue à 360 degrés sur les champs, les montagnes et les villages (suivez les panneaux indiquant « Le Rocher »).

Vous êtes alors proches des bourgs paisibles de *Sivergues*, point de départ très fréquenté de randonnées dans le Grand Luberon, et de **Buoux**, au milieu des champs de lavande. Le fort de Buoux, qui a servi de refuge aux Vaudois pendant les guerres de Religion du XVIe siècle, a été détruit en 1660 sous Louis XIV. Seules quelques pièces du rempart et des vestiges de la chapelle ont résisté.

Apt
🅐 46 D2
Office de tourisme
✉ 20 av. Philippe de Girard
☎ 04 90 74 03 18

Le prieuré de Saint-Symphorien à Buoux.

Ancienne cathédrale Ste-Anne
✉ Rue de la Cathédrale, Apt
☎ 04 90 74 36 60
🕐 Fermé lun. Trésor : ouvert juil.-sept. Visites guidées seulement, à 11 h et 17 h du lun. au sam. et à 11 h le dim.

Lourmarin
🅐 46 D2
Office du tourisme
✉ 17, av. Philippe-de-Girard
☎ 04 90 68 10 77
www.lourmarin.com

Château de Lourmarin

☎ 04 90 68 15 23

🕐 Visites guidées : fév.-déc. à 11 h, 14 h 30, 15 h 30, 16 h 30, 17 h 30, tous les jours. Jan. 11 h, 14 h 30, 16 h, le sam. et dim.

€ €€

Ansouis

🗺 46 D2

Office du tourisme

✉ Place du Château

☎ 04 90 09 86 98

Une fontaine à Saignon.

La tortueuse D943 vous conduira plus au sud, à **Lourmarin**. Son château Renaissance domine la ville depuis le XVIe siècle. Depuis sa restauration, au début des années 1900, la « villa Médicis de Provence » accueille en résidence des écrivains et des artistes. Le vieux village est devenu le domaine des restaurants chics et des terrasses de cafés, des boutiques élégantes et des magasins d'antiquités, fréquentés par une clientèle huppée. Les ruelles étroites sont bordées de quelques maisons de caractère du XVIe au XIXe siècle. On peut y croiser quelques vedettes. L'écrivain Albert Camus (1913-1960) y a longtemps séjourné. Lui et sa femme reposent au cimetière du village, sa pierre tombale est plantée de romarin, celle de sa femme de lavande.

Un autre château s'élève dans les vignobles à **Ansouis**, au sud-est de Lourmarin par la D135, habité par la famille de Sabran depuis 1160. La visite d'une heure commence par les cuisines aux cuivres étincelants, se poursuit dans les salons ornés des tapisseries des Flandres, et dans la « chambre des Saints », la pièce consacrée aux deux saints canonisés de la famille, saint Elzéar et sainte Delphine. Le couple, marié en 1299, a juré de vivre dans la chasteté, vœu facilité par le fait que le mari n'était que très rarement chez lui. Les jardins en terrasse sont magnifiques. À voir également dans la ville, le **Musée extraordinaire** (*rue du Vieux Moulin, tél. : 04 90 09 82 64, ouvert l'apr.-m. et sur rendez-vous le mat.,* €), une collection éclectique de sculptures grandeur nature, de peintures, de coquillages et de fossiles, et le **musée de la Vigne et du Vin** (*Château Turcan, route de Pertuis, tél. : 04 90 09 83 33, fermé le sam.*) qui possède des outils de vignerons.

Des scènes du film de Jean-Paul Rappeneau, *Le Hussard sur le toit*, ont été tournées dans le paisible village de **Cucuron**, à l'est de Lourmarin. Marchez sur les remparts du XVIIIe siècle jusqu'à l'**église Notre-Dame-de-Beaulieu**, avec ses retables baroques et ses chapelles latérales gothiques, et au donjon médiéval de **Saint-Michel** (*fermé aux visiteurs*). Le **musée Marc-Deydier** expose 3 000 photographies du Luberon et du Vaucluse, prises entre 1885 et 1917.

Sur le bord est du Grand Luberon, la **Tour-d'Aigues** abrite les restes d'un autre château Renaissance. Ses caves accueillent le **musée des Faïences** (*Château de la Tour-d'Aigues, tél. : 04 90 07 50 33, sept.-juin fermé mar. apr.-m. et sam. et dim. mat.,* €), qui présente des poteries locales. Une autre galerie est réservée à des expositions temporaires. ∎

Roussillon

Jour de marché
Mercredi

LE SPECTACLE EST SAISISSANT SUR LES MAISONS OCRE SUSPENDUES SUR LE bord d'un canyon rouge au cœur de collines verdoyantes. Roussillon est au cœur d'une des plus grandes régions de carrières d'ocre au monde, exploitée autrefois. Dix-sept teintes ont été recensées, violet, rouge sang, orange, jaune et toutes les nuances intermédiaires. Ce site d'une grande beauté attire, hélas, des hordes de touristes l'été.

Roussillon
46 C2
Office du tourisme
Place de la Poste
04 90 05 60 25

Le spectacle est enraciné dans une histoire longue de 230 millions d'années, quand la Provence n'était qu'une vaste mer. Les sables, contenant du fer, ont été déposés, pour plus tard s'oxyder dans des teintes brillantes de couleur ocre. Les Romains employaient cette terre pour émailler leurs poteries. Au XVIIIe siècle, un Roussillonnais a mis au point une technique pour imperméabiliser le pigment et une nouvelle industrie de poterie et de peinture est née. La production a chuté dans les années 1950 et une seule exploitation persiste aujourd'hui.

Vous pouvez visiter les anciennes carrières d'ocre en suivant le **sentier des Ocres** (*1 km, €€*), à travers un mini-canyon fantastique sur un escarpement de pins (évitez de porter du blanc qui risque de se tacher). Le village mérite également une visite : des ruelles escarpées, ventées, bordées de façades fleuries peintes dans les tons ocre, dont beaucoup sont devenues des boutiques de souvenirs.

À moins de 1 km à l'est du village, sur la D104, les visites guidées du **conservatoire des Ocres et des Pigments appliqués**, dans une ancienne usine d'ocre, exposent les différentes étapes de production de pigment.

Le **Colorado provençal**, à Rustrel, offre un plus grand site de formations de roche. Sept chemins serpentent à travers les colonnes géantes d'ocre rouge. Le **sentier des Cheminées des Fées** et le **sentier du Satard**, tous deux de 1 km de long, sont les plus spectaculaires. Ils partent du parking municipal dans Bouvène, sur la D22 au sud du village de Rustrel. ■

Le Colorado provençal.

Conservatoire des Ocres et Pigments appliqués
Usine Mathieu, D104
04 90 05 66 69
Fermé le lun.
€€

Colorado provençal
Au sud de la D22 à partir d'Apt vers Rustrel
€ (parking et carte de randonnées inclus)

Gordes et l'abbaye de Sénanque

L'approche de Gordes est l'une des plus spectaculaires de Provence.

Jour de marché
Mardi

Gordes
🅰 46 C2
Office de tourisme
✉ Le Château
☎ 04 90 72 02 75
www.gordes-village.com
🕐 Fermé le dim.

Château de Gordes/Musée Pol Mara
☎ 04 90 72 02 89
€ €€

ACCROCHÉE À UNE FALAISE DE ROCHE BLANCHE SURPLOMBANT LES PARCELLES de terre cultivées, le majestueux village en gradins de Gordes s'offre aux regards de manière saisissante. Peut-être trop. Devenu le site touristique le plus visité du Luberon, envahi l'été par les voitures, elle gagne à être découverte au printemps, quand les cerisiers sont en fleur, ou en automne, quand les feuilles virent au doré. On trouvera la paix et la sérénité à l'abbaye cistercienne de Sénanque, un des trois grands monastères cisterciens de Provence, et au village des Bories, des habitations de pierres sèches datant des Ligures.

GORDES

Ce site stratégique a été occupé dès les temps préhistoriques. Pendant la période romaine, un oppidum y a été construit et, au Moyen Âge, des habitants vivant dans la plaine y ont trouvé refuge. Le village a résisté, notamment pendant les violentes guerres de Religion. Mais au début du XXe siècle, les habitants ont dû migrer vers les villes pour occuper des emplois dans les usines. L'art moderne est venu en quelque sorte la sauver. Le peintre cubiste André Lhote a découvert le village en 1938, y attirant Marc Chagall, Victor Vasarely et d'autres artistes modernes. Leur bonheur de peindre a été amoindri cependant, quand, en 1944, des troupes allemandes ont détruit une grande partie du village pour se venger d'une attaque de la

Résistance. Un moine de l'abbaye voisine de Sénanque est courageusement intervenu.

Bien que la ville ait été en grande partie reconstruite, Gordes a réussi à conserver son charme d'autrefois. Tout ce qui a été récemment bâti se devait de respecter l'unité de construction du village. Un labyrinthe de ruelles pavées bordées de murs de pierres sèches abrite des maisons joliment restaurées dont beaucoup sont occupées par des boutiques d'art provençal et par des cafés où de paisibles clients sirotent un verre de muscat régional. Le **château** Renaissance, construit en lieu et place d'une forteresse médiévale dont il ne reste que la tour à créneaux du XIIe siècle, domine le site. Derrière la façade, percée sur trois étages de fenêtres Renaissance, vous pourrez admirer dans la pièce principale une splendide cheminée. Il vous faudra avoir acheté un billet pour le **musée Pol-Mara**, installé dans les lieux et consacré aux œuvres de l'artiste flamand contemporain. Tout près, l'**église Saint-Firmin**, construite au XVIIIe siècle, recèle des peintures murales consacrées à la Vierge et à une série de saints, dont saint Firmin. Descendez la rue de l'église qui vous conduit à la **rue du Belvédère** et à sa superbe vue sur la vallée.

LE VILLAGE DES BORIES

Une borie est une hutte en pierre, en forme d'igloo, construite sans mortier. Les Ligures, à l'âge du bronze, ont construit les premières dans la région. Elles furent constamment utilisées et restaurées jusqu'au XVIIIe siècle. Vous en trouverez partout dans les champs de Provence. Leur usage initial est inconnu, mais elles ont servi pendant des siècles d'abri et de remise. Le hameau est composé d'une vingtaine de bories, restaurées, habitées entre le XVIe et le XIXe siècle, dont une bergerie, un four, et des réservoirs à vin. Certaines présentent des reconstitutions de scènes de la vie quotidienne, les techniques de reconstruction, et l'histoire de la ville.

L'ABBAYE DE SÉNANQUE

L'édification de cet ensemble de bâtiments dans toute l'austérité cistercienne, initié en 1148, a duré un siècle. La communauté a prospéré aux XIIe et XIVe siècles, ajoutant un

moulin, sept granges et de nombreuses terres. L'abbaye a été partiellement détruite pendant les guerres de Religion et vendue pendant la Révolution. Des moines s'y sont installés en 1854, avant d'être expulsés en raison des nouvelles lois sur les consécrations religieuses en 1903. Une nouvelle communauté est arrivée en 1988. Elle cultive la lavande et produit du miel.

De nombreuses visites guidées sont organisées tout au long de la journée, le seul moyen de visiter le monastère. La visite se tient dans la partie du XIIe siècle : l'église abbatiale, le cloître, le dortoir, la salle capitulaire et le chauffoir.

Si vous vous y rendez fin juin-début juillet, vous verrez des hordes de visiteurs, mais également les champs bleus de lavande autour de l'abbaye. ∎

Les structures sans mortier des Bories.

Village des Bories
✉ Les Savournins
☎ 04 90 72 03 48
€ €€

Abbaye Notre-Dame-de-Sénanque
✉ 3 km au nord de Gordes sur la D177
☎ 04 90 72 05 72
www.senanque.fr
€ €€ (visites guidées uniquement. Les effectifs sont limités.)

Isle-sur-la-Sorgue

Jours de marché
Mar. et dim. ; tous les jours en été

Isle-sur-la-Sorgue
📍 46 C2
Office de tourisme
✉ Place de l'Église
☎ 04 90 38 04 78
www.ot-islesurlasorgue.fr

Collégiale Notre-Dame-des-Anges
✉ Place de la Liberté
🕐 Fermé dim.

Hôtel Donadeï de Campredon
✉ 20, rue du Docteur Taillet
☎ 04 90 38 17 41
🕐 Fermé le lun. et nov.-mars
€ €€

L'eau apparaît à chaque détour dans cette petite ville médiévale toute de moulins, construite sur une île au centre des cinq bras de la Sorgue. Aujourd'hui, le deuxième marché d'antiquités de France (après Paris) s'étend le long des rives, les week-ends, tandis que six rues d'antiquaires ouvrent tous les jours.

La région était un marais au XIIe siècle quand des familles de pêcheurs ont entrepris de construire des maisons sur pilotis en lieu et place de la ville actuelle. La rivière a ensuite été maîtrisée au moyen de roues à aubes et de multiples canaux, fournissant l'énergie pour le nouveau commerce de la soie, la laine et pour l'industrie du papier. L'Isle-sur-la-Sorgue est ainsi devenue la ville la plus importante du comtat Venaissin (maintenant connu sous le nom de Vaucluse). Des roues à aubes sont encore visibles dans la ville, celles de la rue du Docteur Jean-Roux et de la rue Jean-Théophile sont particulièrement pittoresques.

La Sorgue serpente à l'intérieur et à l'extérieur de la vieille ville. Ses eaux lentes et vertes reflètent les maisons anciennes – pour beaucoup aujourd'hui des boutiques touristiques – et les platanes. Dans le cœur de la ville, la **tour Boutin**, aussi appelée la tour d'Argent, est la structure la plus ancienne. Elle date du Moyen Âge, quand régnaient les comtes de Toulouse. Son utilisation reste un mystère.

Tout près, la collégiale **Notre-Dame-des-Anges** date de 1222. C'est au XVIIe siècle qu'elle a acquis son style italien, notamment son clocher, faisant d'elle un des plus beaux exemples d'art baroque de Provence. Notez que les fenêtres côté nord ont été murées (en 1666) pour se protéger du mistral. À l'intérieur, à l'entrée des chapelles, se tiennent 22 statues allégoriques des Vertus, attribuées à Jean-Baptiste Péru. Les douze apôtres se tenaient avec elles, mais seulement deux sont encore conservés au bas des piliers. ■

Fontaine-de-Vaucluse

Fontaine-de-Vaucluse
📍 46 C2
Office de tourisme
✉ Chemin de la Fontaine
☎ 04 90 20 32 22

Les eaux calmes, vert jade, reflètent les platanes feuillus de ce paisible hameau médiéval, au fond d'une vallée du plateau du Vaucluse. Sa beauté a inspiré nombre d'écrivains et de poètes à travers les âges, le plus célèbre étant le poète de la Renaissance italienne, Pétrarque. Cette petite ville modeste possède aussi un des phénomènes naturels les plus extraordinaires de France, d'où elle tient son nom : la fontaine du Vaucluse.

Vous devez laisser votre voiture dans un parking payant avant de vous aventurer dans la ville. Sachez que c'est une destination fort courue l'été.

La Sorgue est l'attraction de la ville. Des plantes aquatiques donnent sa profonde couleur vert émeraude. Des restaurants, des magasins et quelques musées, surtout sur la rive droite de la rivière, agrémentent le séjour. Un château en ruine construit pour accueillir les pèlerins venus visiter le tombeau du VIIIe siècle du héros saint Véran, qui, comme le dit la légende, a sauvé les villageois d'un dragon, surplombe la ville.

Remontez le chemin longeant la rivière bordée de magasins de souvenirs jusqu'à un profond bassin qui forme la **fontaine de Vaucluse**. La

FONTAINE-DE-VAUCLUSE

fontaine est la partie effondrée d'un système de gouffre rempli d'eau. De nombreux plongeurs et spéléologues ont essayé en vain de déterminer la profondeur de la source, dont Jacques-Yves Cousteau. Le dernier record, 318 m, a été établi en 1985, par un petit robot sous-marin. Mais rien ne permet d'affirmer qu'il a véritablement atteint le fond. Ce que l'on sait, c'est qu'à son pic au printemps, elle produit 2,5 millions de m³, la même quantité que déversent les chutes du Niagara en 17 minutes. L'eau reste à température constante, 12-13° C. Une visite au musée dit du **Monde souterrain de Norbert Casteret**, qui propose également une promenade souterraine le long de la rivière, vous apprendra tout ce qui est connu sur ce phénomène.

La plus grande surprise de la ville est le musée d'Histoire 1939-1945, **L'Appel de la Liberté**, situé sur le chemin très fréquenté qui mène à la source. Ce musée, plutôt surprenant à cet endroit, offre un excellent aperçu du mouvement de la Résistance française pendant la Seconde Guerre mondiale. Vous êtes transportés aux heures sombres de la guerre, avec plus de 10 000 objets et documents qui illustrent un récit détaillé. Une première partie aborde la vie quotidienne sous l'occupation, y compris la reconstitution d'une salle de séjour aux fenêtres obscurcies. La deuxième partie de l'exposition est consacrée aux hommes et aux femmes qui ont risqué leur vie lors des combats contre les nazis dans les souterrains et la troisième partie, « la liberté de l'esprit », apporte des éléments de réflexion sur la guerre. C'est une somme importante sur la réalité de cette époque, n'hésitez pas à y consacrer le temps nécessaire.

Le **musée Pétrarque**, sur la rive gauche, est situé dans la maison où le poète Francesco Pétrarque (1304-1374) a écrit le *Canzoniere*. Le petit musée expose des lithographies et des aquarelles de Pétrarque et Laure, son amour impossible, ainsi que les premières éditions de ses livres dont une de *De Remediis*, datée de 1645. ■

Le Monde souterrain de Norbert Casteret
- ✉ Chemin de la Fontaine
- ☎ 04 90 20 34 13
- € €€

Paisible Fontaine-de-Vaucluse

L'Appel de la Liberté-Musée d'Histoire 1939-1945
- ✉ Chemin de la Fontaine
- ⊙ Fermé le mar. et janv.-fév.
- € €

Musée Pétrarque
- ✉ Quai du Château-Vieux
- ☎ 04 90 20 37 20
- ⊙ Fermé le mar. et nov.-mars
- € €

Des colonnes d'habitations (ci-dessus) et des statues (ci-dessous) témoignent de la grande cité romaine que fut jadis Vaison.

Vaison-la-Romaine

Les admirables ruines d'une cité romaine, d'étroites rues médiévales conduisant à un château antique, Vaison-la-Romaine est forte d'un riche passé. Mais ce village pittoresque offre beaucoup plus, dont le plus grand marché de Provence (le mardi) et un été animé de festivals de théâtre, de danse et de musique.

Connue pendant des siècles sous le nom de Vaison, la ville n'a obtenu son nom complet qu'au début du XXe siècle, après la découverte de ruines romaines sous sa ville basse. Sont apparus les vestiges d'une splendide ville romaine qui s'étendait autrefois sur 60 à 70 ha – dont seulement 15 ont été mis au jour, le reste demeurant sous la ville moderne. L'émotion est grande à parcourir les rues bordées de magasins et de maisons de ville, bien plus qu'à admirer des monuments isolés comme à Orange et Arles. On a ainsi une idée de la configuration de la ville du temps des Romains et la littérature permet de connaître leur art de vivre. S'il en est ainsi de la rive droite, sur la rive gauche, la Haute-Ville médiévale a recouvert l'ancienne forteresse celte.

Les deux sites de la cité romaine, ouverts à la visite, constituent le plus grand champ archéologique de France : le quartier de Puymin, adjacent à l'office de tourisme, et celui de La Villasse, de l'autre côté de la rue et tout près de la rivière.

Commencez par le **quartier de Puymin**, ombragé de cyprès et de pins, où vous pouvez acheter un billet pour les deux sites. Dès l'entrée, sur votre droite, se dresse l'immense **maison de l'Apollon Lauré**, du nom d'une tête d'Apollon en marbre blanc découverte à cet endroit. En haut de la colline, le **musée Théo-Desplans** présente des sculptures, des mosaïques, et de nombreux autres objets trouvés sur le site. L'un des monuments les plus

VAISON-LA-ROMAINE

impressionnants est cependant le **Théâtre antique**, datant du Iᵉʳ siècle. Avec son diamètre de 96 m, il pouvait accueillir 6 000 spectateurs. Le mur de scène, comprenant douze niches faisant office de rideau, est tout ce qu'il en reste. À la base du mur, vous pouvez discerner l'emplacement de trois portes empruntées alors par les acteurs. Le théâtre est utilisé depuis les années 1930 pour des concerts l'été. On peut également admirer les vestiges d'un sanctuaire, un quartier d'artisans, et une autre villa.

Le **quartier de La Villasse** possède une magnifique rue des Boutiques, dallée de gros blocs calcaires sur lesquels les chars tirés par les chevaux pouvaient facilement rouler. Sous la chaussée court un égout, tandis qu'un surplomb sur le côté ouest de la rue protège les piétons du mauvais temps. Admirez les colonnes de soutien. À côté, la **maison du Buste en argent**, d'une superficie de 5 000 m², est le plus grand bâtiment d'habitation urbain mis au jour jusqu'à présent dans Vaison. À côté, l'ensemble thermal et la palestre – lieu où les Romains se baignaient et pratiquaient leurs exercices physiques – furent construits entre 10 et 20 av. J.-C.

VAISON MÉDIÉVALE

Traversez le pont vieux de 2 000 ans, qui a réchappé à de nombreuses inondations à travers les âges, dont une terrible crue en 1992, jusqu'à la **Haute-Ville** de Vaison, merveilleusement restaurée. Durant le tumultueux Moyen Âge, cette colline imposante a protégé les habitants, cachés derrière les remparts et la forteresse, contre l'invasion d'un seigneur. Vous entrez par la porte fortifiée du XIVᵉ siècle en forme de beffroi. Des ruelles étroites montent sur la colline, où se succèdent de petites places ornées de charmantes fontaines et de belles demeures de pierre, dont beaucoup sont occupées

par des magasins et des restaurants. Des jardins fleuris débordent des murs et des portes, rendant la promenade très pittoresque. Si vous prenez la rue de l'Évêque à gauche, vous parviendrez aux ruines d'un **château** qui fut construit en 1192 par Raymond V, comte de Toulouse. À noter : la seule façon de visiter le château est de suivre la visite guidée organisée par l'office du tourisme. La vue est magnifique sur la vallée tapissée de vignes d'Ouvèze et sur le mont Ventoux.

De retour dans la **Basse-Ville**, deux autres curiosités médiévales vous attendent. La **cathédrale de Notre-Dame-de-Nazareth**, qui fut le cœur du village médiéval aujourd'hui disparu, est un bel exemple de l'art roman provençal avec ses jolies arches (du quartier de la Villasse, marchez vers la rivière, la cathédrale sera sur votre droite). Elle a été construite au XIᵉ siècle, utilisant des pierres d'un précédent bâtiment romain, son clocher notamment. Notez l'autel pré-roman en marbre blanc décoré de grappes de raisins et de feuilles.

Le petit **cloître des Chanoines**, derrière, vous charmera avec son olivier et ses quatre galeries soutenues par des colonnes à chapiteaux feuillus datant des XIᵉ et XIIᵉ siècles. Il a connu une large restauration au XIXᵉ siècle. ∎

Accrochée à la vallée, Vaison la médiévale plonge vers la Basse-Ville.

Jour de marché
Mardi
Vaison-la-Romaine
🅐 46 C3

Office du tourisme
✉ Place du Chanoine-Sautel
☎ 04 90 36 02 11
www.vaison-la-romaine.com
🕐 Fermé le mar. en hiver

Quartiers de Puymin et de La Villasse
€ €€ (inclut l'entrée au cloître de la cathédrale)

Cathédrale Notre-Dame-de-Nazareth
✉ Place de la Cathédrale

Les Dentelles de Montmirail

Encerclant les Dentelles de Montmirail – les cimes ainsi nommées car elles semblent des dentelles – le trajet pastoral représente la quintessence de la Provence : villages perchés, vues bucoliques, vignobles anciens et moult occasions de s'arrêter pour goûter le vin local.

Laissez la ville basse de **Vaison-la-Romaine** ❶ (voir pp. 66-67) en traversant le pont romain et tournez à gauche sur la D938. Juste après le hameau du Crestet, tournez à droite sur la D76 sur 3 km, qui serpente jusqu'au village **du Crestet** ❷. Garez-vous au bas de la ville et continuez à pied. Vous découvrirez l'**église de Saint-Sauveur** du XIe siècle, ainsi que les ruines d'un château du XIIe siècle sur la colline, l'ancienne résidence des évêques de Vaison.

Continuez sur la D938 à Malaucène, où vous prenez la D90 vers Suzette, sur 9 km. À mi-chemin, passez le **col de la Chaîne**, et son panorama. Plus loin, la route, une succession de lacets jusqu'aux Dentelles, offre une vue sur les crêtes de calcaire. De nombreux panneaux indiquent des sentiers de randonnées à pied et en VTT.

Vous savez que vous approchez de **Suzette** ❸ par le nombre de panneaux indiquant les caves et leurs possibles dégustations. La vue est magnifique sur les montagnes environnantes et la crête de Saint-Amand.

Toujours en suivant la D90, traversez le petit village de Lafare jusqu'à **Beaumes-de-Venise** ❹. Beaumes est très connu pour son vin de muscat, que l'on boit frais à l'apéritif, et que vous pourrez goûter dans les caves le long de l'avenue Raspail. Ou bien arrêtez-vous à la salle de dégustation des **Vignerons de Beaumes-de-Venise** (*Quartier Ravel, tél. : 04 90 12 41 00*), juste à la sortie de la ville en direction de Vacqueyras. La **chapelle Notre-Dame-d'Aubune** aux volets bleus, au pied de la rue des Vignerons, mérite une halte. Bâtie au VIIIe siècle pour fêter les victoires françaises contre les Sarrasins près de Tours et Poitiers, sa tour insolite a été ajoutée au XIIIe siècle.

Le circuit continue par la D81 et D7 à travers la plaine, avec des occasions de déguster du vin à chaque tournant. **Vacqueyras**, ce village fortifié au XVe siècle, fut la patrie du troubadour Raimbaut de Vacqueyras. Vous arriverez bientôt à l'embranchement pour **Gigondas** l'endormie ❺, célébrée dans le monde entier pour son vin puissant et capiteux. Au centre, la **place**

Tout autour des Dentelles de Montmirail, les vignobles des côtes-du-rhône.

LES DENTELLES DE MONTMIRAIL

Gabriel-Andéol, ombragée, est bordée de cafés et de caves de dégustation de vin. Laissez votre voiture ici pour errer dans les ruelles qui vous conduiront à la charmante église de paroisse Sainte-Catherine et sa belle façade XIVe siècle.

Le roi des villages, **Séguret** 6, considéré comme l'un des plus beaux villages de France – distinction tout à fait méritée – vous attend en bas de la route. Vous flânerez dans ses ruelles pavées bordées de nobles maisons, qui abritent aujourd'hui des restaurants, des galeries et des caves de dégustation. À l'entrée du village, la chapelle Notre-Dame-des-Grâces possède de très belles peintures murales. Dans l'une des deux boutiques de santons, on peut regarder un maître santonnier peindre minutieusement ces petites céramiques. Une autre petite curiosité : cette ville fortifiée, ce « lieu sûr », lui a donné son nom.

- Voir carte p. 46
- Vaison-la-Romaine
- 65 km
- Une demi-journée
- Vaison-la-Romaine

À NE PAS MANQUER
- Le panorama vu du Crestet
- Gigondas
- Séguret

Plus loin, un détour via la D975 vous mène à **Rasteau** 7, où le **musée du Vigneron** (*Route de Vaison-la-Romaine, tél. : 04 90 83 71 79, fermé mar. et dim. et oct.-Pâques,* €) expose plus de 2 500 outils vinicoles. Le domaine adjacent de **Beaurenard** offre une dernière occasion de goûter du vin avant le retour à Vaison-la-Romaine. ∎

Orange

À la limite de la ville, l'arc de triomphe d'Orange est orné de représentations militaires.

Orange
46 B3
Office de tourisme
✉ 5, cours Aristide-Briand
☎ 04 90 34 70 88

Théâtre antique
✉ Place des Frères-Mounet
☎ 04 90 51 17 20
€ €€ (Ticket jumelé avec le musée) ouv. tous les jours

Musée Municipal Rue Madeleine Roch
☎ 04 90 51 18 24
€ €€ (jumelé avec le théâtre antique)

LE THÉÂTRE ROMAIN LE MIEUX CONSERVÉ D'EUROPE RAPPELLE L'IMPORTANTE colonie romaine fondée ici en 35 av. J.-C. Un splendide arc de triomphe et d'abondantes statues, mosaïques et poteries, sont d'autres souvenirs de ses premiers résidents. Alors qu'Orange est aujourd'hui une ville moyenne, très active, son cœur historique est charmant à explorer.

L'idée était ingénieuse : les Romains conduits par Auguste ont fondé une colonie sur une terre qu'ils avaient conquise (la Provence) et l'ont utilisée comme terre de retraite pour leurs vétérans, la peuplant de soldats de la Seconde Légion gallique. Au fil des temps, les résidants ont cultivé les terres et développé leurs richesses. Appelée Colonia Firma Julia Secundanorum Arausio, la ville avait toutes les spécificités d'une ville civilisée romaine, dont un forum, un quartier religieux et un théâtre. Elle s'organise autour d'un plan d'urbanisme en forme de damier, avec comme point d'ancrage l'énorme mur du théâtre.

THÉÂTRE ANTIQUE

Inscrit au patrimoine mondial de l'UNESCO, le théâtre romain antique est parfaitement conservé. Cet édifice au ton miel avec une façade de 103 m de long, des ailes, des passages pour les spectateurs et des coulisses pratiquement intacts, domine le centre-ville. Louis XIV admirait tant « la plus belle muraille du royaume », selon ses propres mots, qu'il a hésité quelque temps à le déplacer à Versailles.

Au IIe siècle apr. J.-C., les citoyens romains fréquentaient ce théâtre, qui pouvait contenir de 8 000 à 10 000 personnes, pour y suivre le spectacle du jour, un mime, un jongleur ou une farce populaire. De tels divertissements servaient à propager la culture romaine, comme à distraire les gens des manœuvres politiques et des revendications nationalistes.

Avec un audioguide, vous entrez par la droite de la scène, au niveau inférieur, les sièges derrière vous formant un demi-cercle À l'époque romaine, le mur de scène a été divisé en plusieurs niveaux et, à son point le plus haut, couvert de marbre. Le son rebondissait sur la paroi, une acoustique parfaite comme vous pourrez encore le constater. Le mur de scène présente un décor de colonnes, de blocs et de niches. Aujourd'hui, la seule statue authentique est celle d'Auguste, de 4 m de haut, placée dans la niche centrale, et employée pour symboliser la présence de l'empereur. Le musée municipal de l'autre côté de la rue (voir ci-après) vous permettra de découvrir d'autres statues et colonnes.

La visite vous conduit ensuite à travers de sombres galeries couvertes. En montant les escaliers, la vue sur Orange est exceptionnelle. Vous sortirez par l'arrière du théâtre vers un café qui surplombe des ruines que vous pouvez également en partie visiter. Ces ruines comprennent un temple et des dépendances dont l'utilisation a été difficile à déterminer, mais servaient vraisemblablement à rendre hommage à l'empereur.

LE MUSÉE MUNICIPAL ET LE VIEIL ORANGE

Installé dans un hôtel particulier édifié au XVIIe siècle par un noble hollandais, le musée principal retrace l'histoire de la ville d'Orange. Le rez-de-chaussée présente une remarquable collection de trésors romains datant de 25 av. J.-C. à l'an 10 dont des célèbres frises du théâtre, des mosaïques et des objets de la vie quotidienne. Particulièrement intéressants, les plans du bureau du cadastre, gravés sur des tablettes de marbre, ont fourni aux archéologues modernes des indices fiables sur la façon dont les terres étaient distribuées (en substance les Romains s'octroyaient les meilleures terres et laissaient aux populations vaincues les plus arides). Le premier étage est

Les indiennes

Les cotons vifs, ensoleillés, qui parent les tables de Provence, les fenêtres et les lits ne sont pas originaires de la région. Des commerçants hollandais et portugais ont rapporté ce tissu d'Inde, dès 1600. Le tissu était fortement populaire partout en France, même à Versailles sous Louis XIV. Au début des années 1770, des fabricants locaux ont commencé à faire leurs propres indiennes, incorporant des motifs français, des cigales, des tournesols, des coquelicots. Elles étaient entièrement fabriquées à la main, utilisant des teintures naturelles issues de plantes et de minéraux. Aujourd'hui, bien sûr, le processus est entièrement mécanisé, mais le résultat reste charmant. ∎

Des cotons indiens du XVIIIe siècle ont inspiré les tissus typiques de Provence.

consacré à l'histoire plus récente d'Orange, essentiellement à Guillaume Ier. En 1554, le comte de Nassau, qui a mené la révolte hollandaise contre l'autorité espagnole, a hérité de la principauté d'Orange. Il est devenu l'ancêtre de Guillaume III d'Angleterre et de l'actuelle famille royale hollandaise. L'une des salles les plus intéressantes expose cinq peintures ayant appartenu à la famille Wetter d'Orange, datant de 1764. Elles dépeignent comment les fabriques indiennes – l'ancêtre des fabriques provençales actuelles – ont été apportées en Provence (voir encadré p. 71).

THÉÂTRE ANTIQUE

Orchestre

**Gradins
(jusqu'à 10 000 sièges)**

Des spectacles se déroulent toujours sur la scène du théâtre antique, comme ce fut le cas pendant des siècles.

Pour un beau panorama sur la ville, montez au sommet de la **colline Saint-Eutrope**, derrière le théâtre. Quelques vestiges du château des princes de Nassau sont encore visibles. Puis prenez la rue Victor-Hugo, qui suit approximativement l'ancienne route romaine impériale, jusqu'à l'**arc de triomphe**, construit aux environs de 20 av. J.-C. pour célébrer les victoires de la Seconde Légion gallique. Malheureusement, les routes alentours sont très fréquentées.

L'ÉGLISE ET LES ALENTOURS

Après les ruines romaines, vous pouvez encore visiter l'église restaurée de **Notre-Dame-de-Nazareth**, consacrée en 519, reconstruite au XIIe siècle dans le style roman. De là, découvrez les petites places piétonnes et les rues bordées de magasins d'antiquités. Les maisons de ville pastel sont occupées par des restaurants, des cafés avec terrasse et des boutiques (rue de la République, rue Saint-Martin). ∎

Église Notre-Dame-de-Nazareth
✉ Rue Notre-Dame

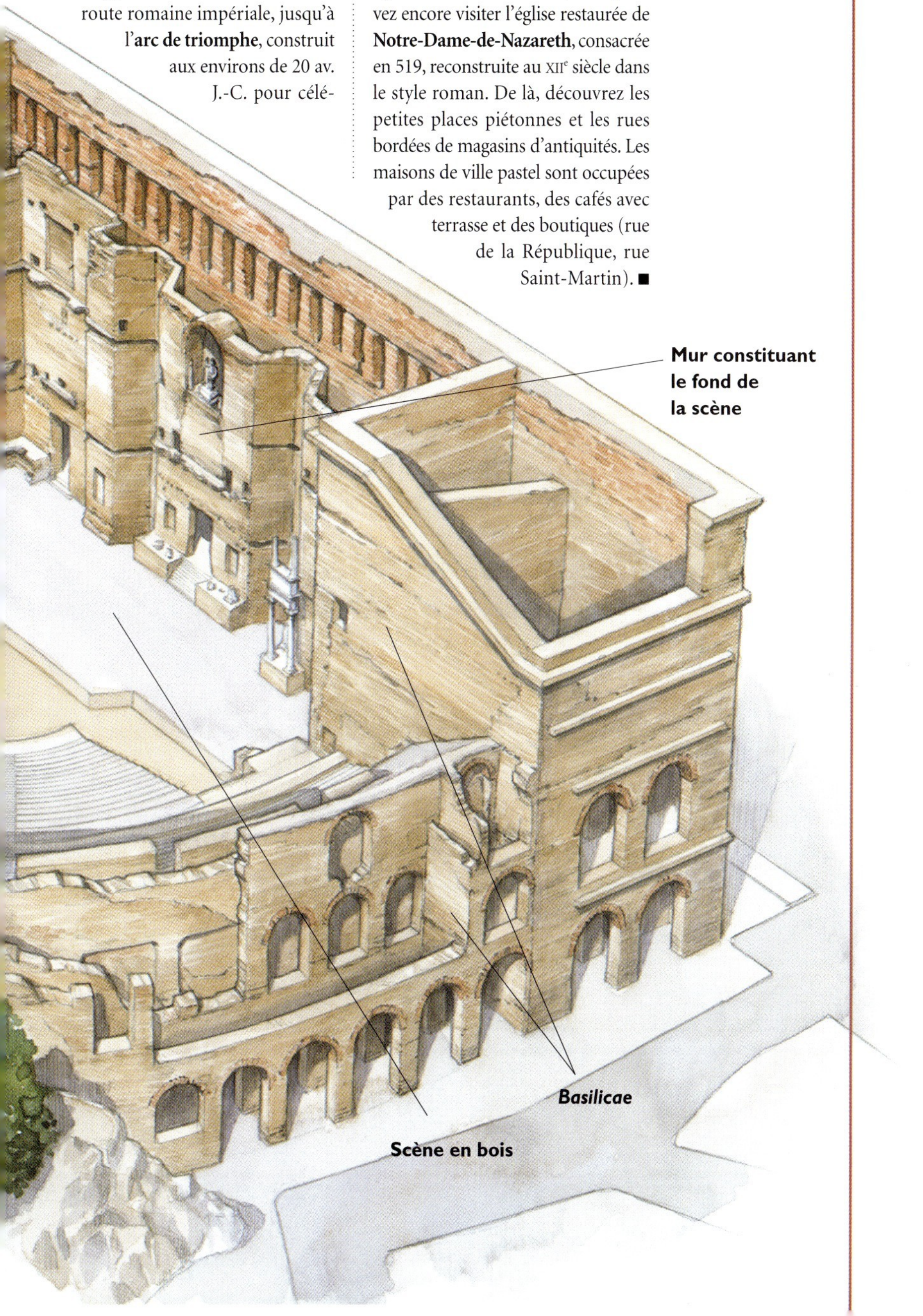

Mur constituant le fond de la scène

Basilicae

Scène en bois

La vie romaine et la culture

Les Romains ont laissé de vastes ruines partout en Provence, témoignages d'une manière de vivre complexe, surprenante, vieille de plus de 2 000 ans. À quoi ressemblait leur quotidien ? Leur ville ? Leur maison ? Leurs vêtements ? Voici quelques éléments de réponse.

LES VILLAS

Ces riches maisons, qui ont mieux résisté que les maisons moins élaborées, consistaient en une série d'espaces ouverts et fermés avec des fontaines, des sentiers bordés de statues et des suspensions murales pour diviser l'espace. Des portiques et des colonnades agrémentaient les extérieurs. À l'intérieur, tapis, meubles et objets d'art décoraient richement les pièces selon une règle simple : si quelque chose était accroché au mur, le sol était laissé nu ; s'il n'y avait rien au mur, des mosaïques incrustées de marbre ou multicolores recouvraient les sols. La cuisine était souvent située au nord, plus fraîs, pour mieux préserver les aliments. De l'eau sous pression alimentait les éviers, reliés à des gouttières drainant les eaux usées jusqu'aux égouts extérieurs. L'eau dans une maison était un luxe réservé aux plus riches Romains. Les autres devaient aller la chercher à des fontaines ou à des puits.

DES QUESTIONS CULINAIRES

Tous les Romains n'étaient pas assez riches pour festoyer. Les petits déjeuners (*ientaculum*) et les déjeuners (*prandium*) étaient légers, faits de pain et de quelques accompagnements, tandis que le dîner (*cena*), en fin d'après-midi, constituait le repas principal. Un repas simple était le plus souvent froid (pain, laitue, haricots et lentilles, olives et fromages). Jambon, tête de porc, saucisses servies dans de la semoule et du bacon étaient des plats traditionnels. Plus raffinées étaient les mamelles de truie ou la panse d'agneau farcie de saucisses. Une recette a subsisté, une assiette de petits oiseaux chanteurs dans une sauce aux asperges, soigneusement préparée avec des œufs de caille. Le vin (*mul-*

sum), assaisonné de miel ou d'épices, était la boisson de choix habituelle.

LE TEMPS DU BAIN
Le bain public quotidien, non content d'être rafraîchissant, était un lieu de vie sociale. Les femmes se baignaient les premières. Après avoir enlevé leurs vêtements et peut-être fait quelques exercices physiques dans la *palaestra* (une cour ouverte), venait la plongée dans le *natatio*, une grande piscine d'eau fraîche. Suivait le *tepidarium* (la pièce chaude), une salle richement décorée où les baigneurs se réchauffaient. Les sols étaient constitués de tuiles creuses dans lesquelles l'air chaud était en permanence entretenu par un grand système de four de charbon de bois placé dans les infrastructures thermales. Le *caldarium* (les bains chauds) constituait l'étape suivante, suivie par le *laconicum*, une pièce au sol de marbre remplie d'une chaleur sèche et intense où les baigneurs transpiraient avant d'être grattés à l'aide de petites spatules de bronze. Ils se rendaient ensuite au *frigidarium* (le bain froid) pour refermer les pores avant d'être frottés avec des serviettes et oints d'huiles parfumées.

Les participants les plus fortunés finissaient par un massage.

LA MODE À LA ROMAINE
Les vêtements des Romains indiquaient leur position sociale. Les esclaves et les ouvriers portaient des tuniques unies. Les rayures révélaient un cavalier ou un sénateur. Uniforme et manteau indiquaient un général. Seuls les citoyens romains pouvaient revêtir une toge, un morceau de tissu drapé autour du corps et porté en public. Une toge ordinaire était toujours en laine, généralement d'un blanc neutre. À l'époque des Républicains, les candidats blanchissaient leur toge, d'où leur nom – *candidati*, des hommes « extra-blancs ». La toge pourpre avec broderie d'or et la couronne de laurier étaient réservées à l'empereur.

Les femmes portaient une tunique fermée par un *stola*, un ample drapé de tissu maintenu par des broches et des épingles ornées. À l'extérieur, elles se couvraient d'un *palla* (un châle), très coloré. ∎

Ruines romanes à Glanum, près de Saint-Rémy-de-Provence.

Une des nombreuses festivités de la ville en l'honneur du vin le plus célèbre de Provence.

Châteauneuf-du-Pape
📍 46 B3
Office du tourisme
✉ Place du Portail
☎ 04 90 83 71 08

Musée des Outils de Vignerons
✉ Le Clos
☎ 04 90 83 70 07
www.brotte.com

Châteauneuf-du-Pape

S'ÉTENDANT SUR 2 800 HA SUR LA RIVE EST DU RHÔNE, JUSTE AU NORD d'Avignon, la région des vignobles de Châteauneuf-du-Pape est connue dans le monde entier pour ses vins rouges majestueux et charpentés. Au centre, son charmant village perché, avec ses maisons médiévales à volets, ses ruelles et ses caves à chaque tournant, mérite une étape.

En 1157, l'évêque Geoffroy d'Avignon, fidèle à l'usage antique romain, décide de faire du vin. En 1308, c'est le pape Clément V qui plante des ceps. Mais c'est à Jean XXII, « le pape du vin », que la région doit sa réputation. Il vécut dans sa résidence d'été de 1318 à 1333 et fit planter des vignes aux alentours. Il n'a probablement pas réalisé à quel point ses terres possédaient une si heureuse combinaison géologique.

Vous ne verrez pas une terre brune et fertile mais des cailloux blanc cassé et teintés par la rouille déposée à la période glaciaire. Les pierres emmagasinent la chaleur du soleil du Midi et l'irradient vers les vignes longtemps après le coucher du soleil. Le résultat : une parfaite maturité des raisins aboutissant à des vins robustes et bien charpentés. Le sol alluvial, des vignes largement espacées et les vents de mistral

CHÂTEAUNEUF-DU-PAPE

Les vendanges ont lieu au mois de septembre sous des ciels azurés.

Appellations

Châteauneuf-du-Pape est la première région vinicole à avoir reçu l'appellation d'origine contrôlée, un gage de contrôle de qualité très strict. Le baron Le Roy de Boiseaumarié, un vigneron distingué, a proposé une délimitation du territoire et des règles de production très spécifiques pour mériter l'étiquette de Châteauneuf-du-Pape. En 1923, les vignerons ont gagné le droit exclusif de marquer leur vin de l'appellation côtes-du-rhône. De là provient le système d'évaluation actuel. ∎

Des caves à vins touristiques
Pour visiter un vignoble en particulier, vous devez réserver. L'office du tourisme local offre une liste de vignobles ouverts au public.

contribuent à l'excellence de ce vin. Il peut officiellement être élaboré avec un mélange de trois, sept ou treize cépages, mais dans la pratique, seuls quelques traditionalistes emploient les treize cépages. Le raisin dominant est le grenache, le mourvèdre, la syrah, et le cinsault y sont souvent ajoutés.

VISITER
La ville médiévale, joliment conservée, possède peu de boutiques. Les affaires se font plutôt dans les caves de dégustation. Commencez par la place de la Fontaine, où sont situées quelques-unes de ces caves. Ou arrêtez-vous à **Vinadéa**, un détaillant qui représente 80 domaines et châteaux de l'appellation (*8, rue du Maréchal Foch, tél. : 04 90 83 70 69, www.vinadea.com*).

Des ruelles étroites conduisent au château papal, le **château du Pape** – ou du moins ce qu'il en reste après son attaque en 1562 menée par des troupes protestantes, pendant les guerres de Religion. Il surplombe les étendues de vignobles d'abord plantées par les papes, avec le Rhône et les Dentelles au-delà.

Le musée des **Outils de Vignerons** (*Le Clos, tél. : 04 90 83 70 07, www.brotte.com*) présente des outils vinicoles et des machines d'autrefois. Un magasin et une salle de dégustation terminent la visite. ∎

Autres sites à visiter

CARPENTRAS
C'est un plaisir de flâner dans le cœur médiéval de cette ville animée. La **synagogue** du XIVe siècle (*place de l'Hôtel-de-Ville*), la plus ancienne de France, mérite d'être découverte. Très sobre vue de l'extérieur, l'intérieur est richement décoré. La salle de prière, par exemple, ressemble à un salon du temps de Louis XIV avec ses boiseries dorées et vert jade

Jour de marché à Carpentras

et un plafond bleu ciel parsemé d'étoiles dorées. Vous pouvez également y découvrir des bains destinés à la purification mensuelle rituelle des femmes ainsi que des fours pour le pain azyme. L'ancienne **cathédrale Saint-Siffrein** (*place Saint-Siffrein*) est un pastiche de styles, du XVe siècle gothique provençal à un beffroi début XXe siècle. Un arc de triomphe romain s'élève derrière la cathédrale.
Office du tourisme de Carpentras
✉ Place Aristide-Briand ☎ 04 90 63 00 78

CAVAILLON
Cette ville vivante est célèbre pour ses melons, dont la culture a été importée par Charles VIII durant les campagnes d'Italie. Remplissant les étals des marchés de mai à septembre, ils sont célébrés durant la fête du Melon à la mi-juillet. Le nom de la ville dément son rôle initial de forteresse romaine. En effet, on a découvert dans les vestiges des pièces de monnaie, des tuiles et un autel dédié au culte de Mercure, exposé au **Musée archéologique** (*Hôtel-Dieu, Porte d'Avignon, tél. : 04 90 76 00 34, fermé le mar. €, billet jumelé avec le Musée juif*). Un arc romain s'élève sur la place François-Tourel (devant l'office du tourisme). On peut également visiter la **cathédrale Saint-Véran**, du XIIe siècle, et une magnifique synagogue (1772-1774) et son **Musée juif comtadin** (*tél. : 04 90 76 00 34, fermé le mardi, billet jumelé avec le Musée archéologique, €*), qui expose des objets de culte, des manuscrits et des livres de prières. Dans les faubourgs de la ville, le **musée du Santon en Provence** (*Route de Robion, tél. : 04 90 71 25 97, fermé le dimanche*) expose de beaux santons de toutes tailles.
Office de Tourisme de Cavaillon ✉ Place François-Tourel ☎ 04 90 71 32 01, www.cavaillon-luberon.com

LE MONT VENTOUX
Le poète italien Francesco Pétrarque (1304-1374) a gravi le mont Ventoux en 1336 sans autre raison que « le désir d'y voir sa hauteur remarquable », inaugurant ainsi le sport de la montée en montagne. Ayant atteint le sommet, il « est resté immobile, stupéfié par l'étrange légèreté de l'air et l'immensité du spectacle ». De la route en épingle, bondée de cyclistes l'été (parfois la route fait partie du circuit du Tour de la France), vous pourrez constater les changements de végétations, des champs de lavande aux vignobles, en passant par une forêt de hêtres, de cèdres puis de pins. Une véritable calotte lunaire coiffe son sommet, à 1 909 m. Semi-désertique, il est couronné de neige au moins la moitié de l'année et presque toujours balayé par des vents atteignant jusqu'à 402 km/h. Une grande partie de la montagne s'est vu attribuer le label « Réserve de biosphère » par l'UNESCO, en 1990. Les randon-

nées à pied et à ski sont des activités saisonnières. Vous pouvez accéder à la route qui mène au sommet (D974) par **Malaucène**, un bourg animé, avec une église fortifiée du XIVe siècle et un centre historique riche en fontaines. Ou prenez la D19, plus tranquille et jolie, au sud de Malaucène avant Barroux. N'oubliez pas de goûter la spécialité locale, l'épeautre ou l'orge sauvage (aussi connu comme « le blé du pauvre »), que vous apprécierez avec un verre de côtes-du-ventoux local.

LE MUSÉE DE LA LAVANDE
Cuivres étincelants, flacons et étiquettes à l'ancienne vous mènent à travers l'histoire de la lavande dans l'excellent musée de Coustellet. Une vidéo décrit le processus de la culture, puis, avec l'audioguide, vous circulerez dans une série d'expositions. Tout le musée sent la lavande, et un magasin à la sortie vous permettra de rapporter à la maison cette herbe aromatique, sous toutes ses formes.
✉ Route de Gordes, Coustellet ☎ 04 90 76 91 23, www.museedelalavande.com 🌐 €

PERNES-LES-FONTAINES
Trente-six fontaines datant du milieu du XVIIIe siècle embellissent cette calme petite ville médiévale, une ancienne capitale du comtat Venaissin. Près de la chapelle de Notre-Dame-des-Grâces, encastrée dans les vieilles murailles de la ville, on peut admirer la fontaine la plus étonnante de la ville, la fontaine du Cormoran, de style baroque, avec la statue majestueuse d'un cormoran aux ailes déployées. Si vous buvez à la fontaine de la Lune, les gens du pays disent que vous deviendrez fou. L'office du tourisme vous remettra une carte des circuits autour des fontaines.
Office du tourisme ✉ Place Gabriel-Moutte ☎ 04 90 61 31 04

SAULT
Au cœur du pays de la lavande – fleurie en juin et juillet – l'office du tourisme propose pléthore d'activités autour du thème de la lavande, dont des circuits en voiture ou à pied. Apprenez tout ce qu'il y a à savoir sur le sujet au **Jardin des Lavandes** (Route du Mont Ventoux, tél. : 04 90 64 13 08, pour la visite guidée seulement). Notez que le marché de la ville – le mercredi – est réputé pour ses produits à base de lavande.
Office du tourisme ✉ Avenue de la Promenade ☎ 04 90 64 01 21, www.saultenprovence.com

VENASQUE
Ce calme petit village de colline, perché sur un éperon rocheux au cœur de la forêt de

Paysages des champs

Les champs de Provence diffèrent des champs du Nord de la France, en partie à cause de l'influence prolongée des Romains. Alors que les champs du Nord ont tendance à être de grands patchworks limités par des haies ou des murs de pierre, les champs de Provence sont un mélange artistique de bandes cultivées, de vignes et d'arbres fruitiers.

Les Romains ont divisé la Provence en lopins de terre appelés « siècles ». Ils établissaient ainsi un modèle de réseau pour le paysage rural à l'image de leurs plans urbains. Comme les lois de succession romaine prévoyaient d'allouer à tous les fils des parts égales de terre plutôt qu'à l'aîné seulement, les champs étaient de petite taille.

Les outils ont également influencé la configuration des champs de la région. Depuis l'époque des Romains, les labours se font grâce à de petites charrues, étroites et légères, qui ouvrent la terre sans la retourner. Elles sont parfaitement adaptées à un sol sablonneux, pierreux, à des espaces petits. Le fermier doit labourer chaque champ deux fois, une fois de bas en haut et une fois en travers, avant de semer, d'où ce quadrillage unique.

Une autre particularité romaine est l'absence de murs. La loi était si bien respectée du temps des Romains que les barrières physiques n'étaient pas nécessaires pour marquer les limites de propriété.

Enfin, les bosquets d'arbres sont nombreux. Les Romains ont planté oliviers et vergers au milieu des champs, offrant un espace pour se reposer et déposer sa gourde d'eau, une image qui a inspiré les artistes pour les siècles à venir. ■

Un étal du marché de Sault propose les fleurs de la région.

Venasque, était autrefois la capitale de la région. C'est elle qui a donné son nom au comtat Venaissin. Pendant les invasions barbares au Moyen Âge, les évêques de Carpentras se sont retirés dans ce coin stratégique, ce qui explique le nombre impressionnant de constructions chrétiennes et médiévales. En flânant dans les jolies rues, cherchez l'**église Notre-Dame** (à la pointe nord de l'éperon), dont le baptistère du VIe siècle, remarquablement conservé, est l'un des édifices religieux les plus anciens de France.

Office de Tourisme ✉ Grand'Rue
☎ 04 90 66 11 66

VILLENEUVE-LÈS-AVIGNON

En 1307, le roi Philippe le Bel fit édifier un château, sur l'autre rive du Rhône, en face du palais des Papes d'Avignon, autour duquel s'est développée la « nouvelle ville ». La **tour Philippe-le-Bel** (*Rue de la Montée de la Tour, tél. : 04 32 70 08 57, fermé dim. et lun., avr.-mi-juin et mi-sept.-mars et fév., €*), un mirador élevé en réponse au pouvoir grandissant des papes, se tient à l'endroit exact où le pont Saint-Bénezet rejoignait la rive ouest et offre un magnifique panorama. L'**église Notre-Dame**, au centre de la ville (place du Chapitre), datant du XIVe siècle, domine dans sa splendeur médiévale. Ne ratez pas son paisible cloître. Tout près, le **musée municipal Pierre-de-Luxembourg** (*Rue de la République, tél. : 04 90 27 49 66, fermé le lun. et fév., €*), sur quatre étages, abrite deux œuvres majeures : une *Madone à l'Enfant* du XIVe siècle délicatement sculptée dans l'ivoire et *Le Couronnement de la Vierge* (1454) par Enguerrand Quarton, un des peintres majeurs de l'école d'Avignon.

La **chartreuse du Val-de-Bénédiction** (*Rue de la République, tél. : 04 90 15 24 24, €*), en bas de la rue, fondée en 1352 par le pape Innocent VI, fut la plus importante de France. Si l'essentiel est maintenant en ruine, les petits cloîtres et les cellules des moines témoignent bien de l'esprit qui l'habitait. La petite chapelle du cloître du cimetière possède de belles fresques de Matteo Giovannetti.

Surplombant la chartreuse, le **fort Saint-André** et ses fortifications datant du XIVe siècle (*Montée du Fort. Fort, tél. : 04 90 25 45 35, fermé lun. et mars-oct., € ; Abbaye, tél. : 04 90 25 55 95, sur rendez-vous, €*) réservent une vue magnifique au-delà du Rhône sur Avignon. À l'intérieur subsistent les vestiges de l'**abbaye Saint-André**, une belle petite chapelle romane nichée dans un jardin de roses, de lavande et de glycines.

Office du Tourisme ✉ 1, place Charles-David ☎ 04 90 25 61 33,
www.villeneuvelesavignon.fr ■

Conservatoire de l'identité provençale, cette région agricole en concentre aussi tous les charmes : éperons crayeux, champs colorés, plages, cités médiévales et, surprise, une terre de marais et d'étangs où le flamant rose règne en maître.

Vers le sud au fil du Rhône

Introduction et carte **82-83**
Nîmes **84-86**
Le pont du Gard **87**
La Camargue **88-93**
Sauvage Camargue **90-91**
Arles **94-97**
Une promenade en Arles **98-99**
Les Baux-de-Provence **100-101**
La Montagnette **102**
Saint-Rémy-de-Provence **103-104**
Autres sites à visiter **105-106**
Hôtels et restaurants **215-217**

La Chaise de Van Gogh.

Vers le sud au fil du Rhône

AU SUD D'AVIGNON, LE RHÔNE RALENTIT SON COURS ET S'ÉLARGIT À L'APPROCHE DE LA MER Méditerranée. Cette partie du département des Bouches-du-Rhône, qui offre une grande diversité de paysages, témoigne également d'une très ancienne histoire : les premiers hommes s'établirent le long du fleuve il y a plus d'un million d'années. Les Romains, arrivés bien plus tard, y bâtirent les cités florissantes de Nîmes, d'Arles et de Saint-Rémy, devenues aujourd'hui des villes animées où se mêlent passé et présent. Mais la région doit sa renommée en partie à Van Gogh qui y séjourna en 1888 et 1889 et peignit ses tournesols, ses nuits étoilées et ses bosquets d'oliviers.

Nîmes possède certains des monuments les mieux conservés de ses ancêtres ; les arènes, le plus bel exemple d'amphithéâtre romain, et la Maison carrée, un temple quasi intact qui trônait autrefois sur le forum parmi d'autres édifices. Aujourd'hui, Nîmes est une ville vivante au caractère mi-espagnol, mi-provençal où l'on apprécie les courses de taureaux,

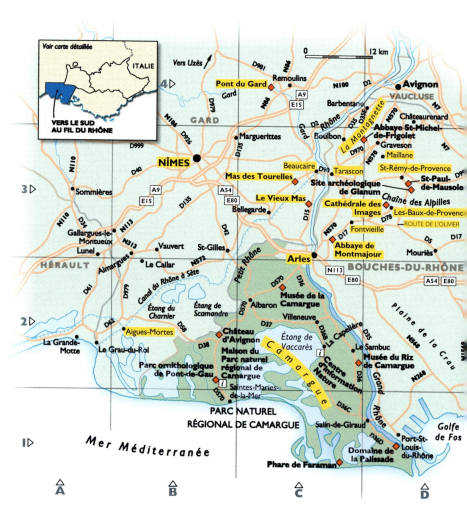

L'ancienne ville romaine de Nîmes offre d'innombrables témoignages de son glorieux passé et presque autant de terrasses au soleil.

le flamenco et les après-midi languissantes aux terrasses des cafés. Le tout proche pont du Gard, partie de l'ancien aqueduc romain qui alimentait en eau la ville de Nîmes, offre le plus beau témoignage de l'ingénierie romaine.

Au sud, le paysage devient plat et marécageux tandis que le Rhône se dirige vers la mer. Ce royaume solitaire, la Camargue, est le domaine du gardian, seigneur du cheval blanc et du sauvage taureau noir. Les millions d'oiseaux qui s'y rassemblent attirent par centaines les amoureux de la nature.

Arles est l'une des plus jolies villes de Provence, avec ses rues médiévales et ses places bordées de cafés. Les Romains y ont laissé de nombreux édifices, dont les arènes, jumelles de celles de Nîmes. Au nord d'Arles, la ville basse de l'ancien fief des terribles seigneurs des Baux est aujourd'hui envahie de boutiques de souvenirs. La forteresse en ruine, visible de très loin au-dessus des champs et des collines, ne permet pas de douter de l'utilité de sa position stratégique.

Moins connue et beaucoup moins touristique, la Montagnette, au nord de Tarascon, donne au promeneur de beaux points de vue sur les forêts, des villages médiévaux et une étonnante abbaye.

Dans les plaines voisines, Saint-Rémy, qui succède à l'ancienne cité gallo-romaine de Glanum, garde en mémoire le séjour de Van Gogh, interné à l'asile Saint-Paul-de-Mausole en 1889 ; il y a peint plus de 140 toiles, dont des autoportraits et des paysages. Aujourd'hui, Saint-Rémy est une agréable ville commerçante où les devantures luxueuses occupent les façades de demeures historiques. ■

Nîmes

Jour de marché
Lundi

Nîmes
- Carte p. 83

Informations touristiques
- Office du tourisme, 6, rue Auguste
- 04 66 58 38 00
- www.ot-nimes.fr

Musée archéologique
- 13 bis, bd. Amiral Courbet
- 04 66 76 74 80
- musees.nimes.fr
- Fermé le lundi

Les arènes
- Place des Arènes
- €

La Maison carrée se dresse à l'endroit de l'ancien forum romain.

LE CENTRE HISTORIQUE DE NÎMES, OÙ SE SUCCÈDENT BOUTIQUES CHIC ET cafés, possède tous les attraits d'une grande ville conjugués à ceux d'une splendeur passée. En 30 av. J.-C., les Romains établissent une colonie qu'ils baptisent du nom de Nemausus, dieu de la source. Sous l'impulsion de César Auguste (27 av. J.-C.–14 ap. J.-C.), la ville devient un important carrefour commercial. Quelques monuments et édifices subsistent, dont l'un des amphithéâtres les mieux conservés du monde romain, un temple presque intact et le tout proche pont du Gard (voir p. 87).

Bien qu'appartenant à la région Languedoc-Roussillon (département du Gard), Nîmes est résolument provençale, avec ses cafés très colorés et sa nonchalance pimentée d'une pointe d'Espagne. Les corridas organisées dans les anciennes arènes sont prises très au sérieux et déchaînent la ferveur, notamment lors de la féria qui se déroule chaque année le week-end de la Pentecôte. La nuit, on se presse dans les bodegas pour boire de la sangria et écouter du flamenco.

La ville est difficile d'accès en voiture. Le centre historique occupe, pour l'essentiel, un triangle délimité par le boulevard Gambetta, le boulevard Victor-Hugo et le boulevard de la Libération/boulevard de l'Amiral Courbet. Il est conseillé de suivre les panneaux en direction des arènes et de se garer à proximité. La vieille ville se visite facilement à pied.

Vous trouverez peu de détails historiques une fois rendu sur les sites à visiter eux-mêmes. Mieux vaut donc commencer la visite par le **Musée archéologique**, qui permet de mieux comprendre le passé romain et médiéval grâce aux objets exhumés : statues, sarcophages, pièces de monnaie, mosaïques et poteries.

Les **arènes** superbes et imposantes, construites au 1er siècle ap. J.-C., se dressent à la lisière sud du centre historique. Gladiateurs et animaux s'y affrontaient autrefois dans des joutes particulièrement brutales. Les bêtes féroces, qu'il s'agisse d'ours, de taureaux ou de tigres, étaient hissées par des monte-charge avant de déboucher dans l'arène, recouverte

de sable destiné à éponger le sang. Là, ils affrontaient les gladiateurs. Dans ces corps à corps, l'homme perdait rarement.

Construites sans mortier, les arènes de Nîmes sont en si bon état qu'elles continuent d'accueillir des manifestations culturelles et sportives ; les courses de taureaux – aussi bien la corrida espagnole avec mise à mort du taureau que la course camarguaise, sans mise à mort (voir pp. 90-91) – attirent un public nombreux.

Deux étages de 60 arches voûtées ornent la façade des arènes, qui comprenait un troisième niveau dont il ne reste que des vestiges. Les Romains, soucieux de la bonne circulation des spectateurs, ont ici mis au point un système élaboré de 5 galeries concentriques et de 126 escaliers qui permettent d'évacuer en quelques minutes ces arènes de 23 à 24 000 places, sur 34 niveaux de gradins. Le dernier niveau, autrefois réservé aux prostituées et aux classes inférieures, offre la meilleure vue. Lors des grosses chaleurs, un velarium était déployé au-dessus des gradins pour protéger les spectateurs.

À quelques centaines de mètres, au bout de la rue de l'Horloge, se trouve un autre monument romain, l'élégante **Maison carrée**. Construite

Maison carrée
✉ Place de la Maison carrée

Carré d'Art-Musée d'Art contemporain
- ✉ Place de la Maison carrée
- ☎ 04 66 76 35 70
  musees.nimes.fr
- 🕐 Fermé le lundi
- € €

Jardin de la Fontaine
- ✉ Quai de la Fontaine
- € €

Cathédrale Notre-Dame et Saint-Castor
- ✉ Place aux Herbes

Musée du Vieux Nîmes
- ✉ Place aux Herbes
- ☎ 04 66 76 73 70
- 🕐 Fermé le lundi.
  Visite guidée le sam. à 15 h (en français uniquement)

Les jeans

Le denim, le tissu dans lequel sont taillés tous les jeans, a été inventé à Nîmes, d'où il tient son nom. Au XVIIe siècle, les protestants nîmois constituent une importante classe moyenne. Exclus des charges officielles, ils se tournent vers le commerce et la manufacture. Entre autres produits, ils fabriquent du twill de soie et un tissu de laine sec et serré, la serge, appréciée des ouvriers et des pêcheurs pour sa solidité. La serge fait son chemin outre-Atlantique grâce à un émigré juif d'origine bavaroise qui ouvre une entreprise de textiles à San Francisco au milieu du XIXe siècle, en pleine ruée vers l'or. Levi-Strauss fait importer la toile de Nîmes, épaisse et résistante, pour confectionner des vêtements à l'épreuve du travail de la mine. Une nouvelle mode est née. ∎

en pierres de la région entre 3 et 5 ap. J.-C., sur le modèle du temple d'Apollon près de Rome, ce temple corinthien est le seul édifice de l'ancien forum entièrement conservé. Entouré de colonnes, six sur les façades, 11 sur les côtés, la Maison carrée est en réalité un rectangle. À l'intérieur, des panneaux racontent l'histoire du temple. On y trouve quelques œuvres d'art, dont une mosaïque datant du Ier siècle av. J.-C., et plusieurs statues romaines retrouvées sur la route de Beaucaire. Ne quittez pas le quartier sans visiter le tout proche **Carré d'art**, un musée d'art contemporain à l'architecture audacieuse qui lui vaut d'être qualifié de Centre Pompidou du sud de la France.

Les Romains ont édifié leur ville autour d'une source sacrée, y ont élevé un sanctuaire qui comprend un temple, des thermes et un théâtre. Les vestiges ont été découverts en 1745, lors de la création du **jardin de la Fontaine** au nord-ouest de la ville historique. Aujourd'hui, vous pouvez flâner parmi les pins et les cèdres, les bassins, et les fontaines ornées de nymphes de marbre. À l'extrémité sud du jardin se trouve le **temple de Diane**, probablement construit au IIe siècle ap. J.-C. Au nord, se dresse le plus ancien monument romain, la **tour Magne** sur le mont Cavalier, intégrée aux anciens remparts de la ville.

Il reste également deux portes imposantes, témoins des fortifications qui entouraient la ville romaine ; la **porte de France**, la sortie vers l'Espagne par la via Domitia ; la **porte d'Auguste** (boulevard Amiral-Courbet), l'entrée dans la ville par la même via Domitia.

LA VIEILLE VILLE

Le vieux quartier est un labyrinthe de rues piétonnes, de jolies places, de fontaines et de façades historiques qui abritent désormais cafés, restaurants et boutiques. En remontant la Grand'Rue, vous arrivez à la **cathédrale Notre-Dame et Saint-Castor** (appelée aussi cathédrale de Nîmes). Consacrée en 1096 par le pape Urbain III, elle porte la trace de restaurations et agrandissements successifs ; le fronton est roman, le clocher a été rehaussé à l'époque gothique et la chapelle du rosaire est de style baroque. Lors des guerres de Religion du XVIe siècle, des émeutiers protestants massacrèrent catholiques et ecclésiastiques ; 40 corps furent exhumés au XIXe siècle.

Juste à côté se trouve le **musée du Vieux Nîmes** : l'histoire de la cité depuis le Moyen Âge. Installé dans l'ancien palais épiscopal de la fin du XVIe siècle, il présente quelques reconstitutions d'intérieurs nîmois et consacre une salle à une invention locale célèbre dans le monde entier : le blue-jean (voir encadré). ∎

Le pont du Gard

NÎMES NE DISPOSANT PAS DE SOURCE ADÉQUATE, LES ROMAINS DÉCIDÈRENT de construire un aqueduc long, et d'un trajet sinueux, de 50 km pour acheminer l'eau depuis les sources d'Uzès, situées à 25 km. L'un des éléments les plus extraordinaires de ce système est le pont du Gard. Les Romains eux-mêmes considéraient l'aqueduc comme le plus beau témoignage de leur Empire, et de fait l'ouvrage conserve toute sa majesté 2 000 ans après.

Long de 275 m, le pont du Gard comporte trois étages d'arches, le niveau supérieur portant les conduites d'eau. Il fallut un travail phénoménal pour soulever et assembler ces blocs de calcaire pesant jusqu'à 6 tonnes, tâche accomplie par des milliers de soldats, d'artisans et d'esclaves sous le règne de l'empereur Claudius (qui régna de 41 à 54 ap. J.-C.).

Après s'être garé sur le parking sur la rive gauche et avoir longé le Gard, l'aqueduc apparaît bientôt. Il est possible de franchir le fleuve en empruntant le niveau inférieur. Il a du reste servi pour le passage pendant des siècles. En 1285, l'évêque d'Uzès ordonna de prélever un impôt à tous les voyageurs qui empruntaient le pont.

Sur la rive gauche, **Grande Expo**, le musée multimédia de 2 500 m², raconte l'histoire du pont du Gard et de l'aqueduc romain de Nîmes. **Ludo**, l'espace interactif, fait découvrir aux jeunes visiteurs la civilisation romaine et **Mémoires de garrigue** propose une approche du paysage méditerranéen. La carrière d'où la pierre dorée a été extraite pour construire le pont est ouverte depuis peu. On peut nager dans le Gard, louer un canoë ou un kayak et admirer le reflet du pont. La nuit, ne manquez pas le pont éclairé par l'artiste américain James Turell. ■

Inondations

Le capricieux Gard déborde de son lit depuis des siècles. En 2002, la montée des eaux a réduit à néant le musée et la cafétéria, comme elle a dévasté la rive gauche. L'aqueduc, vieux de 2 000 ans, est cependant lui toujours debout. ■

Le pont du Gard acheminait 34,8 millions de litres d'eau par jour pour les habitants de Nîmes. Aujourd'hui, ce sont 1 250 000 touristes qui visitent chaque année le site.

Pont du Gard
✉ Carte p. 82
Informations touristiques
✉ Office de tourisme Place des Grands-Jours, Remoulins
☎ 04 66 37 22 34

Site du pont du Gard
✉ Route du Pont du Gard
☎ 08 20 90 33 30
www.lepontdugard.com
€ € (parking)

La Camargue

Entouré de lagunes et de marais, le phare de Faraman, au sud-ouest de la Camargue, a été construit en 1892.

La Camargue
- Carte p. 82
- **Informations touristiques**
- Esplanade Charles-de-Gaulle, Arles
- 04 90 18 41 20
- www.tourisme.ville-arles.fr

TAUREAUX AUX LONGUES CORNES ET CHEVAUX BLANCS À LA CRINIÈRE flottante courent en semi-liberté dans la Camargue, cette plaine marécageuse au sud d'Arles. Le gardian camarguais n'est pas une légende ; il se montre à l'occasion des fêtes ou des courses de taureaux, quand ses activités le lui permettent. La Camargue est une superbe réserve d'oiseaux où vivent plus de 300 espèces, dont le célèbre flamant rose. Nul ne reste insensible devant le spectacle de ces nuées d'oiseaux aux longues pattes qui traversent le ciel bleu et pur de Provence.

En Arles, le Rhône se sépare en deux : le Grand-Rhône emprunte une route directe pour se jeter dans la Méditerranée, tandis que le Petit-Rhône ser- pente vers l'ouest. Le delta du Rhône – la Camargue – occupe le triangle délimité par ces deux bras. Cette région de marais, de prairies, de

dunes et de marais salants est trouée en son centre par le grand étang de Vaccarès.

Les hommes habitent cette terre depuis des siècles, scrutant d'un œil inquiet le fleuve et la mer, qu'ils tentent inlassablement de maîtriser. Au XIXe siècle, l'on parvient enfin à endiguer le cours du Rhône par une construction jusqu'à la mer, signant ainsi la domination de l'homme ; les fermes se multiplient et permettent de nourrir une population croissante.

La réserve zoologique et botanique de Camargue voit le jour dès 1927 et, en 1970, le gouvernement crée le Parc naturel régional de Camargue qui s'étend sur 86 300 ha. Des itinéraires bien fléchés et de nombreux points d'information facilitent la visite de cet écosystème exceptionnel.

La D570 suit à peu près le Petit-Rhône depuis Arles jusqu'aux Saintes-Maries-de-la-Mer, la plus grande ville de Camargue, tandis que la D36 coupe le long du Grand-Rhône en direction de Salin-de-Giraud. Entre les deux se trouve l'étang de Vaccarès, foisonnant d'oiseaux, et accessible par de petites routes.

LES SAINTES-MARIES-DE-LA-MER

Le **musée de la Camargue**, situé sur la D570 à une quinzaine de kilomètres au sud-ouest d'Arles, (*Mas du Pont de Rousty, Albaron, tél. : 04 90 97 10 82, ouv. toute l'année, ferm. le mar.*), retrace l'évolution des paysages et activités humaines, depuis la formation géologique du delta du Rhône jusqu'au XXe siècle. La partie consacrée à la vie et aux traditions camarguaises est sans doute la plus intéressante. Aménagé dans la bergerie du Mas du pont de Rousty, construit en 1812, le musée s'est vu décerner en 1979 le prix européen du Musée. Le sentier pédestre de 3,5 km qui conduit au cœur du paysage de Camargue permet d'observer des taureaux sauvages et quantité d'oiseaux.

Situé plus au sud sur la D570, le **château d'Avignon**, construit au XVIIIe siècle, est meublé comme il l'était dans les années 1890 lorsqu'il servait de relais de chasse à un riche marchand de Marseille.

Plus au sud, la **maison du Parc naturel régional de Camargue** est l'endroit favori des amateurs d'oiseaux et vous trouverez là le principal point d'information du parc. Une vaste salle panoramique dévoile l'étang de Ginès sur lequel nichent et hivernent de nombreux oiseaux d'eau.

Château d'Avignon
- Domaine du château d'Avignon, route d'Arles
- 04 90 97 58 58
- Ouvert d'avr. à nov. du mer. au lun.
- €

Maison du Parc naturel régional de Camargue
- Mas du pont de Rousty/RD 570, Pont-de-Gau
- 04 90 97 86 32
- www.parc-camargue.fr

Parc ornithologique de Pont-de-Gau
- D570, 4 km au nord des-Stes-Maries-de-la-Mer
- 04 90 97 82 62
- www.parc ornithologique.com
- €€

Stes-Maries-de-la-Mer Informations touristiques
- Office du tourisme, 5 av. Van Gogh,
- 04 90 97 82 55
- www.saintesmaries delamer.com

Centre d'information Nature, La Capelière
- Réserve nationale de Camargue/D36B
- 04 90 97 00 97
- Fermé le mar. d'oct. à Pâques
- €

Sauvage Camargue

Si, d'aventure, vos pas vous portent un dimanche d'été aux Saintes-Maries-de-la-Mer, vous vous demanderez pourquoi la rue principale s'est brusquement vidée. La foule se presse sur les bas-côtés, les yeux tournés vers la chaussée désertée, la tension monte. Un coup de feu retentit alors et chacun applaudit quand passent au galop six hommes au visage hâlé en chapeau de feutre noir, montés sur de robustes étalons blancs aux longues queues flottantes. Parmi eux se trouve la raison de cet abrivado : six taureaux noirs haletants destinés à la course du soir même. La foule encourage par tous les moyens les taureaux à s'échapper, l'excitation est à son comble.

Avec ses vastes étendues de marais non cultivées, ses taureaux sauvages à longues cornes, ses étalons blancs et ses gardians, la Camargue fait bien sûr penser au Far West. La tradition remonte au XVIe siècle, quand les premiers gardians construisirent leurs manades pour élever bétail et chevaux. Il en est résulté un singulier mode de vie, synonyme de travail rude et de liberté.

Petits, agiles, réputés pour leur ruse et leur rapidité, les chevaux camarguais sont les lointains descendants d'ancêtres préhistoriques. Ils ressemblent du reste aux chevaux peints dans la grotte de Lascaux il y a 15 000 ans. Ils courent dans la Camargue une partie de l'année, broutant les roseaux et l'herbe des champs et marais. Une fois l'an, les gardians les rassemblent. Mais à la place du pistolet à six coups des cow-boys, les gardians utilisent une sorte de trident, *ficheroun* en provençal, et un lasso en crin de cheval rapporté, selon la légende, par Buffalo Bill en personne. Les mâles de moins de trois ans sont écartés et castrés, les autres sont destinés aux travaux de la ferme ou aux promenades des touristes.

Personne ne connaît exactement l'origine des taureaux sauvages. Certains affirment qu'Attila, chef des Huns, aurait introduit leurs ancêtres venus d'Asie Mineure, croisés ensuite avec le taureau de Navarre espagnol. De petite stature, fougueux, sournois, rebelles, les cornes en forme de lyre, ces bêtes au poil noir et dru ne conviennent pas aux travaux agricoles. Ils courent dans la Camargue à leur guise jusqu'à la saison des courses, où ils sont rassemblés.

Au printemps se déroule la *ferrada*, le marquage des animaux. Aujourd'hui comme hier, c'est l'occasion pour les fermiers isolés de se réunir et de faire connaissance. Les veaux d'un an sont marqués à la croupe et à l'oreille.

Les courses de taureaux sont bien sûr très attendues. À l'origine, les taureaux étaient conduits dans les manades ou sur les places de villages. Les jeunes garçons les affrontaient dans des arènes de fortune, improvisées avec des tonneaux et des charrues ; l'actuelle course camarguaise en découle directement.

Ces courses de taureaux diffèrent de leurs cousines espagnoles, surtout parce que l'on n'y tue pas l'animal. Aussi furieux, excité et farouche que soit le taureau, et en dépit des risques pris par l'homme qui l'affronte d'égal à égal, c'est le taureau qui vole la vedette à l'homme. La foule n'hésite pas à se déplacer de village en village pour assister aux exploits d'un valeureux taureau. Un des plus célèbres, surnommé Le Sanglier, possède son propre mausolée au Cailar.

La course consiste à présenter 6 taureaux issus d'une même manade, les plus forts étant gardés pour la fin, quand les *raseteurs* sont épuisés. Au signal d'une trompette, le taureau est lâché dans l'arène où l'attendent 20 raseteurs vêtus de blanc. Leur but : arracher à l'aide d'un raset les attributs (cocarde ou glands) placés entre les cornes du taureau. Les points sont décernés au raseteur qui parvient à s'emparer des attributs, ou au taureau qui ne s'est pas laissé dépouiller. La course ressemble au jeu du chat et de la souris, surtout quand le taureau charge et que les garçons sautent pour lui échapper par-dessus les barrières de sécurité. Quand le taureau heurte la barrière, on joue l'ouverture de *Carmen* de Bizet. Si le taureau parvient à conserver ses attributs pendant 15 minutes, il gagne le respect de la foule et le combat s'achève.

Les courses les plus prestigieuses sont celles de la Cocarde d'or, qui se déroulent en Arles en juillet. Les meilleurs taureaux et raseteurs tentent d'y remporter des prix. Il existe d'autres courses camarguaises à Nîmes, Tarascon, et aux Saintes-Maries-de-la-Mer. ■

Lors du *roussataio*, chevaux et juments sont lâchés dans les rues.

Bâtie au XIXᵉ siècle, la bergerie de Favouillane est l'un des derniers élevages de moutons de Camargue.

Domaine de la Palissade
- BP 5, Salin-de-Giraud
- 04 42 86 81 28
- Fermé lun. et mar. de mi-nov. à avr.
- € €

Musée du Riz de Camargue
- Rte. de Salin-de-Giraud, Le Sambuc
- 04 90 97 29 44
- Ouvert ven.-lun. Sur rendez-vous seulement les sam. et dim.
- € €

Non loin, vous attend l'une des principales attractions de la région, le **Parc ornithologique de Pont-de-Gau** où vous aurez sans doute l'occasion d'observer de très près les flamants roses. Il s'agit du seul site d'Europe où nichent ces oiseaux, en moyenne 10 à 13 000 couples par an. Le sentier de 4,5 km traverse les 60 ha de marais et permet d'apercevoir d'autres autochtones : des cigognes blanches, des rolliers d'Europe, des huppes et des vautours percnoptères (si vous avez de la chance).

L'étape suivante conduit aux **Saintes-Maries-de-la-Mer**. Cette petite ville au charme hispanique, avec ses toits de tuile, sa plage très populaire, sa promenade du bord de mer et ses boutiques de souvenirs, voue un culte véritable aux taureaux. Seul édifice à la ronde, le clocher de **Notre-Dame-de-la-Mer** s'élève fièrement au-dessus de la plaine. L'église romane bâtie au XIIᵉ siècle et fortifiée au XVᵉ siècle, comporte une nef unique voûtée en berceau. L'intérieur est sombre, mais la crypte sous le maître-autel est éclairée de centaines de bougies votives. Y sont conservées les reliques des saintes Maries – Marie Salomé, mère des apôtres Jean et Jacques le Majeur, et Marie Jacobé, sœur de la Vierge Marie. Chassées de Palestine à la mort du Christ, elles embarquent, accompagnées de leur servante égyptienne Sarah, de Marie-Madeleine et de Lazare, dans un bateau sans voiles ni rames et accostent sur ce rivage.

La statue de Sarah, la sainte patronne des Gitans, est conservée dans la crypte, vêtue d'une superposition de robes multicolores et de bijoux apportés en offrande. Chaque année, les 24 et 25 mai, les Gitans effectuent un pèlerinage pour honorer les saintes Maries et Sarah, la Vierge noire. Un escalier en colimaçon mène à la **terrasse de l'église**, cernée d'un parapet avec créneaux et mâchicoulis qui rappellent que l'église servait autrefois de forteresse pour repousser les attaques des Sarrasins, des Maures et des pirates.

Si les haut-parleurs retentissent près de la plage, c'est à coup sûr pour annoncer qu'une course de taureaux se prépare aux arènes, situées près de l'office de tourisme. Se renseigner pour les horaires et les billets.

LA CAMARGUE

DE L'AUTRE CÔTÉ DE L'ÉTANG DE VACCARÈS

Depuis les Saintes-Maries-de-la-Mer, rebroussez chemin (23 km) jusqu'à l'embranchement de la D37, qui vous conduira vers la rive nord de l'étang de Vaccarès.

Après Villeneuve, la D36B longe la rive orientale de l'étang, bordée de tours d'observation. Le **centre d'information Nature**, au hameau de la Capelière, propose une exposition sur la flore et la faune et quelques sentiers de promenade balisés.

Suivre les panneaux en direction de la ville industrielle de **Salin-de-Giraud**, où le paysage change brutalement. Ce gigantesque marais salant est exploité depuis le XIXe siècle. On aperçoit les pyramides blanches juste au sud de la ville sur la D36 (il y a également de quoi se restaurer). Quelques kilomètres plus au sud, toujours sur la D36, se trouve le **domaine de la Palissade**. Situé à 4 km de l'embouchure du Grand-Rhône, c'est l'unique endroit de Camargue non protégé par des digues.

Au nord, sur la D36, le **musée du Riz** (la réservation est obligatoire) vous raconte tout sur sa culture en Camargue. ■

Le Sud sauvage

La Camargue permet de nombreuses activités de plein air : équitation, cyclotourisme, randonnée à pied, observation des oiseaux. On peut aussi se promener en bateau le long du Petit-Rhône pour découvrir la faune camarguaise, ou encore choisir un « safari » en véhicule tout-terrain.

Le pèlerinage annuel des Gitans aux Saintes-Maries-de-la-Mer. Entre autres festivités, une procession se dirige vers la plage où le prêtre, depuis un bateau au large, bénit la mer et la foule.

Arles

Jours de marché
Samedi : bd. des Lices et bd. Clemenceau
Mercredi : bd. Émile-Combes

Arles
Carte p. 82
Informations touristiques
Esplanade Charles-de-Gaulle
04 90 18 41 20
www.tourisme.ville-arles.fr

LES ARLÉSIENS SE FONT UNE TRÈS HAUTE IDÉE DE LEUR PATRIMOINE ANTIQUE. Les monuments romains qui subsistent, l'amphithéâtre, les arènes, les thermes et les cryptoportiques, confirment le statut de capitale concédé par César à la ville qui lui avait fourni des navires pour assiéger Marseille. Mais Arles est aussi célèbre pour avoir accueilli Van Gogh, qui y peignit certains de ses tableaux les plus célèbres et, dans une crise de démence, se coupa l'oreille. C'est aussi la ville que choisit Frédéric Mistral pour fonder un musée, dédié à ses chers Arlésiens. Où que l'œil se tourne, il ne rencontre que des témoignages du passé.

Accessible par différentes portes, le centre historique, ceinturé de remparts, est délimité par le boulevard Émile-Combes, le boulevard des Lices, la rue Gambetta et le Rhône. Pour commencer l'exploration, il est conseillé de visiter le **musée de l'Arles et de la Provence antiques**,

situé hors les murs. Ce bâtiment moderne et spacieux de forme triangulaire rassemble les collections archéologiques de la ville. L'excellente présentation propose au visiteur un parcours tout à la fois chronologique – du néolithique à l'arrivée des Romains – et thématique : la prospérité économique d'Arles et la vie quotidienne. Les 11 grandes maquettes de monuments romains – dont celles du théâtre, du cirque destiné à la course de chars et de l'amphithéâtre – permettent de se représenter ces édifices dans leur contexte et état d'origine. Outre la statue monumentale d'Auguste, le musée recèle quantité de trésors : statuaire, bijoux, urnes et de magnifiques mosaïques, dont celle qui ornait la salle à manger d'une villa romaine à Trinquetaille. La visite se termine par une des plus belles collections au monde de sarcophages paléochrétiens, trouvés sur le site des Alyscamps (voir p. 97).

L'ARLES ROMAINE

Le plus impressionnant des monuments romains est sans doute l'**amphithéâtre**, construit pour les spectacles de gladiateurs. Cet édifice à deux étages, chacun comportant 60 arches, pouvait accueillir 20 000 personnes et se vider en quelques minutes grâce à ses 180 sorties.

La première course de taureaux s'y est déroulée en 1830, pour célébrer la prise d'Alger ; aujourd'hui, les jeux taurins sont organisés chaque année au début de l'été. Pour avoir la meilleure vue, il faut grimper dans les trois tours édifiées au Moyen Âge, époque où les arènes servaient de forteresse. Elles deviennent plus tard un quartier d'habitations, démantelé entre 1826 et 1830.

Du **théâtre antique** tout proche ne restent que deux précieuses colonnes corinthiennes et un chaos de ruines. Datant de la fin du 1er siècle av. J.-C., il est l'un des premiers théâtres pourvu de galeries concentriques et de salles voûtées rayonnantes. Dix à 15 000 personnes se répartissaient sur ses 33 rangées de gradins. En 1650, on y découvre la célèbre Vénus d'Arles (sans bras et cassée en trois morceaux) qui ornait le mur de scène. L'original restauré se trouve aujourd'hui au Louvre et une copie en plâtre au musée de l'Arles antique.

Le forum romain, centre de toute cité romaine, où les citoyens se rencontraient, réglaient leurs affaires et honoraient leurs dieux, leur empereur et leurs notables, occupait autrefois l'actuelle place du Forum. S'il

Passeport
On peut se procurer, auprès de l'office du tourisme ou à l'entrée de tous les monuments, pour 13,50 €, un passeport valide pour tous les sites.

Musée de l'Arles et de la Provence antiques
✉ Presqu'île du Cirque romain/BP 205
☎ 04 90 18 88 88
www.arles-antique.org
€ €€

Les Arènes romaines
✉ Rond-point des Arènes
☎ 04 90 49 36 74
€ €

Théâtre antique
✉ Rue de la Calade
☎ 04 90 49 36 74
€ €

Thermes de Constantin
✉ Rue Dominique-Maïsto
☎ 04 90 49 36 74
€ €

Museon Arlaten
✉ 29, rue de la République
☎ 04 90 93 58 11
⊘ Fermé le lun. d'oct. à juin
€ €

Avant une parade de gardians, en Arles.

Église Saint-Trophime
- Côté est de la place de la République
- 04 90 96 07 38

Cloître Saint-Trophime
- Place de la République
- 04 90 49 36 74
- €

Musée Réattu
- 10 rue du Grand Prieuré
- 04 90 49 38 34
- €

Cryptoportiques du forum
- Rue Balze
- 04 90 49 36 74
- €

Les Alyscamps
- rue Pierre-Rendudel et av. des Alyscamps
- 04 90 49 36 74
- €

n'en reste rien, il est toutefois possible de se faire une idée de ses fondations en visitant les **cryptoportiques**, des galeries souterraines qui servaient sans doute à rehausser le forum et rattraper la déclivité du terrain. Il faut entrer par l'ancienne église jésuite de la rue Balze pour descendre dans cet immense espace sombre et vide. Pendant la Seconde Guerre mondiale, la population et les chefs de la Résistance y trouvèrent refuge.

Au coin de la rue, en remontant la rue de l'Hôtel-de-Ville, les **thermes de Constantin** conservent leur alternance d'assises de brique et de petits moellons de calcaire. Ce qui reste ne représente qu'une petite partie d'un vaste ensemble monumental, sans doute le plus grand établissement thermal de la *Provincia romana*, construit au IVe siècle. Ne manquez pas d'observer le système souterrain de chauffage.

AUTRES LIEUX D'INTÉRÊT

Pour mieux comprendre le versant arlésien de la région, la visite du **Museon Arlaten** s'impose. Il présente une très riche collection d'objets et de documents ethnographiques : costume, mobilier, ustensiles domestiques, santons, objets de piété, et outils correspondant à diverses activités : métier à tisser la soie, instrument pour trier le bon grain de l'ivraie. Le prix Nobel de littérature Frédéric Mistral (voir encadré p. 38), désireux de faire revivre la langue et la culture de sa Provence bien-aimée, fonde le musée en 1896.

À l'est de la place de la République, l'**église Saint-Trophime** (cathédrale jusqu'en 1801) remplace un édifice religieux du VIIe siècle dédié à saint Étienne, dont il ne reste rien. Modifiée de nombreuses fois, l'église actuelle, complétée par une tour carrée de style lombard, date du XIIe siècle. La nef longue, étroite et haute de 20 m présente une série de chapelles riches de trésors. Dans la **chapelle des Reliques** sont conservées celles de saint Étienne, premier martyr chrétien, et de saint Trophime. Le sarcophage paléochrétien de la chapelle Saint-Genest représente l'ouverture de la mer Rouge. Ne pas manquer les extraordinaires sculptures du tympan, consacrées au Jugement dernier.

Pour visiter le **cloître**, considéré comme le plus beau de Provence, il faut sortir de l'église et tourner à gauche, puis une nouvelle fois à gauche au panneau. La construction s'est déroulée en deux temps : les deux premières galeries romanes, qui datent respectivement de la fin du XIIe et du début du XIIIe siècle, présentent des sculptures d'une exceptionnelle qualité. L'édifice est complété au XIVe siècle de deux autres galeries, de style gothique. L'église et le cloître Saint-Trophime constituent l'ensemble roman le plus remarquable de Provence.

Non loin, le **musée Réattu** rassemble des collections de peintures, dont celles de l'Arlésien Jacques Réattu (1760-1833). Douze salles sont consacrées à son œuvre, autrement dit une centaine de dessins et peintures. L'accrochage chronologique permet de mieux appréhender la dimension de cet artiste assez peu connu qui remporta le prix de Rome en 1790. Après avoir fait l'acquisition d'une partie du Grand Prieuré des chevaliers de Malte en 1796 (bâtiment qui jouxte aujourd'hui le musée), le peintre a rassemblé en Arles la plupart de ses œuvres. Les artistes modernes et contemporains y sont également bien représentés et le musée s'enorgueillit de posséder 57 dessins de Picasso.

La nécropole romaine située au sud-est de la ville doit sa célébrité à un greffier du tribunal romain, décapité pour avoir refusé d'inscrire un édit de persécution contre les chrétiens. Canonisé sous le nom de saint Genest, l'ancien greffier fut inhumé aux Alys-

L'Arles de Van Gogh

Vincent Van Gogh arrive en Arles en février 1888 lors d'une tempête de neige. Une fois les rues déblayées, il découvre une ville à bout de souffle, aux prises avec la réalité de la révolution industrielle : la construction des berges sépare désormais la ville du fleuve ; les ouvriers belges qui installent la nouvelle voie ferrée sont installés dans des logements misérables. Mais Van Gogh y trouve quelque chose de particulier. Il prend une chambre dans un pauvre faubourg près de la gare et peint quelques-uns de ses tableaux les plus célèbres : *Le Café de nuit*, *La Maison jaune* et *Le Pont de Langlois*.

Mais de l'Arles de Van Gogh ne reste que peu de chose. Le fameux pont, la maison jaune et le café ont été détruits par les bombardements américains pendant la Seconde Guerre mondiale. L'Hôtel-Dieu abrite désormais l'Espace Van Gogh, lieu d'expositions et médiathèque.

Face aux arènes, la Fondation Vincent Van Gogh organise des expositions en hommage au peintre. Les plus grands artistes internationaux – Arman, Lichtenstein, Botero, César, Bacon – apportent leur contribution.

L'office du tourisme a installé des reproductions des toiles de Van Gogh aux endroits où l'artiste a planté autrefois son chevalet. Procurez-vous la brochure qui les recense ou joignez-vous à une visite groupée. ∎

Le pont Van Gogh, en Arles.

Espace Van Gogh
✉ Place Félix-Rey
☎ 04 90 49 39 39
⏱ Fermé le mat.

Fondation Vincent Van Gogh
✉ Palais de Luppé 24bis, rond-point des Arènes
☎ 04 90 49 94 04
www.fondationvangogh-arles.org
⏱ Fermé lun. de nov. à mars
€ €€

camps et les miracles commencèrent de se produire. Le lieu devint si prestigieux que nombre de personnes souhaitèrent s'y faire enterrer. Au Xe siècle, le bruit courut que les héros de Roncevaux, Roland et Olivier, auraient demandé à y reposer. **Les Alyscamps** s'étendent sur 2,5 km et comportent 19 chapelles et des milliers de sépultures, dont de nombreuses contiennent jusqu'à 5 dépouilles. Même si les plus beaux sarcophages ont été déplacés vers les églises et musées de la ville, ces « champs élysées » arlésiens, bordés de peupliers, restent un merveilleux but de promenade. Inspirés par le site, Gauguin et Van Gogh y plantèrent souvent leur chevalet. ∎

Une promenade en Arles

Ce circuit dans Arles vous fera découvrir les principaux musées et monuments du centre historique.

Cette petite Rome des bords du Rhône est active depuis le VIᵉ siècle av. J.-C.

Commencez par la **place du Forum** ❶, toute bourdonnante de cafés (qui servent une nourriture médiocre), située sur l'ancien forum romain, centre politique, religieux et administratif de la cité. Le **Grand Hôtel Nord-Pinus**, sur le côté ouest de la place, est l'une des meilleures adresses de séjour à Arles (voir conseils de voyages p. 204). Le **Café Van Gogh**, tout jaune, rappelle celui que le peintre a immortalisé dans *La Nuit des étoiles*. L'original a été détruit par les bombardements américains pendant la Seconde Guerre mondiale. Dominant la place, la statue de Frédéric Mistral représente le poète appuyé sur une canne, comme s'il attendait un train, ainsi que le déplorait le modèle lui-même.

Remontez la rue des Arènes qui conserve d'anciennes et élégantes façades. À votre gauche se trouve l'**hôtel Quiqueran de Beaujeu**, un bel hôtel particulier du XVIIIᵉ siècle (*fermé aux visiteurs*). La rue devient ruelle et débouche dans l'atmosphère bruyante des **arènes** ❷ (voir p. 95) avec ses boutiques, restaurants et vendeurs ambulants qui en veulent à votre porte-monnaie, ce qui ne devait pas être très différent du temps des Romains. Après les arènes, visitez la **Fondation Van Gogh** qui confie à des artistes célèbres le soin de rendre hommage au peintre (voir p. 97).

À droite en sortant de la Fondation, prenez la rue Diderot (ancienne rue des Cordeliers). Au croisement (avec la rue de la Bastille, sachez qu'il n'y a pas de panneau), tournez à gauche. Le **théâtre antique** ❸ (voir p. 95) est alors juste devant vous.

En sortant du théâtre, tournez à droite et passez par la petite place Henri-de-Bornier. Descendez la rue Porte de Laure (non signalée), cette rue animée en face de vous. Une fois au **jardin d'Été** ❹, descendez les marches (la montée Vauban). En bas de l'escalier à droite se trouve l'entrée du parc. Tout de suite à droite, vous tombez sur l'une des nombreuses reproductions de tableaux de Van Gogh : *L'Entrée du parc public* (1888).

De l'autre côté du jardin se trouve le boulevard des Lices, autre sujet favori de Van Gogh, avec ses grandes allées de platanes propices aux sorties des belles Arlésiennes. Dépassez quelques maisons et cafés bruyants et prenez à droite le cours Jean-Jaurès qui vous conduira vers la **place de la République** ❺. Dominée par un obélisque qui se dressait autrefois au milieu du cirque romain d'Arles, la place n'est pas sans rappeler l'Italie. Sur le côté ouest se trouve l'**église Sainte-Anne**, construite au Moyen Âge avant celle de **Saint-Trophime** (voir p. 96) qui lui fait face.

Traversez l'**hôtel de ville** ❻ situé au nord de la place, sans oublier d'admirer sa façade de style classique (sur les plans de Mansart) et la célèbre voûte plate du hall d'entrée. En sortant de l'hôtel de ville, tournez à gauche dans la rue **Plan de la Cour**, une petite place médiévale bordée d'édifices historiques. Continuez tout droit par la rue Balze, jusqu'à la **chapelle des Jésuites** ❼ où se trouve l'entrée aux cryptoportiques (voir p. 96 ; *rue Balze, tél. : 04 90 49 36 74*).

En 1648, les jésuites installent leur collège dans le théâtre antique avant de le déplacer dans le palais Laval-Castellane (XVᵉ siècle) qui abrite aujourd'hui le très intéressant **Museon Arlaten** ❽. En sortant des cryptoportiques, tournez à gauche dans la rue Balze et avancez jusqu'au croisement ; tournez à gauche dans la première rue (non signalée par un panneau), et à nouveau à gauche dans la rue de la République, jusqu'à l'entrée du Museon Arlaten, au n° 29 (voir p. 96). Après cette immersion dans la culture provençale, revenez sur vos pas jusqu'à la place du Forum ; prenez à droite la rue sans panneau, à nouveau à droite la rue Balze et à gauche dans la prochaine rue non marquée jusqu'à la place. S'il vous reste de l'énergie, vous pouvez continuer par la rue de l'Hôtel-de-Ville jusqu'aux **thermes de Constantin** (voir p. 96) et visiter le **musée Réattu** ❾ (voir p. 96). ■

- Voir carte p. 82
- Place du Forum
- 1,6 km
- 2 heures (sans les visites)
- Place du Forum

NE PAS MANQUER
- Place du Forum
- Les arènes
- Museon Arlaten

Les Baux-de-Provence

Les Baux
Carte p. 82
Informations touristiques
Maison du Roy, Les Baux
04 90 54 34 39
www.lesbauxdeprovence.com

Musée des Santons des Baux
Place Louis-Jou

QUOI DE PLUS MÉDIÉVAL QUE CETTE AUSTÈRE ET GIGANTESQUE FORTERESSE de pierre, battue par les vents au sommet de cet éperon rocheux qui domine les Alpilles du Sud ? C'est l'ancien fief des seigneurs des Baux qui firent régner la terreur dans toute la Provence. Dix-huitième sur la liste des sites les plus visités de France, Les Baux-de-Provence accueillent chaque année plus de deux millions de touristes.

Ces chevaliers rebelles, qui édifièrent leur forteresse sans doute dès le IXᵉ siècle, conduisirent la destinée des Baux et de leurs 79 fiefs pendant cinq siècles. Affirmant descendre du roi mage Balthazar, ces puissants féodaux ne reconnaissaient ni le roi de France, ni les empereurs. Ils n'en avaient du reste pas besoin, du haut de leur promontoire imprenable. En 1372, Raymond de Turenne, un lointain parent sanguinaire, dépêcha ses sbires dans tout le pays pour rançonner la population. Ceux qui ne pouvaient payer étaient contraints de marcher sur le bord de la falaise, au péril de leur vie. Mais c'était aussi aux Baux que les plus célèbres troubadours venaient chanter l'amour courtois.

LES BAUX DE PROVENCE

Les Baux, qui appartenaient au comté de Provence, furent rattachés à la France en 1481. Mécontente de cette intégration, la population se révolta et Louis XIII ordonna la destruction du château en 1632. C'est grâce aux poètes provençaux, dont Frédéric Mistral, que les Baux ne sont pas tombés dans l'oubli.

Le site comporte deux parties : la ville basse, entièrement piétonnière, et la ville morte, qui comprend le village perché et les ruines du château.

Les Baux-de Provence sont nés de la pierre calcaire blanche extraite de carrières aujourd'hui majoritairement abandonnées. Leurs portes mystérieuses et monumentales se dissimulent derrière une végétation particulièrement abondante.

LA VILLE BASSE

Minutieusement restaurée, la ville basse offre de magnifiques façades Renaissance couvertes de lierre, des églises et des hôtels particuliers qui abritent aujourd'hui une pléthore de boutiques. De toutes les choses à visiter, le **musée des Santons** conserve une belle collection des XVIIIe et XIXe siècles. En haut de la rue, au-delà des remparts, la **porte d'Eyguières** était, jusqu'au XVIIIe siècle, l'unique entrée de la ville. L'**église Saint-Vincent**, sur la place de l'Église, comporte trois chapelles du Xe siècle avec des vitraux de Max Ingrand, offerts en 1960 par le prince Rainier de Monaco. Sur la même place, le **musée Yves-Brayer** présente des œuvres de ce paysagiste néo-impressionniste qui avait élu domicile aux Baux. La **chapelle des Pénitents-Blancs** qui fait face au musée est décorée de fresques de Brayer illustrant le Noël des bergers.

LA VILLE MORTE

Balayé par le vent, offrant des vues à couper le souffle sur les Alpilles, cet éperon désolé comptait, il y a plusieurs centaines d'années de cela, 6 000 habitants. Le parcours proposé par l'audioguide traverse la ville morte et en souligne les points d'intérêt. À l'entrée, un petit musée offre quelques rudiments d'histoire. Des reproductions d'armes médiévales y sont exposées, dont une catapulte et un bélier. Du château en ruine qui domine le plateau, quelques fragments de tours et de murs émergent de la roche. Le donjon, seule partie intacte de la forteresse, offre un beau panorama sur la vallée.

Sur le trajet du retour, arrêtez-vous à la **chapelle Saint-Blaise**, construite au XIIe siècle. Jusqu'au XVIIIe siècle, elle accueillait les assemblées de la guilde des peigneurs de laine et tisserands. À l'intérieur, une projection raconte les Baux, vus par les artistes : Van Gogh, Cézanne, Gauguin... ■

Musée d'Histoire des Baux
✉ Château des Baux de Provence
☎ 04 90 54 55 56
www.chateau-baux-provence.com
€ €€

Musée Yves Brayer
✉ Hôtel des Porcelets, place de l'Église
☎ 04 90 54 36 99
www.yvesbrayer.com
⊘ Fermé le mar. et de jan. à mi-févr.
€ €

Des seigneurs assoiffés de sang – de vagues cousins de la famille royale Grimaldi – semaient la terreur depuis leur fief des Baux, devenu aujourd'hui une destination touristique très appréciée.

La Montagnette

La Montagnette
△ Carte p. 82
Informations touristiques
✉ Office du tourisme, 59, rue des Halles, Tarascon
☎ 04 90 91 03 52
www.tarascon.org

La Carreto ramado de Boulbon. Un attelage tire une charrette décorée dans les rues.

PARFUMÉE DE THYM ET DE ROMARIN, PARADIS DES RANDONNEURS ET DES amateurs de champignons, cette petite montagne peu fréquentée au nord de Tarascon recèle quelques trésors, dont une abbaye, un château et un paysage tout pastoral.

Les vestiges d'un château féodal du XIIe siècle dominent le village endormi de **Boulbon**, situé à environ 8 km au nord de Tarascon sur la D35. En quittant la place de la Mairie à l'entrée du village, passez sous la **porte fortifiée Loriol** qui vous mène dans la **Grand'Rue**, bordée de vieilles maisons fleuries. Près du château se trouve l'église **Sainte-Anne**, construite en 1626.

À environ 6,5 km plus au nord sur la D35, se trouve le village médiéval de **Barbentane**, qui surplombe les vergers de la rive du Rhône. Son élégant **château** du XVIIe siècle (*1, rue du Château, tél. : 04 90 95 51 07, téléphonez pour connaître les horaires d'ouverture*), qui sert de résidence aux marquis de Barbentane depuis 1674, est de style classique. Derrière les portes du village médiéval, on découvre des ruelles minuscules bordées de vieilles maisons, dont la **maison des Chevaliers**, une demeure seigneuriale du XIIe siècle modifiée au XVIe siècle. Au sommet de la colline se dresse la **tour Anglica**, couronnée d'une tourelle. Édifié en 1385, ce vieux donjon est tout ce qui reste du château de Barbentane, chanté par Frédéric Mistral dans *Iscles d'Or*.

Quittez la D35 et prenez la D35E qui vous conduit par la garrigue odorante jusqu'à l'abbaye néogothique de Saint-Michel-de-Frigolet, fondée en 1133 (*Tél. : 04 90 95 70 07. Le domaine est accessible toute l'année ; visites accompagnées le dim. à 16 h 10, de sept. à Pâques*). Son nom dérive du mot *ferigoulo* (thym en provençal). La liqueur distillée par les moines prémontrés de l'abbaye (le fameux élixir du révérend père Gaucher dont parle A. Daudet) est réputée pour ses vertus curatives et ne comprend pas moins de 30 plantes. Il est possible de manger au restaurant de l'abbaye (*Tél. : 04 90 90 52 70*) et l'hôtellerie Saint-Michel (*même numéro*) propose des chambres donnant sur les jardins. ■

À la transhumance, les troupeaux de moutons envahissent les rues de Saint-Rémy.

Saint-Rémy-de-Provence

Nichée au pied des Alpilles, entourée de champs de blé et de coquelicots, Saint-Rémy est une paisible ville aux ruelles tortueuses à l'abri des vestiges d'anciens remparts. Nostradamus y naît en 1503. En 1888, Van Gogh est interné à sa demande à l'asile de Saint-Rémy après s'être coupé l'oreille. Il y peint plus de 150 toiles, parmi ses meilleures, représentant les oliviers, les iris et le massif blanc des toutes proches Alpilles.

Les Romains bâtissent une cité sur la via Domitia qui relie l'Italie à l'Espagne. Le site archéologique mis au jour au sud de Saint-Rémy, sur la D5, est l'un des plus importants d'Europe. Il se divise en deux parties : les Antiques, et, de l'autre côté de la route, **Glanum**. Selon les archéologues, les ruines dégagées ne représentent qu'un sixième de l'ancienne cité romaine.

Aux **Antiques**, l'**arc de triomphe** construit sous le règne d'Auguste (64 av. J.-C.-14 ap. J.-C.), marque l'entrée dans la ville. Ses bas-reliefs illustrent quelques épisodes de la conquête de la Gaule par César. L'élégant **mausolée des Jules**, le mieux conservé du monde romain, date de 30 à 20 av. J.-C. Érigé par une famille de patriciens romains désireux d'honorer ses ancêtres, il repose sur un socle orné sur ses quatre faces de bas-reliefs représentant des scènes de chasse et de bataille.

Grimpez la rue pour profiter de la meilleure vue de Glanum. Les Romains construisaient leurs cités selon un même modèle : une ville basse avec les thermes et le quartier des domus, une ville moyenne comprenant une basilique et des temples, et une ville haute, étroite et ceinte de remparts, chargée de protéger l'ensemble de la ville.

Parmi tous les trésors du site, ne manquez pas les villas de la rue des Thermes, abandonnées au IIIe siècle, les restes d'une fontaine, les établissements thermaux, la palestre et la

Saint-Rémy-de-Provence

Carte p. 82

Informations touristiques

Place Jean-Jaurès
04 90 92 05 22
www.saintremy-de-provence.com

Site archéologique de Glanum

Route des Baux-de-Provence/Av. Van Gogh
04 90 92 23 79
Fermé lun. de sept. à mars
Les Antiques : entrée gratuite.
Glanum : €

Saint-Paul de Mausole
- ✉ Route des Baux-de-Provence/Av. Van Gogh
- ☎ 04 90 92 77 00
- € €

Musée archéologique/ Hôtel de Sade
- ✉ 1, rue du Parage
- ☎ 04 90 92 64 04
- € €. On peut acheter un ticket valide pour Glanum (€€)

Musée des Alpilles
- ✉ Hôtel Mistral de Mondragon, 1, place Favier
- ☎ 04 90 92 34 72
- ⏰ Fermé le lun. et de jan. à mars
- € €

piscine. Il reste aussi les égouts, un forum et un nymphaeum (monument servant au culte des Nymphes, ayant le caractère à la fois d'un temple et d'un château d'eau). Pour mieux comprendre l'histoire romaine, visitez l'hôtel de Sade à Saint-Rémy qui abrite le Musée archéologique (voir plus bas). Le bâtiment fut construit pour la famille au XVe siècle et largement reconstruit en 1945.

En descendant la rue se trouvent l'église, le cloître et la chapelle romanes de l'hospice **Saint-Paul-de-Mausole**, fondé au Xe siècle et reconstruit aux XIe et XIIe siècles. Les structures, belles en elles-mêmes, sont mieux connues pour leur lien avec Van Gogh. En 1810, les bâtiments conventuels sont aménagés en hôpital privé et, bien qu'ils soient toujours réservés à cet usage, la chambre de Van Gogh est ouverte au public. L'endroit est empreint d'une belle solennité et les visites ne sont tolérées qu'à condition de la respecter. L'artiste y trouva refuge entre mai 1889 et mai 1890, après s'être coupé l'oreille. Cette année-là fut très intense et particulièrement féconde pour l'artiste perturbé ; ses grands chefs-d'œuvre, *Nuit étoilée, Les Blés jaunes, Les Oliviers* et *Ciel jaune et soleil resplendissant*, ont été peints dans l'allée menant à l'église.

En passant devant le paisible cloître et après avoir monté quelques marches de pierre, le visiteur découvre la chambre de Van Gogh, un espace minuscule avec un lit de fer et une fenêtre sur les champs de fleurs et un mur de pierre (un paysage qui apparaît dans de nombreux tableaux de l'artiste).

Pendant la Première Guerre mondiale, cette cellule fut occupée par un Alsacien, Albert Schweitzer. La brochure de l'office du tourisme propose un itinéraire de promenade dans l'univers de Van Gogh, jalonné de 21 reproductions de ses tableaux. Il part de l'entrée de Glanum jusqu'au cœur de Saint-Rémy.

LE CENTRE-VILLE

Ceinturé de boulevards bordés de platanes, le centre-ville regorge de boutiques, de vieilles fontaines et de places ombragées. Les sites d'intérêt historique, dont la maison natale de Nostradamus (rue Hoche) construite au XVIe siècle, sont signalés par des plaques.

L'**hôtel de Sade**, rue du Parage, est un superbe bâtiment du XVe siècle. Construit sur les ruines d'un monument gallo-romain, il abrite le Musée archéologique de la ville et présente les objets trouvés à Glanum : sculptures, poteries, monnaie et bijoux.

À côté, le **musée des Alpilles**, installé dans l'hôtel Mistral de Mondragon, présente ses collections d'art et traditions populaires. Le visiteur apprendra tout du cadre naturel et de l'évolution du paysage des Alpilles, dont la flore et la faune ; des traditions agricoles et de négoce (fabrication de l'huile d'olive, culture du vin, élevage des moutons), ainsi que du costume et des fêtes locales. Il est situé sur la très belle place Favier.

La collégiale Saint-Martin, près du boulevard Marceau, mérite le détour. Bien qu'ayant connu une importante restauration au IXe siècle, elle a conservé son clocher gothique datant du XVe siècle. Elle renferme l'un des plus beaux grands orgues d'Europe, que l'on doit à Pascal Quoirin qui le réalisa en 1982. Il permet le festival Organa chaque année (entre juillet et septembre).

Le **centre d'art Présence Vincent Van Gogh**, situé dans l'hôtel Estrine, expose de nombreuses reproductions des tableaux de l'artiste et présente un diaporama. Les artistes contemporains sont exposés aux étages supérieurs. ■

Autres sites à visiter

Le petit port tranquille de Beaucaire dépend d'une ville active, dominée par les ruines de son château du XIe siècle.

L'ABBAYE DE MONTMAJOUR
Émergeant des rizières au pied du mont Majour, l'imposante abbaye médiévale n'est plus que l'ombre de son ancienne prospérité. Fondée en 948 par une confrérie bénédictine qui l'occupe jusqu'en 1790, elle sert aussi de retraite papale vers 950. L'abbaye est aujourd'hui vide, mais son architecture constitue une anthologie des formes de l'art roman provençal. En dépit de son austérité, l'édifice produit une imposante impression de paix, et le visiteur s'attend à chaque détour à rencontrer un moine.
✉ Route de Fontvieille ☎ 04 90 54 64 17
🕐 fermé le mar. d'oct. à mars 🅴 €

AIGUES-MORTES
Seuil de la Camargue, Aigues-Mortes est riche d'histoire. En 1248, Louis IX (Saint-Louis) et sa flotte de 1 500 bateaux partent pour la septième croisade en Terre sainte. Son successeur Philippe III fait construire les remparts de la cité et, au XIIIe siècle, Aigues-Mortes devient le seul port français de Méditerranée (Marseille appartient alors à la Provence). Victime des caprices du delta du Rhône, la mer déserte peu à peu Aigues-Mortes et, malgré les efforts entrepris pour draguer le port, celui-ci décline après 1350. Aujourd'hui, ses rues étroites s'emplissent de touristes venus visiter les remparts longs de 1,6 km, la **tour de Constance** (*Tél. : 04 66 53 61 55* ; €), l'église d'où Saint-Louis est parti, et profiter des boutiques de souvenirs et des terrasses de cafés.
Office du tourisme ✉ Porte de la Gardette
☎ 04 66 53 73 00, www.ot-aiguesmortes.fr

CATHÉDRALE D'IMAGES
Des images issues de 48 sources différentes sont projetées sur le sol et sur le mur de 20 m de haut de cette carrière de bauxite désaffectée. Des photographes de renom proposent régulièrement de nouveaux spectacles sur différents thèmes, accompagnés de musique composée pour l'occasion.
✉ Route de Maillane, Val d'Enfer (0,5 km au nord des Baux) ☎ 04 90 54 38 65, www.cathedrale-images.com 🅴 €

FONTVIEILLE
Ce village charmant et discret est célèbre pour avoir inspiré à Daudet ses *Lettres de mon moulin* en 1869. Toutefois, celui qu'on appelle le **moulin de Daudet** (*Allée des Pins, tél. : 04 90 54 60 78, ferm. en janv.*), qui abrite un musée dédié au

grand écrivain provençal, n'est en réalité pas le bon. Pour voir le vrai, il faut emprunter le sentier qui, en une heure et demie, vous emmène par le moulin Ramet jusqu'au moulin Tissot-Avon, l'authentique repaire de Daudet. Le chemin se prolonge jusqu'au château de Montauban, où Daudet séjourne avec ses cousins lors de ses passages à Fontvieille. Juste à la sortie du village, en direction d'Arles, se trouvent les ruines d'un aqueduc romain.
Office de tourisme ☎ 04 90 54 67 49

MAILLANE
Le poète provençal Frédéric Mistral naît en 1830 au mas du Juge, aux alentours de Maillane. À la mort de son père, Mistral s'installe avec sa mère dans cette charmante petite bourgade. À son mariage (à l'âge de 46 ans), Mistral emménage dans la maison voisine qui abrite aujourd'hui le **musée Frédéric Mistral** et présente livres, tableaux, photographies et souvenirs du poète. Il est enterré dans le cimetière du village.
Musée Frédéric Mistral ✉ av. Lamartine ☎ 04 90 95 74 06 (mairie) 🕐 Ferm. le lun. 💶 €

LES MAS DES TOURELLES ET LE VIEUX MAS
Le mas des Tourelles est une entreprise viticole traditionnelle, mais aussi un centre de recherche sur la viticulture et la vinification dans l'Antiquité romaine. La visite passionnante comprend une projection, des reconstitutions archéologiques et la dégustation de vins fabriqués selon des procédés vieux de 2 000 ans. Les Romains utilisaient entre autres pour la conservation du vin, cannelle, miel et eau de mer. Non loin, le Vieux Mas reconstitue une ferme du début du XXe siècle.
Mas des Tourelles ✉ 4 km au sud-ouest de Beaucaire, sur la D38 ☎ 04 66 59 19 72, www.tourelles.com 🕐 ouvert tlj. d'avr. à oct., ouv. le sam. apr.-m. de nov. à mars, ferm. en janv. 💶 €
Le Vieux Mas ✉ Route de Fourques (D15), à 6 km au sud de Beaucaire ☎ 04 66 59 60 13 🕐 ouv. tlj. d'avr. à sept., les mer., sam. et dim. le reste de l'année, ferm. en janv. 💶 €

ROUTE À L'OLIVIER
Les vergers pittoresques au sud de Saint-Rémy produisent les meilleures olives de Provence. De Saint-Rémy, la D5 vous mène au cœur de la région. Fermes et moulins à huile sont particulièrement nombreux sur la D78 et la D17. Celui du **château d'Estoublon** (rte. de Maussane à Fontvieille, tél. : 04 90 54 64 00) et le **moulin Jean-Marie Cornille** (13520 Maussane-les-Alpilles, tél. : 04 90 54 32 37) méritent le détour.

LES CHÂTEAUX DE TARASCON ET BEAUCAIRE
Au XVe siècle, Louis II fait bâtir le château de Tarascon sur la rive occidentale du Rhône dans le but de défendre la frontière. Cette forteresse de livre d'images, avec créneaux et douves, était pourtant assez confortable à l'intérieur. Le Bon Roi René, fils de Louis II, qui aimait bien vivre, y passe les dix dernières années de sa vie en compagnie de poètes et d'artistes. Aujourd'hui, la bâtisse est vide, à l'exception de tapisseries du XVIIe siècle représentant la vie de Scipion, et de quelques urnes d'apothicaires. Entre 1754 et 1778, le château est transformé en prison, comme en témoignent les graffitis laissés par des marins anglais.

De l'autre côté du fleuve, le château de Beaucaire qui domine la ville depuis le XIe siècle, est une citadelle puissante sous le règne de Saint-Louis. Aujourd'hui en ruine, ne restent que le donjon et la chapelle. Le château accueille des spectacles de fauconnerie, en costumes d'époque.
Château de Tarascon ✉ boulevard du Roi René, Tarascon ☎ 04 90 91 01 93 🕐 Ferm. le lun. et d'oct. à mars 💶 €
Château de Beaucaire ✉ place du Château, Beaucaire ☎ 04 66 59 26 72, www.aigles-de-beaucaire.com ■

Les cigales
Sitôt que la température atteint 22 °C, la Provence retentit du chant incessant des cigales qui annoncent l'arrivée de l'été. Si elles sont difficiles à apercevoir dans la nature, le petit insecte est reproduit partout. Depuis le XIXe siècle, la tradition veut qu'on accroche des cigales d'argile aux portes d'entrée ou dans la cuisine pour porter bonheur. Elles apparaissent comme motifs sur les tissus et sont déclinées sous une multitude de formes, qu'il s'agisse de savons ou de bougies. ■

Entre terre et mer, ce royaume boisé ceint de montagnes escarpées, met en beauté Aix, révèle Marseille et fait de Saint-Tropez une vedette.

Aix, Marseille et le Var

Introduction et carte 108-109
Aix-en-Provence 110-113
La visite du vieil Aix 114-115
La montagne Sainte-Victoire 116-117
Marseille 118-125
Cassis et les calanques 126
Hyères et les îles d'Hyères 127
Saint-Tropez 128-129
L'arrière-pays de Saint-Tropez 130-131
Les vins de Provence 132-133
Autres sites à visiter 134
Hôtels et restaurants 217-220

Un marché généreux que celui d'Aix, tous les jours sur la place Richelme.

Aix, Marseille et le Var

La Provence affiche un air sophistiqué et moderne dans cette région variée, centrée autour de Marseille, Aix-en-Provence et Saint-Tropez. L'arrière-pays permet une évasion bucolique dans un royaume plus sauvage.

L'ancienne capitale de Provence, Aix-en-Provence, acquiert son panache éternel au cours des XVIIe et XVIIIe siècles, quand des familles nobles ont fait construire leurs hôtels particuliers pleins d'élégance. Le cours Mirabeau s'enorgueillit d'être l'un des boulevards les plus élégants de France, bordé de platanes géants, de vénérables cafés et émaillé de fontaines du XVIIIe siècle. Cézanne est né dans la cité de tuiles roses en 1830, immortalisant la montagne Sainte-Victoire, dans plus de 100 tableaux précurseurs du cubisme.

Marseille vit une époque passionnante, à seulement 25 km au sud, avec une croissance sans précédent depuis l'arrivée des Phéniciens, 2 600 ans plus tôt. L'image d'une ville sale et décrépie se transforme à mesure que des millions d'euros sont investis dans le projet Euroméditerranée qui vise à élever Marseille à la première place des ports de Méditerranée d'ici 2010. La ville possède des musées importants dont le musée d'Archéologie méditerranéenne à la Vieille-Charité et le musée Cantini, spécialisé dans l'art moderne du XXe siècle. Mais rien

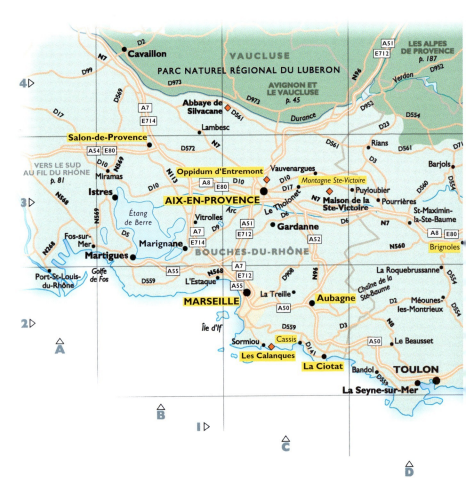

ne vaut une pause sur le vieux port, à savourer une authentique bouillabaisse.

À l'est de Marseille, les calanques plongent dans des eaux azur. Cassis, un chaleureux village de pêcheurs, célèbre pour son petit vin blanc frais, est niché au pied des immenses falaises de calcaire. Hyères est une ville élégante, ombragée de palmiers, où flottent les effluves d'eucalyptus en provenance des îles de Porquerolles.

Plus loin à l'est, Saint-Tropez est précédée par sa réputation. Même si vous n'êtes ni riche ni célèbre, vous pouvez admirer les grands yachts, les boutiques de luxe, les rues pavées et épier quelque vedette se promenant incognito.

Dans la vallée intérieure, pour une découverte idyllique de la Provence, vous partirez sur de petites routes qui serpentent au milieu des vignobles, en direction des villes médiévales, en passant par les trois abbayes cisterciennes. ■

Le mistral

En ancien provençal, on le nommait *maestral*, le vent maître, magistral. Ce vent sec, froid, qui vient du nord, souffle jusqu'à 100 jours par an. Certains y voient la vengeance du nord sur la météo idyllique du sud. Il entre par la vallée du Rhône, soufflant jusqu'à 60 km/h, brutalisant particulièrement Avignon et Arles, mais affectant presque toute la région. Il est censé durer un nombre de jours multiple de trois – trois, six ou neuf jours –, assez de toute façon pour vous rendre fou. Une accusation de crime pourrait se trouver suspendue s'il était prouvé qu'il a été commis un jour de mistral ! ■

La petite place pavée d'Albertas, dessinée dans les années 1740.

Aix-en-Provence

AU CRÉPUSCULE, UNE LUMIÈRE DORÉE RÉCHAUFFE SES ÉDIFICES CUIVRÉS, tandis que les bienheureux Aixois prennent l'apéritif à l'ombre des platanes, bercés par le bruissement des fontaines. Cette ville aristocratique et raffinée est l'une des plus belles du sud de la France. Ce qui lui manque en musées d'importance, cette ancienne capitale de Provence le gagne en culture et en douceur de vivre.

Jours de marché
Mardi, jeudi et samedi

Aix-en-Provence
Carte p. 108
Office du tourisme
2, place du Général-de-Gaulle
04 42 16 11 61
www.aixenprovencetourism.com

Cathédrale Saint-Sauveur
34, place de l'Université

Il y a plus de 2 000 ans, les guerriers Salyens, une tribu ligure, ont construit une ville fortifiée sur le plateau stratégique d'Entremont (voir p. 134), juste au nord de l'emplacement actuel d'Aix. Les Romains chassèrent les habitants en 123 av. J.-C. et le consul romain Sextius fonda sa cité autour d'une source thermale (qui coule toujours), Aquae Sextiae, les eaux de Sextius, créant ainsi la première colonie romaine de Gaule. À la chute de l'Empire romain, en 476 av. J.-C., les Wisigoths ont détruit une grande partie de la cité. À la différence de nombreuses villes provençales, peu de vestiges romains ont subsisté : une des portes principales est devenue, au XVIe siècle, la tour de l'Horloge sur la place de l'Hôtel-de-Ville, quelques colonnes de temples en ruines résistent sous le baptistère de la cathédrale Saint-Sauveur et les **thermes Sextius** sont visibles dans l'actuel jardin de l'hôtel des Thermes.

Au Moyen Âge, les comtes de Provence ont choisi Aix comme résidence, le plus célèbre étant le Bon Roi René (1409-1480). Ce protecteur royal des arts a créé de nombreux festivals populaires et fait d'Aix un centre culturel comparable à Avignon. Si la Provence a été annexée en 1486, elle a conservé une certaine autonomie jusqu'en 1790. Toujours capitale de la Provence, elle est devenue, à partir de 1501, le siège de la Cour suprême de Justice (ou Parlement de Provence). Aix est entrée dans son âge d'or quand des familles nobles y ont construit plus de 160 hôtels particuliers dans le style baroque italien, ornés de magnifiques sculptures et ferronneries. La Révolution a fait fuir les aristocrates, laissant la ville en sommeil jusqu'à sa récente renaissance artistique.

LA VISITE D'AIX

À l'ombre des grands platanes, le **cours Mirabeau**, l'artère principale d'Aix, a été créé en 1650 pour le passage des voitures à chevaux, mais il est bien vite devenu un lieu de promenade. Avec ses élégants hôtels particuliers alignés les uns à côté des autres et son cortège de fontaines, le cours est probablement la plus belle avenue du sud de la France. Les tables des cafés envahissent le trottoir, où les gens du pays comme les touristes viennent se poser. **Les Deux Garçons** (53, cours Mirabeau, tél. : 04 42 26 00 51), sans doute le plus célèbre, est l'ancien repaire des intellectuels avec un intérieur richement décoré datant de 1792. Il reste l'endroit pour voir et être vu.

Quand la peste a contaminé les eaux de la ville en 1720, de belles fontaines ont été construites pour recevoir les nouvelles sources, donnant ainsi à Aix son surnom de ville aux Mille Fontaines (le nombre est plus proche de cent). Quatre des plus belles ornent le cours, la plus spectaculaire étant la fontaine de la Rotonde, place du Général-de-Gaulle, conçue en 1860 par l'ingénieur des travaux publics en chef de Napoléon III à l'emplacement de ce qui fut pendant des siècles l'entrée principale de la ville – la Porte royale. Ses trois gracieuses statues de marbre représentent la justice (tournée vers Aix), les arts (tournée vers Avignon) et l'agriculture (tournée vers Marseille).

Semblable à une souche moussue, la **fontaine des Neuf Canons**, du XIIe siècle, a été construite là où les troupeaux de moutons venaient s'abreuver au cours des transhumances. Plus loin sur le cours, une autre souche moussue du XVIIe siècle, la **Fontaine moussue**, est alimentée en eau chaude venant des canaux souterrains et des aqueducs de la **fontaine des Bagniers** (place des Chapeliers). En haut du cours s'élève la **fontaine du Roi René** du XIXe siècle. Ayant introduit le raisin de muscat en Provence, il est représenté tenant une grappe à la main.

BOURG SAINT-SAUVEUR

Au nord du cours Mirabeau, le vieux bourg Saint-Sauveur s'élève au milieu des remparts et du mirador Tourreluque, derniers vestiges des fortifications médiévales. Au centre, la **cathédrale Saint-Sauveur** (place de l'Université) offre un mélange hétéroclite de styles, ancien et moderne : des fondations romaines datant des premiers jours de l'ère chrétienne, un baptistère mérovingien du Ve siècle, une nef romane (par laquelle vous entrez) et une nef gothique (à gauche de l'entrée). Elle contient des œuvres d'art provençal, la plus célèbre étant le *Buisson ardent*, un merveilleux triptyque attribué à Nicolas Froment et commandé par le roi René en 1475. Entre les portes en bois, sur la façade occidentale, de l'artiste toulonnais Jean Guiramand (1508-1510), prennent place les statues sculptées de quatre grands prophètes et de douze sibylles païennes. Elles sont habituellement protégées par des volets.

Le petit **cloître** lumineux (XIIe siècle) n'est ouvert qu'aux visites guidées. Ses quatre charmantes galeries représentent l'Ancien Testament, la vie du Christ, le Jugement dernier et la Nature. La plupart des matériaux sont des réemplois : piliers d'hôtels particuliers pour les colonnes, pierres tombales pour le dallage.

Tout près, sur la place des Martyrs-de-la-Résistance, le petit **musée**

Cloître Saint-Sauveur
- 34, place de l'Université
- 04 42 23 45 65
- Fermé le dim.

Musée des Tapisseries
- Palais de l'Archevêché, 28, place des Martyrs de la Résistance
- ☎ 04 42 23 09 91
- Fermé le mar.
- € €

Musée du Vieil Aix
- Hôtel Estienne de Saint-Jean, 17, rue Gaston de Saporta
- ☎ 04 42 21 43 55
- Fermé le lun.
- € €

Pavillon Vendôme
- 32, rue Célony
- ☎ 04 42 21 05 78
- Fermé le mar.
- € €

Musée Paul Arbaud
- 2a, rue du 4-Septembre
- ☎ 04 42 38 38 95
- musee.arbaud.free.fr
- Fermé le dim.
- € €

Musée Granet
- Place Saint-Jean-de-Malte
- ☎ 04 42 38 14 70
- Fermé pour rénovation jusqu'en 2006
- € €

des Tapisseries est logé au premier étage de l'ancien archevêché (1650-1730). La petite collection de tapisseries de Beauvais comprend une série de panneaux sur la vie de Don Quichotte d'après les cartons de Natoire, collectionnés par les évêques pour décorer le palais. Du mobilier rare des XIIe et XIIIe siècles y est également exposé.

En bas de la rue Gaston de Saporta, le petit **musée du Vieil Aix** est installé dans l'élégant hôtel de Saint-Jean (XIIe siècle). Sa façade ornée de hauts pilastres cannelés, de chapiteaux corinthiens et de grandes portes sculptées, est particulièrement remarquable. Le musée est riche en histoire locale : objets d'art, mobilier, costumes, santons et faïences. Y est également présentée une splendide collection de masques et d'objets liés au Corpus Christi ou procession annuelle de la Fête-Dieu, initiée par le roi René en 1462 et qui rassemblait un immense cortège public figurant les personnages de la Bible. Une célébration de la Fête-Dieu est peinte sur un immense **écran peint du** XVIIIe **siècle**. Vous découvrirez aussi « **la crèche parlante** », un théâtre de marionnettes qui mettaient en scène des mystères provençaux. À l'étage, vous trouverez deux autres petites salles, celle du fond est peut-être la plus intéressante, avec une reproduction du vieux palais du comte de Provence depuis longtemps démoli.

Le **pavillon Vendôme**, près des bains thermaux, a été construit en 1665 par Pierre Pavillon pour le duc de Vendôme, afin d'y abriter ses amours secrètes. Le pavillon abrite pour l'heure une collection de meubles provençaux et de peintures des XVIIe et XVIIIe siècles.

LE QUARTIER MAZARIN

Au sud du cours Mirabeau, le quartier Mazarin abrite de nombreux hôtels particuliers. Ce quartier en damier fut conçu au XVIIe siècle, sous Louis XIV. La rue Mazarine et la place des Quatre Dauphins, avec sa fontaine, sont des joyaux d'architecture. Installé dans l'hôtel d'Arbaud du XVIIIe siècle, le **musée Paul Arbaud** présente une remarquable collection de faïences provençales.

Le **musée Granet** rouvrira ses portes en 2006 après une rénovation de cinq ans. Ce musée d'art et d'archéologie accueillera d'importantes expositions internationales. La première, consacrée à Cézanne, présentera 150 toiles du maître. Sa collection permanente en fait l'un des musées les plus riches de province : des œuvres de l'école italienne des XVIIe et XVIIIe siècles (dont une étude de Guerchin *L'Enterrement de sainte Pétronille*, provenant des collections du Vatican) et des écoles flamandes (dont une Vierge en gloire du XVe siècle, attribuée à Campin et plusieurs portraits de Rubens) ; des peintures hollandaises (dont un autoportrait de Rembrandt) et des peintures françaises du XVIe au XXe siècle (dont d'excellents portraits de Hyacinthe Rigaud et Jean Van Loo). Un des plus grands portraits d'Ingres appartient à la collection, comme celui du peintre provençal François-Marius Granet (1775-1849), fondateur du musée, qui pose dans un décor un peu sévère devant la villa Médicis à Rome. François-Marius Granet a beaucoup puisé son inspiration dans la vie des couvents et les intérieurs d'église, et le musée renferme la plupart de ses œuvres. Bien qu'un de ses premiers directeurs ait déclaré que les murs de son musée « ne seraient jamais souillés par un Cézanne », le musée possède huit de ses toiles (aucune majeure). La collection d'archéologie présente des vestiges d'Aix, des statues celto-ligures et des pièces uniques d'art celte trouvées à l'oppidum d'Entremont.

L'ATELIER CÉZANNE

Cézanne a acheté cette maison de campagne avec son jardin, Les Lauves, en 1901. Il y a peint pendant les dernières années de sa vie. Dans le lumineux atelier conservé en l'état, aux murs gris-bleu dont l'exacte nuance a été trouvée après cinq semaines de scientifiques recherches, on retrouve ses modèles, des bouteilles, quelques faïences, des étoffes, des fruits (remplacés tous les jours ou toutes les semaines). Têtu, ombrageux, solitaire, l'artiste était aussi un homme très méticuleux qui a numéroté chacun de ses objets. La visite guidée montre des tableaux qui les représentent. Le manteau du maître et son béret sont toujours accrochés. Un chevalet sur lequel est posé un tableau inachevé attend son retour.

C'est ici que Cézanne a peint ses célèbres *Grandes Baigneuses*. N'ayant pas réalisé que la toile ne pourrait pas passer par l'escalier, Cézanne a dû ouvrir une brèche le long d'une fenêtre pour pouvoir la sortir. Vous pouvez toujours voir le trou mal rebouché.

AUX ALENTOURS

Gardanne. À 15 km d'Aix, il reste toujours cette vieille ville perchée sur un éperon rocheux. Mais Cézanne serait bouleversé par les faubourgs industriels qui ont poussé autour de sa bien-aimée Gardanne. Il y a vécu entre août 1885 et octobre 1886, au 27, cours Forbin, au pied de la colline du Cativel. C'est le seul village qui s'est trouvé peint par lui. Ses motifs structurés, géométriques, loin de l'impressionnisme, font dire à certains que le cubisme est né à Gardanne. Un musée en plein air, le long du circuit Paul Cézanne, montre des reproductions de ses œuvres sur des blocs de lave émaillée. Demandez une carte à l'office du tourisme. ■

Des femmes en costume traditionnel célèbrent la fête d'Estello à Arles.

Atelier Cézanne
✉ 9, avenue Paul Cézanne
☎ 04 42 21 06 53.
www.atelier-cezanne.com
€ €

La cathédrale Saint-Sauveur. Ci-dessous : un heurtoir de porte de l'Hôtel de Ville.

La visite du vieil Aix

Une promenade délicieuse dans les dédales de la ville, ponctuée de places ombragées grâce à des arbres séculaires. Les rues chargées d'histoire font le charme de la cité.

Partez de **la Rotonde** ❶ (voir p. 111), la fontaine située sur l'emplacement de l'ancienne porte principale de la ville, au pied de l'élégant **cours Mirabeau** ❷. Remontez ce lieu d'histoire et de flânerie, bordé de cafés, de fontaines et d'hôtels particuliers dont les deux plus grands sont situés au numéro 20, l'**hôtel de Forbin** (XVIIe siècle) et au numéro 28, l'**hôtel du Chevalier Hancy** (XVIIIe siècle).

À la **fontaine des Neuf Canons**, prenez à gauche la rue Nazareth et, rue Espariat, prenez à droite rue Aude, jusqu'à la **place d'Albertas** ❸, ordonnancée à la façon des élégantes places parisiennes. Des façades rococo ornent les trois côtés de la place et les fondations de la fontaine datent de 1912. On y donne des concerts l'été.

Faites marche arrière jusqu'à la rue Aude, puis tournez à droite. Au carrefour, continuez tout droit, suivez la rue du Maréchal Foch jusqu'à la **place de l'Hôtel-de-Ville**, dominée par la **tour de l'Horloge**. Cette tour supporte deux horloges, une classique et en dessous, une astronomique, datant de 1661. Quatre personnages, chaque fois différents, marquent le passage des saisons. L'**Hôtel de Ville** ❹ adjacent, avec ses façades italianisantes et ses portes sculptées, a été construit entre 1655 et 1670 par Pierre Pavillon. Au sud de la place, l'**ancienne halle aux grains** construite en 1759-1761, témoigne de l'importance du blé à l'époque. Surplombant la façade nord, un fronton allégorique représente les deux importantes sources d'eau des fermiers, le Rhône, calme et fort, représenté par un homme rustre, et la Durance tempétueuse, sujette aux inondations, symbolisée par une femme s'apprêtant à sauter de la sculpture. À l'est, se trouve la **place Richelme** où se tient tous les jours un marché de fruits et légumes.

Passez sous la tour de l'horloge et prenez la rue Gaston-de-Saporta. Vous passerez devant le **musée du Vieil Aix** ❺ sur la gauche (voir p. 112) et, juste après, du même côté, devant l'**hôtel de Châteaurenard**, construit au milieu des années 1600 par Pierre Pavillon, et aujourd'hui un centre culturel. Il possède un magnifique escalier en trompe-l'œil peint en 1654 par le Bruxellois Jean Daret, nommé peintre du roi par Louis XIV (le Roi-Soleil y fut d'ailleurs reçu lors de son séjour à Aix en 1660). La figure centrale, Minerve, représente la noblesse.

Au bout de la rue Gaston-de-Saporta, à l'ouest de la place des Martyrs-de-la-Résistance, s'élève le **palais de l'Archevêché** ❻ (1650-1730), la résidence des anciens archevêques, décoré d'une porte Régence. C'est le quartier général du Festival international d'Art lyrique, qui se tient chaque année au mois de juillet. Il y abrite également le **musée des Tapisseries** (voir p. 112).

La promenade finit plus haut avec la magnifique **cathédrale Saint-Sauveur** ❼ (voir p. 111). Le studio de Paul Cézanne (voir p. 113) est juste un peu plus loin dans la rue, à moins de 1 km, par l'avenue Pasteur. ■

> 🗺 Voir carte p. 108
> ▶ La Rotonde
> ↔ 22,5 km
> ⏱ 3 à 5 heures
> ▶ Cathédrale Saint-Sauveur
>
> **A NE PAS MANQUER**
> • Cours Mirabeau
> • Place de l'Hôtel-de-Ville
> • Cathédrale Saint-Sauveur

La montagne Sainte-Victoire

La Montagne Sainte-Victoire, près d'Aix, a su fournir à Paul Cézanne un sujet changeant sans cesse.

Montagne Sainte-Victoire
108 D17

Relais Cézanne
108 D17
Le Tholonet
04 42 66 91 91

Moulin de Cézanne
Rte. Cézanne/D17, Le Tholonet
04 42 66 90 41
Fermé oct.-avr.
Gratuit

CÉZANNE ÉTAIT DÉTERMINÉ À LA TRADUIRE DE LA FAÇON LA PLUS JUSTE – ses couleurs, sa texture, les vibrations de sa lumière. Au cours des dix dernières années de sa vie, il l'a peinte plus de 100 fois, jouant avec des taches de couleur. Ses recherches ont été annonciatrices du cubisme. Vous pouvez marcher dans les pas de l'artiste, autour de la montagne, l'admirant sous tous les angles, marquant des pauses aux endroits qu'il connaissait bien. Le parcours est jalonné de jolis villages, de vignobles, d'oliviers et par un célèbre château.

D'Aix, prenez la D17 – la route de Cézanne – et dirigez-vous vers l'est. Vous quittez rapidement la banlieue pour pénétrer dans le paradis boisé et vallonné du peintre. La montagne Sainte-Victoire, partiellement cachée par des arbres et des collines, vous enjôle à mesure que vous approchez du hameau du **Tholonet**. Cézanne y louait deux pièces pour entreposer son matériel. Entre 1888 et 1904, il a sillonné la région à la recherche de sujets qui pourraient se conformer à sa vision de la nature, basée sur des formes géométriques, cylindre, sphère et cône. Il les a trouvés au **château Noir**, visible de la D17, et dans la carrière Bibémus. Juste avant la ville, un panneau indique le début d'un sentier de découverte, une promenade de 2 heures (7 km) qui mène au **barrage Zola**, construit en 1854 pour alimen-

LA MONTAGNE SAINTE-VICTOIRE

La sacoche du peintre Paul Cézanne.

ter en eau la ville d'Aix. Le sentier débute en face du **relais Cézanne**, un café-restaurant couleur moutarde, que Cézanne connaissait bien.

Devant vous, au sommet de la colline, vous découvrez votre première vue grand angle de la montagne. C'était un des endroits préférés de l'artiste et un monument en marque la mémoire. Le **moulin de Cézanne**, à proximité, présente des expositions provisoires.

Plus avant, la montagne s'élargit, atteignant la perfection artistique au croisement de la route de Beaurecueil. À Saint-Antonin, la **maison de la Sainte-Victoire** conseille sur les randonnées ; plusieurs sentiers partent des environs. S'y tiennent aussi des expositions d'histoire naturelle.

En continuant le long de la D17, vous entrez dans une plaine fertile tapissée de vignobles et d'oliviers. Le **Domaine de Saint-Ser** est un des meilleurs vignobles de côtes-de-provence. Le village minuscule de **Puyloubier** est blotti en bas de la montagne.

Continuez autour de la montagne par la D623 et Pourrières. Certains attribuent son nom à *campi porrerria* (champs de poireaux). D'autres suggèrent qu'après la victoire de Marius, les cadavres de l'armée germanique s'y sont putréfiés, d'où *campi putridi*.

En suivant la D23, puis la D623 et la D10, une route tourmentée, vous parviendrez au **col des Portes**, où la montagne rencontre le ciel. Se trouvent là de nombreux points de départ de sentiers de randonnées.

Dirigez-vous vers **Vauvenargues**, d'où l'on découvre le versant nord de la montagne Sainte-Victoire, dans sa partie étroite. Le château qui s'élève face à la montagne, fut construit entre le XIVe et le XVIIe siècle. Picasso, très admiratif de Cézanne, l'a acheté en 1958 « pour posséder l'original ». L'artiste catalan est enterré dans sa propriété.

Juste au-delà du château, commence une des randonnées pédestres les plus faciles (2 heures) jusqu'au sommet de la montagne et de la **croix de Provence**, le long du **Sentier des Ventures**. Des circuits partent des parkings le long des routes – dont l'un part de Vauvenargues.

De Vauvenargues, c'est un trajet rapide pour revenir à la ville d'Aix.

SUR LES TRACES DE CÉZANNE

Cézanne a grandi à Aix, de nombreux sites lui sont associés. Des panneaux et des « clous » incrustés dans le trottoir, placés par l'office du tourisme, jalonnent le parcours. ∎

Maison de la Sainte-Victoire
✉ Saint-Antonin-sur-Bayon
☎ 04 42 66 84 40
€ Gratuit

Domaine de Saint-Ser
✉ Mas de Bramefan/D17, Puyloubier
☎ 04 42 66 30 81

Atelier Cézanne
✉ 9, avenue Paul-Cézanne Aix-en-Provence
☎ 04 42 21 06 53
www.atelier-cezanne.com
🕐 Ouvert toute l'année
€ €

Marseille

Marseille
108 C2
Office du tourisme
4, La Canebière
04 91 13 89 00
www.marseille-tourisme.com

Après des années de grisaille, le vieux port de Marseille resplendit à nouveau.

Assiégée par les gangsters et les contrebandiers, réputée pour sa dureté et sa crasse, l'ancienne ville portuaire est en pleine transformation. Au cours des dernières années, des centaines de millions d'euros ont amorcé sa métamorphose, avec son Vieux-Port resplendissant, ses restaurants et ses cafés à la mode, et de nombreux projets destinés à lui permettre un nouvel essor.

SON HISTOIRE

Pendant vingt-six siècles, Marseille a été, selon les mots d'Alexandre Dumas, « le lieu de rencontres du monde entier. » En effet, pendant des années, les coffres de la ville ont débordé de marchandises exotiques – des cotons, des soies, des épices, des parfums, du cuir, du café – et un riche mélange d'immigrants en pro-

MARSEILLE 119

venance de Grèce, d'Italie, d'Espagne, d'Arménie, d'Afrique occidentale, d'Asie du Sud-Est et d'Afrique du Nord, s'est mêlé à la population de la ville, conférant à Marseille une mystique propre.

C'est en 600 avant J.-C. que les Phocéens (des Grecs de l'Asie mineure) installent leur premier comptoir de commerce appelé Massalia sur le site actuel du Vieux-Port. Après la destruction de Phocée par les Perses (540 av. J.-C.), les Athéniens prennent le pouvoir. La ville s'épanouit alors sur le plan culturel et légal, le port règne sur le commerce. Rome occupe à cette époque l'essentiel de la Provence. Les Grecs conservent Massilia comme république indépendante, alliée à Rome. Tout allait très bien jusqu'à ce que les Grecs, soutenant Pompée plutôt que César, choisissent le « mauvais côté » au cours de la guerre civile en 49 av. J.-C. Plutôt rancunier, César dépouille Massilia de ses richesses, de sa flotte et de toutes possibilités de commerce, lequel est transféré à Arles, Fréjus et Narbonne. Toutefois, elle reste une ville libre ; sa brillante

City Pass

Le City Pass, disponible à l'office du tourisme, valable un (16 €) ou deux (23 €) jours consécutifs, donne accès aux musées de la ville, l'usage illimité des transports publics, des visites guidées gratuites, une excursion en bateau à l'île d'If et permet d'emprunter le petit train de la ville.

Hôtel de Ville
✉ Quai du Port

Musée du Vieux Marseille
✉ 2, rue de la Prison
☎ 04 91 55 28 68
🕐 Fermé le lundi
🕐 €
Ⓜ Vieux-Port

Musée des Docks Romains
✉ 2, place du Vivaux
☎ 04 91 91 24 62
🕐 Fermé le lun.
🕐 €
Ⓜ Vieux-Port

Musée d'Histoire de Marseille
✉ Rez-de-chaussée du centre commercial Centre Bourse, Square Belsunce
☎ 04 91 90 42 22
🕐 Fermé le dim.
🕐 €
Ⓜ Vieux-Port

Musée de la Marine et de l'Économie de Marseille

✉ Palais de la Bourse, 9 La Canebière
☎ 04 91 39 33 33
🕐 Fermé le lundi
€ €
Ⓜ Vieux-Port

Le Panier, avec ses ruelles anciennes, devient un quartier à la mode.

université est la dernière en Occident à prodiguer l'enseignement en grec. La ville ne reprend de l'importance qu'au moment des croisades, lorsqu'en tant que république indépendante elle approvisionne les bateaux en direction du Moyen-Orient. Elle intensifie ses activités sous l'autorité française, grâce à ses docks, ses chantiers navals et ses entrepôts de marchandises, qui lui permettent de commercer avec les colonies lointaines. Pendant la Seconde Guerre mondiale, les bombardements ont détruit une grande partie de la ville.

La dure réputation du port de Marseille est méritée. Quand les autorités en perdent le contrôle au début des années 1970, elles livrent la ville au pouvoir des gangsters, au trafic de drogue, à la prostitution et au racket. La corruption politique et financière également régnait en maître. Lentement, la physionomie de Marseille change, l'élan le plus dynamisant étant le projet Euroméditerranée. Marseille a été choisie pour être au cœur du renouveau économique de tous les pays de la Méditerranée et recevra trois milliards d'euros pour transformer la ville en un centre d'affaires florissant et un important pôle touristique.

LE VIEUX-PORT ET LA CANEBIÈRE

Tout commence au Vieux-Port, en forme de U, au cœur de la ville, où les bateaux sont amarrés depuis 2 600 ans. Les docks ont été transférés à La Joliette au-delà du centre de la ville dans les années 1840. L'ancien port est devenu davantage un port de plaisance (capacité de 10 000 places) qu'un port de marchandises, avec des yachts, des petits bateaux de pêche, des voiliers. De petits ferries transportent les voyageurs d'une rive à l'autre du port, ainsi qu'au château d'If (voir p. 125). Sur les quais, des pêcheurs réparent les filets et des marins, assis sur les bancs, lisent les journaux en grec et en arabe. Les cafés et restaurants servent de savoureux fruits de mer.

Gardant l'entrée du port, se dressent au sud le **fort Saint-Nicolas** (XVIIe siècle), canon tourné face à la ville pour contrôler la population indocile, et le **fort Saint-Jean** (de l'autre côté au nord) qui date du XIIe siècle. Aucun des deux ne se visite mais en 2008, le fort Saint-Jean accueillera un musée des Civilisations de l'Europe et Méditerranée.

Le long du quai, sur la partie nord, s'élève l'impressionnant **hôtel de ville** du XVIIe siècle avec sa statue

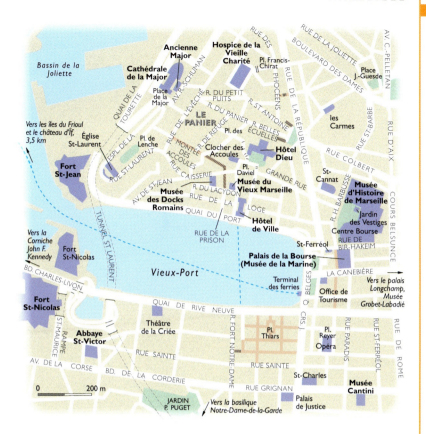

de Louis XIV. À côté, le **musée du Vieux Marseille**, créé à la fin du XIXe siècle à l'initiative du poète provençal Frédéric Mistral et récemment rénové, est consacré à la Provence. On peut y admirer des meubles sculptés, des costumes traditionnels, des santons, des peintures et des photographies du XVIIe au XXe siècle. La collection de cartes à jouer, de fabrication locale, est particulièrement intéressante. C'est à Marseille, au Moyen Âge, que cette nouveauté venue de l'est a été introduite. Le musée occupe la **Maison diamantée**, de style maniériste, qui doit son nom aux pierres à facettes de sa façade, construite en 1570 par le riche marchand Pierre Gardiolle. Elle reste la dernière survivante des magnifiques hôtels de la vieille ville.

Malgré son riche passé, Marseille a gardé peu de vestiges. À la seule exception du modeste **musée des Docks romains**. Les restes d'un quai romain datant du Ier siècle, où des jarres d'huile et de vin étaient stockées, ont été découverts et laissés dans leur environnement d'origine. Des vitrines présentent des objets trouvés dans des épaves : des jarres en terre cuite, des amphores, de la monnaie, qui témoignent de ce que fut l'importance du commerce.

C'est un peu surprenant de découvrir les trésors romains du **musée d'Histoire de Marseille,** au rez-de-chaussée d'un centre commercial. Ils ont été mis au jour pendant les travaux de fondation du bâtiment. Des découvertes archéologiques jalonnent l'histoire de Mar-

Musée des Beaux Arts

✉ Palais Longchamp, bd. Philippon
☎ 04 91 14 58 80, www.mairie-marseille.fr
⏰ Fermé le lun.
€ €
Ⓜ Longchamp

Musée d'Histoire Naturelle

✉ Palais Longchamp, bd. Philippon
☎ 04 91 14 59 50
⏰ Fermé lun.
€ €
Ⓜ Longchamp

Jours de marché

Marché aux poissons : tous les matins

Marché et marché aux puces : du mar. au dim

seille, de l'époque des Celto-Ligures en passant par les Grecs et la Marseille médiévale jusqu'aux XIIe et XVIIIe siècles quand le port a prospéré avec le commerce de richesses venues d'Orient. Les épaves parfaitement conservées d'un navire marchand romain du IIIe siècle et de la coque d'un bateau grec du IVe siècle sont particulièrement surprenantes. Votre billet comprend l'entrée au **jardin des Vestiges**, où les fouilles ont mis au jour les restes d'anciens murs grecs et une partie du port romain, dans un agréable jardin.

En haut du port, c'est sur le **quai des Belges** que se tient tous les matins le marché aux poissons, avec ses plateaux débordant de calamars, d'anguilles, d'oursins, peut-être d'un poulpe ou deux. D'ici part **La Canebière** – l'artère principale de la ville –, dessinée d'après le plan d'expansion de Louis XIV en 1666, entre le port et le quartier des cordiers (le mot *canèbe* en provençal signifie le chanvre). L'ancienne grande promenade a un peu perdu de sa prestance depuis la chute de l'Empire. Elle est maintenant dominée par des chaînes de magasins, ses banques et les bureaux de compagnies aériennes.

Au bout du boulevard s'impose le glorieux **palais de la Bourse**, la bourse la plus ancienne de France, construite en 1860 par Napoléon III. Cet édifice abrite au rez-de-chaussée, le **musée de la Marine et de l'Économie de Marseille**, une collection fascinante de maquettes de bateaux, de gravures et de peintures illustrant la croissance du port du XIIe siècle à nos jours.

À l'ouest de La Canebière, **Belsunce**, le quartier des habitants venus d'Afrique du Nord, offre des vitrines éclectiques de lustres, de pâtisseries orientales luisantes de miel et de plats à couscous. L'atmosphère tient du souk dans le secteur autour de la **rue du Bon-Pasteur** et de la **rue d'Auburne**, où la **mosquée Attaqua** appelle tant

Une procession religieuse à la cathédrale de la Major.

Musée Grobet-Labadié

✉ 140, boulevard Longchamp

☎ 04 91 62 21 82

🕐 Fermé le lun.

€ €

Ⓜ Longchamp-Cinq Aves

de fidèles à la prière que certains doivent disposer leur tapis de prière dans la rue.

La Canebière se termine ici, avec le boulevard Longchamp qui se prolonge jusqu'au **palais Longchamp**. Cette folie néoclassique de bassins, de fontaines et de cascades fut construite au XIXe siècle pour marquer l'achèvement d'un aqueduc destiné à apporter l'eau du canal de Provence. Une superbe galerie à colonnes ioniques relie les deux ailes. L'aile nord du palais abrite le **musée des Beaux-Arts** consacré aux acquisitions de l'armée de Napoléon dont des œuvres des maîtres italien et flamand, Pérugin et Rubens, aussi bien que des œuvres de Corot, Millet et Ingres. Sont présentées également quelques œuvres provençales, dont le grand tableau *La Peste de Marseille* de Michel Serre, peint en 1720. L'aile sud contient le **musée d'Histoire naturelle**, établi en 1815, et qui renferme plus de 200 000 espèces.

De l'autre côté de la rue, dans un édifice du XIXe siècle, le **musée Grobet-Labadié** présente les collections privées des riches marchands de Marseille, Louis Grobet et Marie-Louise Labadié, des peintures, du mobilier, des ferronneries et des faïences du XIIIe au XVIIIe siècle.

Au sud de La Canebière, le **cours Julien**, créé comme promenade en 1785, est investi de boutiques de mode, de restaurants, de cabarets, de cafés et de théâtres d'avant-garde. Il pullule également de magasins d'antiquaires, de brocanteurs et de librairies, dont le nombre (22) lui vaut sa réputation de « quartier du livre ».

Tout près, le **musée Cantini** est caché au milieu des boutiques de la rue Grignan. Ce petit espace dédié à l'art moderne et contemporain abrite quelques grands noms comme Raoul Dufy (*Usine à l'Estaque,* 1908), Paul Signac (*L'Entrée du Port de Marseille,* 1908) et, au premier étage, André Masson (*L'Âme de Napoléon,* 1967), Joan Miró (*Peinture,* 1930) et un Picasso, noir et blanc (*Tête de femme souriante,* 1943), ainsi que de nombreux tableaux de scènes locales.

À l'ouest, le long du quai de Rive-Neuve, la médiévale **abbaye de Saint-Victor** surgit à flanc de coteau, pareille à une forteresse avec ses tours crénelées et ses ouvertures étroites. Fondée par Jean Cassien au Ve siècle à l'emplacement d'une nécropole antique, la structure originale a été détruite par les Sarrasins au XIe siècle, reconstruite et fortifiée au XIVe siècle. Les Sarrasins n'ont cependant pas touché aux cryptes (€) qui contiennent des sarcophages antiques, dont celui du martyr saint Victor, un officier romain torturé et décapité pour ses croyances chrétiennes, à la fin du IIe siècle. Ses reliques sont conservées à gauche de l'autel dans l'église principale, dans un espace sombre invitant à la méditation.

LE PANIER

Le quartier du Panier doit son nom à un cabaret populaire du XIIe siècle. Il est des plus anciens de la cité, voire à l'origine même de la cité et présente le type par excellence de l'habitat méditerranéen traditionnel, avec ses maisons hautes et serrées. De ce quartier, qui date des Grecs, il ne reste plus qu'une partie après qu'Hitler l'a fait dynamiter pendant la Seconde Guerre mondiale pour en chasser les Juifs et les Résistants. Jusque dans les années 1970, ce quartier était un centre de blanchiment de l'héroïne que Marseille exportait en Europe et aux États-Unis (sujet de *French Connection,* film américain de William Friedkin, réalisé en 1971). Aujourd'hui, le lacis des ruelles, les vieux immeubles, les cris des enfants, le linge qui sèche aux fenêtres, les parties de pétanque, lui confèrent une certaine authenticité. Des bou-

Musée Cantini
✉ 19, rue Grignan, 6e
☎ 04 91 54 77 75
🕐 Fermé le lun.
€
Ⓜ Estrangin-Préfecture

Une tenue de plongée du XVIIIe siècle au musée de la Marine et de l'Économie de Marseille.

Abbaye Saint-Victor
✉ 3, rue de l'Abbaye,
☎ 04 96 11 22 60
€ Crypte : €
Ⓜ Vieux-Port

Église St-Laurent

- Voir carte p. 121
- Esplanade de la Tourette
- 04 91 90 52 87

Hospice de la Vieille Charité

- 2, rue de la Vieille Charité, 2ᵉ
- 04 91 14 58 80
- Fermé le lun.
- € (expositions temporaires), €€ (ticket pour les trois musées)

Musée d'Archéologie méditerranéenne

- 04 91 14 58 59

Musée d'Arts, africain, océanien, et amérindien

- 04 91 14 58 38

Basilique Notre-Dame-de-la-Garde

- Place du Colonel-Edon, 6ᵉ
- 04 91 13 40 80
- Métro : Estrangin-Préfecture. Bus : n° 60 du port sur le cours Jean-Ballard

Bouillabaisse

À l'origine, la bouillabaisse était un simple plat de pêcheurs dans lequel on mettait les morceaux de poisson qui n'étaient pas destinés à la vente, servi avec de la rouille et des croûtons de pain frottés à l'ail. Elle est devenue la contribution suprême de Marseille au monde culinaire. Aujourd'hui, il y a le plat authentique et quantité d'autres recettes de soupes de poisson et de bouillabaisses « à notre façon ». Des restaurateurs soucieux de défendre la recette authentique qui exige des ingrédients précis et cuisinés d'une certaine façon, ont rédigé, en 1980, la charte de la Bouillabaisse de Marseille. Pour être sûr de manger la bonne, assurez-vous que le restaurant ait signé cette charte. Nous pouvons vous le garantir au Miramar (*12, quai du Port, tél. : 04 91 91 10 40*) et au Caribou (*38, place Thiars, tél. : 04 91 33 22 63*). ■

tiques récemment ouvertes vendent des tableaux, des poteries et des savons faits à la main, une tradition locale.

Du quai, prenez la rue de la Prison ou la rue de la Guilande jusqu'à la montée des Accoules. En haut des escaliers, suivez les panneaux pour l'**église Saint-Laurent**. L'esplanade offre une vue magnifique sur le port. Puis suivez l'esplanade de la Tourette jusqu'à la **cathédrale Sainte-Marie-Majeure, dite de la Major** (*place de la Major, 2ᵉ, tél. : 04 91 90 52 87*), édifiée sur les ruines du temple de Diane. Cette cathédrale romano-byzantine, rayée de pierres vertes et blanches et construite entre 1852 et 1893, est la plus grande église de France élevée depuis le Moyen Âge (sa longueur est de 137 m et son dôme principal s'élève à 64 m.) Ses dômes et ses coupoles sont nés d'une volonté œcuménique tentant de rassembler l'Orient et l'Occident. Sa nef, claire et spacieuse, est ornée de sols en mosaïque et de bannières de marbre rouges et blanches. Parmi les trésors de l'église, se trouve une statue gracieuse de sainte Véronique essuyant le visage du Christ tombé à terre, que l'on doit à Auguste Carli.

Suivez les panneaux dans le labyrinthe des petites rues pittoresques jusqu'au point culminant du Panier, l'**hospice de la Vieille-Charité**, qui abrite deux musées remarquables. Construit entre 1671 et 1745, cet ancien hospice a été conçu par le Niçois Pierre Puget. L'ensemble des bâtiments, parfaitement restaurés, s'ordonne autour d'une cour centrale entourée de bâtiments à arcades sur ses quatre côtés. En entrant, vous faites face à la chapelle centrale, dans le plus pur style baroque roman au dôme elliptique, dans laquelle ont lieu des expositions temporaires.

Au premier étage, un peu à l'écart, le **musée d'Archéologie méditerranéenne** abrite une collection égyptienne, la deuxième en France après celle du Louvre, dans un décor reconstituant l'intérieur d'un tombeau. Il présente des bagues en bronze, des ibis momifiés servant d'offrandes, d'énormes sarcophages, de l'ancien Empire à l'époque copte. Un espace est consacré aux vestiges antiques découverts en Provence, dont un magnifique linteau gravé de quatre chevaux du sanctuaire de Roquepertuse, près d'Aix, abandonné vers 125 av. J.-C.

Au deuxième étage, le **musée d'Arts africain, océanien et amérindien**, le seul musée français hormis celui de Paris consacré à l'art tribal, montre des vases et des bijoux du Proche-Orient, des statuettes baoulées de Côte-d'Ivoire, des masques, des objets en papier mâché et des nierikas (peintures sur tissu) du Mexique. La salle la plus étrange abrite la collection d'Henri Gastaut, un médecin spécialiste du cerveau, et présente artistiquement des crânes humains des mers du Sud, peints et décorés avec des plumes et du cuir, mais ce sont les têtes réduites des Indiens Jivaros qui font la plus forte impression.

En vous promenant dans le quartier du Panier, jetez un coup d'œil à deux sites : l'**Hôtel-Dieu** (6, *place Daviel*), l'ancien hôpital de la ville, qui date du XVIIIe siècle et l'ancien marché grec, **place de Lenche**. En haut de la vieille ville, la **place des Moulins**, d'ocre clair, où quinze moulins étaient en activité au XVIe siècle, mérite également le détour.

LES ENVIRONS

Perchée au sommet de la colline de la Garde, la **basilique Notre-Dame-de-la-Garde** (1853-1864) veille sur Marseille du haut de ses 154 m. Cet édifice romano-byzantin, surmonté d'un dôme, a été construit par Espérandieu, entre 1853 et 1864, sur le site d'une chapelle datant de 1214, construite par saint Victor. Une statue de bronze de la Vierge, de 10 m de haut, cherche du regard les pêcheurs partis en mer.

L'intérieur, surchargé de mosaïques dorées et de peintures murales, recèle une remarquable collection d'ex-voto et d'œuvres d'art, dont une Annonciation de Lucca della Robbia. Au-dessus de l'autel, des mosaïques représentant la Création – des plantes, des poissons, des oiseaux – entourent une statue en argent de la Vierge. Un passage autour du bâtiment offre un panorama à 360 degrés sur Marseille, avec au loin les collines et les îles proches du littoral. Un mur porte des traces de la Libération de Marseille en août 1944.

À l'est du Vieux-Port, la **corniche John F. Kennedy**, bien que très construite, longe la falaise, parsemée de plages et de villas centenaires jusqu'à la **plage du Prado**, une station balnéaire très fréquentée. Tout près, le **château Borély**, entouré d'un parc et de jardins botaniques, tient des expositions temporaires et le **musée de la Faïence** (*Château Pastré, 157, avenue de Montredon, tél. : 04 91 72 43 47, fermé lundi, €*) possède quelques très belles pièces, témoins de l'importance historique de Marseille sur le marché des poteries. On ne saurait manquer le pittoresque vallon des Auffes, une

petite crique encaissée, bordée de maisons de pêcheurs serrées les unes contre les autres dans la plus grande disparité, et de restaurants de poisson.

CHÂTEAU D'IF

Ce château fut tout d'abord une forteresse, édifiée au XVIe siècle où stationna une garnison chargée de veiller sur une ville quelque peu rebelle au pouvoir central. Elle devint et resta cette prison si tristement célèbre dans laquelle Alexandre Dumas faisait incarcérer son personnage Edmond Dantès dans *Le Comte de Monte-Cristo* (1844) du XVIIe siècle à la Troisième République. Construit sur le modèle des grands châteaux forts, le bâtiment occupe une île minuscule de 3,5 km, à l'ouest du Vieux-Port. ■

Château Borély

- 134, av. Clot Bey
- 04 91 25 26 34
- Tél. pour les horaires d'ouverture
- €
- Bus : N°. 19 vers l'av. du Prado ; n° 44 vers l'av. Clot-Bey

Le château d'If, de sinistre réputation.

Château d'If

- Port de Marseille
- 04 91 59 02 30,
- Fermé le lun. et oct.-mars
- €
- Navettes GACM (tél. : 04 91 55 50 09, 1, quai des Belges, 1er, aller-retour : €€, Métro : Vieux-Port). Départ de GACM sur le Vieux-Port. Départs toutes les heures de 9 h à 19 h-20 h 30.

Cassis et les calanques

CASSIS, CE PETIT BIJOU AVEC SES MAISONS PASTEL DÉGRINGOLANT JUSQU'À son port minuscule, est une véritable découverte. D'abord un port de pêche au corail, ensuite le sujet favori des peintres fauvistes – dont Dufy et Matisse –, ce village de bord de mer est devenu une station chic et à la mode, heureusement sans prétention. Les calanques, les stupéfiantes falaises blanches qui entourent la ville, offrent une incursion étonnante dans le monde de la nature.

Les parois rocheuses de la calanque d'En-Vau font la joie des grimpeurs.

Jours de marché
Mercredi et vendredi

Cassis
108 C2
Office du tourisme
Office municipal du tourisme de Cassis, quai des Moulins, Oustau Calendal
04 42 01 71 17
www.cassis.fr

Note : Les calanques sont fermées de juil. à la mi-sept. pour éviter les feux de forêts, et le massif est interdit d'accès quand le vent souffle à plus de 130 km/h.

Après avoir fait les boutiques et mangé dans un des restaurants de fruits de mer, il n'y a pas grand-chose d'autre à faire à Cassis que bronzer et se baigner. Des cinq plages de la commune, la plus grande est la **plage de la Grande Mer** (de sable), du côté mer de la jetée. La **plage du Bestouan** est abritée au bout du port, à l'ouest. Une autre option est de se promener le long de la **promenade des Lombards**, reliant la plage de la Grande Mer à la baie de Lourton et passant tout près d'un château du XIIIe siècle.

Ne partez pas sans avoir exploré les calanques, accessibles par la terre ou par la mer. Ces petits bras de mer indigo ont été découpés en falaises calcaires le long d'anciens lits de rivière et formés à partir de la pluie, du vent et de la mer. Une zone de 20 km est classée monument naturel depuis 1975. Les falaises recèlent une richesse extraordinaire de flore et de faune, incluant 900 espèces de plantes dont 50 répertoriées comme rares. La calanque de **Port-Miou** est accessible de la ville, alors que celles de **Sormiou** et **Morgiou** ne peuvent être atteintes qu'en voiture. Pour une courte promenade, choisissez l'itinéraire bien balisé de la **route des Calanques,** qui part de la plage de l'ouest et vous conduit à la calanque d'**En-Vau**, la plus éloignée et la plus jolie.

La plupart des calanques ne sont accessibles que par la mer. Des sorties en bateau partent du port et le petit bureau de tourisme vous vendra des tickets pour un périple vers 3, 7 ou 13 calanques (3 calanques en 45 minutes est suffisant pour la plupart). ■

Hyères et les îles d'Hyères

LES TROIS ÎLES D'OR, FACE À LA VILLE-PALMERAIE D'HYÈRES, OFFRENT UNE immersion dans le versant exotique de la Méditerranée. La légende dit que de belles princesses poursuivies par des pirates ont été changées en îles par les dieux. Quoi qu'il en soit, chacune a son identité et sa personnalité propres.

Jour de marché
Samedi

Le port pittoresque de l'île de Port-Cros.

Les moines de Lérins ont colonisé les îles au Vᵉ siècle, reprises ensuite par les Sarrasins en 1160. En pleine Renaissance, en 1531, François Iᵉʳ en fit le « marquisat des Isles d'Or » nom que leur valut l'éclat doré de leurs roches ensoleillées. Au milieu du XVIᵉ siècle, Henri II en ordonna la fortification, mais cela ne suffit pas à rendre les îles sûres face à la flibuste. Dans ce qui fut pendant des siècles un repaire des pirates et des contrebandiers, la paix et le calme attendent aujourd'hui les visiteurs.

Mesurant 7 km de long et 3 km de large, l'**île de Porquerolles** est la plus grande et la plus développée. Le village principal, aussi appelé **Porquerolles**, est groupé autour de la place d'Armes, bordée de cafés.

La beauté de l'île se découvre le long des chemins bordés de pins et d'eucalyptus et du haut de ses forts, le fort du Petit-Langoustier et le fort Sainte-Agathe (avec une exposition sur l'archéologie sous-marine). Pour les baigneurs, la **plage d'Argent**, à l'ouest, et la **plage de la Courtade**, à l'est, sont à 15 minutes à pied du village principal.

La majeure partie de l'**île de Port-Cros**, la plus élevée et la plus sauvage des trois îles, est un parc national, le plus petit de France, créé en 1963. La poste du village est le point de départ de randonnées sur un circuit de 30 km à travers l'île. Au large du littoral au nord de l'île, de la plage de la Palud devant l'îlot du Rascas, les plongeurs peuvent suivre un sentier sous-marin dans une réserve naturelle maritime, et admirer éponges et poulpes.

Un camp militaire occupe 90 % de l'**île du Levant**, l'île la plus à l'est. Mais l'espace restant attire une importante clientèle de nudistes depuis les années 1930…

HYÈRES

Au XIXᵉ siècle, lieu de villégiature hivernal de personnes éminentes telles l'impératrice Eugénie, la reine Victoria et Edith Wharton, la plus au sud des stations estivales de la Côte d'Azur a conservé son charme un tantinet suranné malgré le développement de ses faubourgs côtiers. Une profusion de palmiers et d'architecture maure confère un aspect exotique à ses larges boulevards XIXᵉ siècle.

Une porte médiévale ouvre sur une vieille ville pittoresque, avec des dédales de rues donnant sur de jolis jardins et ouvrant sur la mer. La **tour Saint-Blaise** du XIIᵉ siècle et l'**église Saint-Paul** témoignent de l'ancien statut de la ville. ∎

Hyères
109 E2
Office du tourisme
7, av. Ambroise-Thomas
04 94 01 84 50
www.ot-hyeres.fr

LES FERRIES POUR LES ÎLES
La société des Transports maritimes et terrestres du littoral varois (tél. : 04 94 58 21 81, www.tlv-tvm.com) gère des ferries qui partent de la gare maritime de la Tour fondue près d'Hyères en direction de Porquerolles, toute l'année. Le trajet de 15 min coûte 15 euros. Pour les autres îles, les ferries TLV partent du port d'Hyères.

Saint-Tropez

Saint-Tropez brille d'une réputation bien à elle.

LE PETIT VILLAGE DE PÊCHE DU XVe SIÈCLE ÉTAIT CERTAINEMENT IDYLLIQUE quand les premiers artistes, conduits par le post-impressionniste Paul Signac, sont arrivés à la fin du XIXe siècle, admirant sa belle luminosité. Et puis, il y eut *Et Dieu créa la femme* en 1955, Brigitte Bardot est devenue une star, et Saint-Tropez est sortie de l'ombre. Le refuge préféré de Picasso et Giorgio Armani, l'endroit où Mick Jagger a épousé Bianca en 1971, Saint-Tropez est devenue synonyme de faste et de glamour. Cependant, ses ruelles médiévales, ses placettes dissimulées, ses maisons abricot sur la baie azurée, restent toujours aussi pittoresques.

Jours de marché
Mardi et samedi

St-Tropez
109 F2
Office du tourisme
Quai Jean-Jaurès, avenue du Général-de-Gaulle
04 94 97 45 21
www.ot-saint-tropez.com

Émergeant du milieu du grand massif des Maures, Saint-Tropez occupe l'un des emplacements les plus éloignés le long de la Côte d'Azur. La ville a été détruite par les Sarrasins au Moyen Âge, et c'est au XVe siècle qu'un noble génois est venu s'y installer avec d'autres familles avec la ferme intention de la repeupler, mais à la condition qu'elle devienne une république autonome, affranchie de taxe et de charge. En 1637, les gens du pays ont vaincu une flotte espagnole de 21 unités qui tentait de prendre la ville par surprise. Inquiété par cette démonstration d'habileté militaire, Louis XIV a immédiatement aboli tous ses privi-

Certains disent que la belle époque de Saint-Tropez est révolue. Alors que la jet set des années 1960 est en effet depuis longtemps partie, le mythe reste lui toujours bien vivant. Pour preuve, arrêtez-vous en passant sur le **Vieux-Port**, où sont amarrés des yachts clinquants dont beaucoup coûtent plus de 100 000 euros la semaine. Pendant que les propriétaires et leurs équipages savourent un verre au coucher du soleil, « l'autre côté » est assis aux terrasses des cafés installés dans les anciens garages de pêcheurs.

Du port, les ruelles envahies de boutiques et de bistros branchés montent à la citadelle du XVIe siècle qui défendait le golfe. Elle offre un panorama magnifique sur Saint-Tropez et la mer. Le **Musée naval** y est installé présentant le passé maritime de la ville.

Quelques coins de Saint-Tropez restent modestes et sans prétention. Au cœur de la ville, les anciens jouent à la pétanque sous les platanes de la **place des Lices**, vieille de plus d'un siècle. C'est ici que se tient tous les jours le marché et, puisque rien n'est ordinaire ici, vous y croiserez sans doute une vedette ou deux. On dit que Brigitte Bardot, qui vit toujours à Saint-Tropez, est une habituée. La place est bordée de cafés dont le célèbre **Le Café**, à l'emplacement du légendaire Café des Arts. Des stars s'y réfugieraient dans la salle du fond.

Saint-Tropez n'a pas de plage dans la ville. Les plus proches sont celles de la **Bouillabaisse**, à l'ouest ; **Les Graniers**, dans la baie des Cannebiers, juste après la citadelle et **Les Salins** sur le cap, à 5 km. La **plage de Pampelonne**, au sud de Saint-Tropez, la plus célèbre, est bordée de cafés et de restaurants, dont le fameux Club 55 qui fut à l'origine du rassemblement annuel des plus beaux voiliers anciens du monde. À l'extrême nord, la **plage de la Tahiti** est le repaire des célébrités. ■

Musée de l'Annonciade
- Quai St.-Raphael
- 04 94 97 04 01
- €€

Café de Paris
- 15, quai Suffren
- 04 94 97 00 56

Musée Naval
- Mont de la Citadelle
- 04 94 97 59 43
- €

Le Café
- Place des Lices
- 04 94 97 44 69
- Horaires selon les saisons

lèges. Néanmoins, la ville commémore toujours le 15 juin, sa victoire.

Saint-Tropez a vécu dans l'ombre jusqu'à 1892, l'arrivée de Paul Signac. Il y fit construire une villa, y invita de nombreux artistes, Raoul Dufy, Henri Matisse et d'autres encore, fauvistes pour la plupart. Inspirés par la région et son exceptionnelle lumière, ils ont créé de véritables chefs-d'œuvre dont certains se trouvent au **musée de l'Annonciade** (*place Georges-Grammont, tél. : 04 94 97 04 01, fermé le mardi et novembre,* €). Inauguré en 1955, ce musée s'est installé dans la chapelle de l'Annonciade édifiée en 1510. Il est doté d'un ensemble artistique tout à fait exceptionnel dont, *Saint-Tropez au soleil couchant* 1896 et *Saint-Tropez, le quai*, 1899, de Paul Signac ; *Saint-Tropez, le port*, 1905, d'Albert Marquet.

L'arrière-pays de Saint-Tropez

Gassin
📍 109 F2
Office du tourisme
✉ Mairie
📞 04 94 56 62 00

Ramatuelle
📍 109 F2
Office du tourisme
✉ Place de l'Ormeau
📞 04 98 12 64 00

Cavalaire-sur-Mer
📍 109 F2
Office du tourisme
✉ Maison de la Mer
📞 04 94 01 92 10

DES COLLINES STRIÉES DE VIGNES, DES VUES MULTIPLES SUR LE GOLFE scintillant de Saint-Tropez, des villages médiévaux haut perchés, ces trésors paisibles vous attendent juste au-delà du bourdonnement de Saint-Tropez, dans le massif éloigné des Maures.

Au sud-ouest de Saint-Tropez, les régions boisées, les vignobles onduleux, les fleurs roses et rouges et la mer scintillante composent une véritable peinture impressionniste. Rejoignez le somnolent village de **Gassin**, campé sur son éperon rocheux. Il est fait pour la première fois mention de ce village en 1234, quand le *castrum*, ou le château, entouré de remparts, occupait l'actuelle rue de la Tasco. Le village pouvait alors veiller et alerter les villages plus reculés de Cogolin, Grimaud et La Garde-Freinet en cas de problème. Suivez la promenade Deï Barri – la terrasse médiévale marquant l'ancienne limite des remparts – et longez une série de restaurants dotés de vues magnifiques, dont un bien nommé Bello Visto. La beauté du panorama jusqu'au golfe de Saint-Tropez, la baie de Cavalaire et les îles d'Hyères, est saisissante. Déambulez ensuite dans le labyrinthe de ruelles, avec leurs portiques drapés de bougainvilliers et leurs portes médiévales. La petite rue Androuno est, paraît-il, la plus petite du monde. Une seule personne à la fois peut y passer.

Au sud-est, s'élève **Ramatuelle**, un autre village perché médiéval, mais dont Pline l'Ancien faisait déjà mention. La place centrale de l'Ormeau (quoique l'orme soit mort et ait été

Enfermée dans ses remparts, la petite ville de Ramatuelle est née au Moyen Âge.

L'ARRIÈRE-PAYS DE SAINT-TROPEZ

remplacé par un olivier en 1983 comme symbole de la Provence) – avec ses magasins de poteries et de savons, est un peu touristique, mais ses ruelles bordées de maisons anciennes sont charmantes. L'**église Notre-Dame**, sur la place, date du XVIIe siècle, et son clocher servait de tour de guet. À l'intérieur, le buste de saint André, qui est le patron de la paroisse, est taillé dans un tronc de figuier.

Juste à la sortie de la ville, sur la D89, au-delà des **moulins de Paillas** – des moulins à huile en pierre, en activité jusqu'au début du XXe siècle dominant la presqu'île de Saint-Tropez – une plate-forme située à 325 m au-dessus du niveau de la mer, offre un panorama étourdissant sur la baie de Cavalaire et la Croix-Valmer d'un côté, Ramatuelle de l'autre.

En bas, **Cavalaire-sur-Mer** est une station thermale insouciante, familiale et populaire, avec son terrain de pétanque et sa jolie marina remplie de yachts et des bateaux de pêche. Au mois de septembre, l'une des attractions du port, à ne pas rater, est le retour des pêcheurs de thon. Rue du Port, le **casino du Golfe** est le seul casino de la péninsule de Saint-Tropez. Les vestiges de deux villas romaines ont été mis au jour (ils ne sont pas visibles actuellement). Mais ce sont les kilomètres de sable fin qui font le bonheur du lieu. Plusieurs plages méritent le coup d'œil, dont la **plage de Bonporteau**, à l'extrême-ouest de Cavalaire. En août 1944, les forces Alliées ont atterri sur ses rivages. De nombreux monuments commémoratifs rappellent les vies perdues durant cette vaillante bataille.

À Cavalaire, on peut s'adonner à des activités sportives, dont l'ULM, la voile, la planche à voile, les plongées à la recherche d'épaves et la plongée sous-marine. Des liaisons régulières partent pour les Îles d'Hyères (voir p. 127).

Plus au nord, vous pouvez apercevoir **Grimaud** à des kilomètres, les vestiges de son château féodal couronnant ses maisons de pierre. Ici tout le plaisir est d'errer dans les ruelles parfaitement restaurées, d'admirer les portiques, les escaliers en pierre, les façades ornées de bougainvilliers. Grimaud est l'un des premiers villages de la région des Maures. On peut visiter les ruines du château, abandonné après la Révolution française, aussi bien que deux moulins, le **moulin à vent de Saint-Roch** – un moulin à grains restauré construit au XVIIe siècle – et les restes du **moulin à huile de l'Hôpital**, de la même époque, le plus grand moulin à huile de la ville. Le **musée des Arts et Traditions populaires** vous en apprendra plus sur la région. La pittoresque **chapelle des Pénitents blancs** (1482) contient les reliques de saint Théodore et saint Lambert. ■

Grimaud
109 F2

Office du tourisme
1, bd. des Aliziers
04 94 55 43 83

Musée des Arts et Traditions populaires, Grimaud
53, montée de l'Hospice
04 94 43 39 29
(office du tourisme)
Fermé le dim.

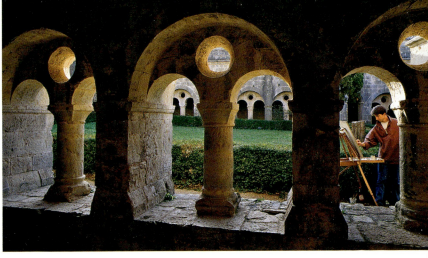

Le cloître de **Notre-Dame-du-Thoronet**, abbaye construite au XIIe siècle.

Les vins de Provence

Un royaume idyllique de villages médiévaux, de forêts de pins et de chênes-lièges, de vallées couvertes de vignes et de nombreuses occasions de goûter le vin local vous attendent lors de ce circuit bucolique dans la vallée intérieure du Var, une des cinq discrètes régions de Provence à qui l'on a décerné l'Appellation d'Origine Contrôlée.

Commencez aux **Arcs** ❶, son village médiéval et son château de Villeneuve (hôtel-restaurant). À 7,2 km à l'est de ville, par la D91 vers La Motte, le **château Sainte-Roseline** ❷ (*de la D54, près de Muy, tél. : 04 94 99 50 30, la chapelle est fermée le lun.*) est un château original, au milieu des vignes, où vous pouvez goûter un cru classé, produit depuis le XIVe siècle. La chapelle adjacente recèle une mosaïque de Marc Chagall, le *Repas servi par les anges* (1975) et abrite le corps étonnement conservé de sainte Roseline (1263-1329) dans un cercueil de verre. On dit que Roseline s'étant préoccupée du sort réservé aux paysans pendant les invasions des Sarrasins, son cadavre ne s'est jamais décomposé.

Juste au sud de ville, sur la N7, vous pouvez goûter (et acheter) 16 différents côtes-de-provence à la **Maison des Vins** ❸ (*RN 7, tél. : 04 94 99 50 20*). Les gens du pays recommandent le restaurant, le *Bacchus Gourmand*. De là, prenez la N7 par Vidauban, suivez la direction du Thoronet par la D84. La route serpente à travers des collines boisées parsemées de vignes et de hameaux. Après environ 12 km, empruntez la D79, qui vous conduira au **Thoronet** ❹, où vous pourrez visiter **Notre-Dame-du-Thoronet** ❺ (*tél. : 04 94 60 43 90, €*), une de trois abbayes cisterciennes de Provence (avec Silvacane et Sénanque). Construite en grande partie entre 1160 et 1175, dans une pierre rose vif, elle est un des joyaux de l'architecture romane en Provence. L'église a été construite en priorité, pour que les moines puissent y prier. Un parcours libre vous mènera à l'intérieur de l'église, aux dortoirs et aux cloîtres.

De l'abbaye, suivez la minuscule D279, qui devient la D13, au village pittoresque de **Carcès** ❻, vous arrêtant peut-être pour goûter quelques crus. Vous pouvez aussi goûter du vin en ville. Le charmant village de **Cotignac** ❼, et ses maisons médiévales coulant le long de la colline, n'est qu'à 8 km plus loin par la D13. Au-dessus, les falaises de tuf calcaire recèlent des grottes qui servaient autrefois de caves pour le vin et même d'habitations. Vous pouvez y aller à pied. De là, la D50 mène à **Entrecasteaux** ❽, une autre jolie ville médiévale pittoresque.

Suivez la D31 vers **Salernes** ❾, elle serpente alors entre les vignobles et les pinèdes. Comme vous approchez du village, des panneaux « terres

cuites » commencent à apparaître, ce village étant célèbre depuis le XVIIIe siècle pour ses carrelages.

La jolie commune de **Villecroze** 10, à seulement 5 km par la D51, est adossée à une falaise de tuf calcaire remplie de cavernes troglodytiques. Un noble de la région a vécu dans l'une d'elles, au début du XVIe siècle. Des circuits sont organisés en partant du parc de ville (près des courts de tennis).

De là, empruntez brièvement la D557 jusqu'à la D51, par une route tortueuse, à l'origine du nom du village perché, **Tourtour** 11, « le village dans le ciel ». La vue y est extraordinaire, et le village, avec ses maisons pastel en pierre locale et sa place bordée de cafés et restaurants, charmant. Un moulin à huile restauré du XVIIe siècle presse les olives après la cueillette mi-décembre et accueille une galerie d'art le reste de l'année. N'oubliez pas la **tour de guet Grimaldi** et deux châteaux, dont l'un abrite la mairie, l'autre une galerie d'art.

Voir carte p. 224
Les Arcs
5 km
2 heures
Les Arcs

À NE PAS MANQUER
- Notre-Dame-du-Thoronet
- Tourtour

De là, redescendez sur terre, par la D77, à travers les falaises blanches et les pins. Prenez à droite sur la D557 vers Lorgues, ensuite à gauche sur la D10. Au carrefour, dirigez-vous vers le **monastère orthodoxe de Saint-Michel-du-Var** 12 (*1909, route de Lorgues, tél. : 04 94 73 75 75*), qui se visite. La grande ville de **Lorgues** 13 offre de nouvelles occasions de déguster du vin. Retournez aux Arcs par la D10 et D57. ∎

Autres sites à visiter

AUBAGNE

Le cinéaste et écrivain Marcel Pagnol est né dans cette jolie ville provençale en 1895. Alors que ses faubourgs sont fortement industrialisés, sa vieille ville ombragée ressemble à ce que Pagnol a dû connaître. L'office du tourisme propose des circuits sur le thème de Pagnol, dont une promenade à pied de 9 km, qui dure une journée. Elle est par ailleurs la capitale du santon.

Aubagne, maison du tourisme
✉ avenue Antide-Boyer ☎ 04 42 03 49 98, www.aubagne.com

BRIGNOLES

Passez la zone industrielle pour découvrir la vieille ville charmante, célèbre autrefois pour ses prunes confites envoyées aux cours royales d'Europe. Plus tard, la ville s'est enrichie grâce à l'exploitation de la bauxite. Aujourd'hui, on y flemmarde aux terrasses des cafés, sous les arbres de la **place Carami**, le centre historique de la ville.

Le musée du Pays brignolais (*place des Comtes de Provence, tél. : 04 94 69 45 18, fermé lun. et jeu., €*) présente des santons, des peintures de la famille locale de Parrocle et la reconstitution d'une cuisine provençale.

Office du Tourisme ✉ hôtel Claviers, 10, rue du Palais ☎ 04 94 69 27 51.

LA CIOTAT

Le premier film au monde a été présenté ici en septembre 1895 par les frères Lumière. Les premières projections de *L'Arrivée du train en gare de La Ciotat* se sont déroulées au théâtre de leur père, l'**Eden Théâtre**, qui existe toujours sur le boulevard Anatole-France. Aujourd'hui, l'**Espace Simon Lumière** (*20, rue du Maréchal Foch, tél. : 04 42 71 61 70*), retrace l'histoire du cinéma avec des photos, des affiches et des archives de films. Des artistes comme Georges Braque (1882-1963) ont aimé peindre le **Vieux-Port** qui possède toujours un charme certain. Ville industrielle de chantiers navals, l'activité a connu un net recul il y a une dizaine d'années et La Ciotat cherche désormais à développer le tourisme.

Office du tourisme ✉ boulevard Anatole-France ☎ 04 42 08 61 32, www.laciotat.com

LA GARDE-FREINET

Célébrée pour ses châtaignes et sa crème de marrons, cette ville médiévale est profondément enracinée dans le massif des Maures. Un circuit balisé vous conduit aux vieilles fontaines du village et aux lavoirs (demandez à l'office du tourisme). Une autre promenade mène au **fort Freinet**, un château du XVe siècle taillé dans la pierre, doté d'une vue magnifique.

Maison du tourisme de la Garde-Freinet
✉ 1, place Neuve ☎ 04 94 43 67 41

OPPIDUM D'ENTREMONT

Situé en bordure d'un plateau à 367 m d'altitude et dominant cette vallée de près de 200 m, Entremont était la capitale des Celto-ligures. Ils ont régné entre le IIIe et le IIe siècle av. J.-C, quand les Romains ont détruit la ville à la demande des Marseillais. Les fouilles ont mis au jour une zone résidentielle et les restes de magasins et d'entrepôts. On notera l'importance du nombre de statues décapitées qui posent la question : les têtes des ennemis vaincus étaient-elles coupées sur le champ de bataille et rapportées en guise de trophée ou la tribu en pratiquait-elle la conservation ritualisée ? La vérité est sans doute une combinaison des deux hypothèses. Des vestiges découverts à Entremont sont exposés au **musée Granet** à Aix-en-Provence (voir p. 112).

✉ 3 km au nord d'Aix-en-Provence par l'avenue Solari (D14) ☎ 04 42 21 97 33
⊘ Fermé le mar.

SALON-DE-PROVENCE

C'est dans cette ville vivante et moderne qu'a vécu le célèbre médecin et voyant Nostradamus. Il est resté de 1547 à sa mort en 1566, dans sa petite **maison** (*13, rue Nostradamus, tél. : 041 90 56 64 31, €*), près du château. Des scènes animées par un support audiovisuel illustrent sa vie. Il y écrivit son œuvre la plus célèbre *Centuries astrologiques*, une compilation de ses prédictions écrites en quatrains. Il est enterré dans l'**église Saint-Laurent** du XIVe siècle, au nord de la ville.

Office du Tourisme ✉ 56, cours Gimon ☎ 04 90 56 27 60, www.salon-de-provence.org ∎

La Côte d'Azur peut évoquer Cannes – le festival et son univers de paillettes – ou un littoral sublime. Mais c'est aussi un arrière-pays devenu, notamment grâce à Picasso, un foyer d'art contemporain.

Côte d'Azur : Cannes et ses environs

Introduction et carte **136-137**
Cannes **138-141**
Vallauris **142-143**
Mougins **143**
Grasse **144-145**
L'art de la parfumerie **146-147**
Vence **148-149**
Saint-Paul-de-Vence **150-152**
Antibes **153-157**
Napoléon en Provence **158-159**
Biot **160**
Cagnes-sur-Mer **161**
Autres sites à visiter **162**
Hôtels et restaurants **220-223**

Hommage à Picasso, cette œuvre d'Arman, né à Nice en 1928, décore l'une des terrasses du château d'Antibes.

À Antibes, le musée Picasso possède plusieurs chefs-d'œuvre de l'artiste catalan.

Côte d'Azur :
Cannes et ses environs

Palmiers, brise langoureuse, eaux turquoise scintillantes, sont autant de clichés pour décrire la Côte d'Azur qui s'étire de Cannes à Cagnes-sur-Mer avec un arrière-pays ponctué de villages accrochés à leur rocher comme Saint-Paul-de-Vence ou comme Grasse. Des clichés qui ne doivent pas faire oublier que la région a également apporté une énorme contribution à l'art moderne.

Cannes, c'est la Croisette, la célèbre promenade longée d'hôtels splendides et de plages bondées en été, et l'escalier d'honneur du palais des Festivals monté chaque année au mois de mai par une pléiade de stars à l'occasion du Festival international du Film. Mais c'est aussi la vieille ville accrochée à la colline du Suquet avec sa tour médiévale surplombant la baie. Et au large, les îles de Lérins – Saint-Honorat, la plus petite, et Sainte-Marguerite, aux effluves d'eucalyptus, où fut emprisonné à la fin du XVIIe siècle un personnage mystérieux, le Masque de fer – qui procurent d'agréables lieux de promenade à ceux voulant fuir l'agitation du littoral.

Picasso vint s'installer sur la Côte d'Azur après la Seconde Guerre mondiale. Il contribua à relancer l'industrie de la céramique à Vallauris, dont la rue principale regorge maintenant d'artisans potiers plus ou moins inspirés. Il passa les dernières années de sa vie à Mougins, un vieux village très préservé, per-

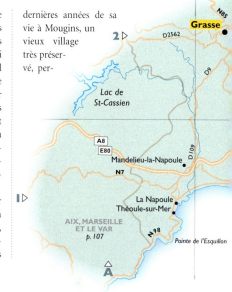

ché sur une colline de l'arrière-pays cannois et connu pour son restaurant le Moulin de Mougins. Un peu plus loin à l'intérieur des terres, Grasse, qui devint la capitale du parfum au XVIᵉ siècle, lorsque Catherine de Médicis introduisit la mode des gants de cuir parfumés. Trois de ses parfumeries proposent des visites guidées, et son Musée international de la parfumerie (MIP) dévoile tous les secrets de la création d'un parfum.

Vence est une petite ville pittoresque posée sur un éperon rocheux que l'on visite essentiellement pour la chapelle du Rosaire entièrement conçue et réalisée dans les années 1950 par Henri Matisse, qu'il considérait comme son chef-d'œuvre.

À 4 km, le village de Saint-Paul est également un haut lieu de l'art moderne, avec la fondation Maeght, construite entre 1962 et 1963 par Marguerite et Aimé Maeghts. On y découvre des sculptures monumentales de Miró, de Calder et de De Stael, dispersées sur les terrasses du jardin.

L'une des plus importantes collections privées d'œuvres du XXᵉ siècle appartient au propriétaire de l'auberge de la Colombe d'Or. Sur les murs, des toiles de Braque, Chagall et Matisse, pour n'en citer que quelques-unes, échangées contre le gîte et le couvert du temps où l'enseigne de l'établissement était l'hôtel Robinson, et eux artistes inconnus sans le sou. Aujourd'hui, seuls ceux pouvant se permettre de venir dîner dans l'établissement peuvent les contempler.

La ville d'Antibes, elle, est devenue un foyer d'art contemporain grâce encore une fois à Picasso qui avait installé son atelier dans le château Grimaldi durant quelques mois en 1946. Il légua à la ville la plupart des œuvres qu'il y exécuta, lesquelles sont exposées au premier étage du château, devenu le musée Picasso. Le vieil Antibes possède plusieurs autres musées, dont un d'histoire et d'archéologie, petit mais remarquable. À voir également dans le quartier, le fort Carré de Vauban. C'est dans la presqu'île du cap d'Antibes durant les années folles que prit naissance la villégiature estivale. F. S. Fitzgerald – qui immortalisa cette époque dans *Tendre est la nuit* –, E. Hemingway et leurs amis s'y succédèrent.

Deux autres villes, toutes deux perchées sur un piton, méritent un détour : Biot, un important foyer de verrerie ; et Cagnes-sur-Mer, l'un des centres artistiques les plus réputés de la région avec deux musées aménagés dans un autre château des Grimaldi, et le domaine des Collettes, la dernière demeure de Renoir. ■

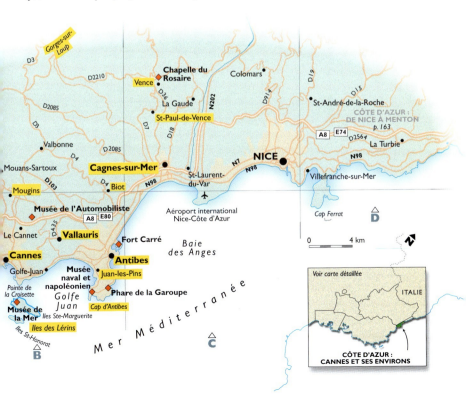

Cannes

Jours de marché
Tlj. sauf lun.

Cannes
🅐 137 B1
Office du tourisme
✉ Palais des Festivals
☎ 04 92 99 84 22
www.cannes.fr

DIRE QUE LA CROISETTE EST CÉLÈBRE EST UN EUPHÉMISME. S'y côtoient touristes bardés d'appareils photo, jeunes couples bronzés et branchés, dames en Chanel accompagnées de leur caniche, peintres penchés sur leur toile, et qui sait, quelques stars de cinéma. D'un côté, des plages privées plantées de parasols que viennent ourler des eaux d'un bleu transparent. De l'autre, une succession d'hôtels prestigieux. Cannes ne brille pas par son nombre de musées ou de sites à visiter, mais qui s'en soucie ? On y vient pour la station balnéaire sophistiquée et clinquante où l'essentiel est de voir et d'être vu. Chaque année, au mois de mai, l'atmosphère s'embrase lors du Festival international du Film.

Le vieux port et le quartier du Suquet en arrière-plan. L'autre visage de Cannes, loin des paillettes du septième art.

Quand en 1834 lord Henry Brougham, grand chancelier de la reine d'Angleterre, fit escale à Cannes pour éviter une épidémie de choléra qui sévissait en Italie, le sort du petit hameau de pêcheurs dont l'histoire avait commencé au Xe siècle, fut scellé. Cet aristocrate anglais fit construire une villa d'inspiration palladienne dans le quartier du Suquet. Il fit venir des concitoyens qui érigèrent à leur tour des résidences somptueuses, et la ville fut dès lors associée au tourisme de luxe. Le début du XXe siècle vit l'édification des palaces, dont le

Martinez, le Majestic et le Carlton, tous trois en activité.

Cannes reçut définitivement son estampille de ville fastueuse et glamour en 1939, lorsqu'elle fut choisie pour accueillir la première édition du Festival international du Film (voir p. 44), qui devait être présidée par Louis Lumière, l'inventeur du cinéma. Mais la guerre éclata et la manifestation – « une comète vivante descendue pour quelques jours sur la Croisette », dira plus tard Cocteau –, fut annulée. Elle n'aura lieu qu'en 1946, avec en compétition *La Bête et la Belle*, de Jean Cocteau, et *Notorious* (*Les Enchaînés*) d'Alfred Hitchcock. Depuis 1983, le tapis rouge est déroulé dans le nouveau **palais des Festivals**, un bâtiment massif érigé près du vieux port, qui abrite aussi un casino et un night-club et où sont organisés chaque année plus de cinquante festivals, congrès et salons. À gauche de l'escalier d'honneur, l'allée des Étoiles, une succession de dalles portant chacune l'empreinte d'une main de star.

À VOIR

La promenade qui s'étire du palais des Festivals jusqu'à la pointe de la Croisette était autrefois longée de magnifiques villas et de clubs qui se sont depuis longtemps effacés devant des immeubles d'habitation, de grands hôtels et des boutiques de mode. De la Belle Époque, seul a subsisté l'**hôtel intercontinental Carlton** (*58, bd de la Croisette*), un fastueux bâtiment néo-baroque conçu par l'architecte Charles Dalmas. Peu après son ouverture en 1912, l'hôtel attira la fine fleur européenne, y compris des têtes couronnées, auxquelles succédèrent les vedettes du septième art.

Hôtel Carlton
✉ 58, La Croisette
☎ 04 93 06 40 06

Les deux coupoles de l'hôtel Carlton auraient été conçues en hommage à la poitrine de la belle Otéro, la célèbre courtisane du tournant du XXᵉ siècle qui, durant la saison d'hiver, hantait les casinos cannois en compagnie de milliardaires américains et d'aristocrates russes.

Parmi les grands symboles de Cannes, on ne saurait omettre le bronzage. Et il en est ainsi depuis 1923, lorsque Coco Chanel (1883-1971), qui y avait séjourné quelques jours et était accidentellement restée trop longtemps au soleil, revint hâlée à Paris. Il n'en fallut pas plus pour que la presse et le monde de la mode en déduisent que cette femme moderne venait de lancer une nouvelle tendance, laquelle a perduré comme en témoignent les corps luisants et dorés qui s'exhibent aujourd'hui dans des maillots minimalistes. Qui dit bronzage dit plage. Les plus belles, gérées par les grands hôtels, sont privées. Quant aux plages publiques, il en existe une à chaque extrémité de la Croisette, et une autre, dite du Midi, qui s'étire sur 5 km à l'ouest de la ville.

Après la plage, il est bien agréable d'aller flâner **rue d'Antibes**, au nord de la Croisette, renommée pour ses boutiques de luxe, et un peu plus haut, **rue Meynadier**, une artère commerçante plus accessible que la précédente où l'on trouve des magasins de vêtements dégriffés, des boutiques de souvenirs, et des traiteurs (installés dans des immeubles du XVIIIᵉ siècle). À l'extrémité ouest de la rue, le **marché Forville**, le plus important de Cannes, est un marché couvert de primeurs et de fleurs, ouvert tous les jours sauf le lundi.

La **rue Saint-Antoine**, très pittoresque, serpente à travers le vieux quartier du **Suquet** qui offre des points de vue fabuleux sur la ville, la mer, le vieux port et ses yachts. Il est coiffé de l'**église Notre-Dame d'Espérance** du XVIIᵉ siècle, et de la **chapelle Sainte-Anne** qui abrite une collection d'instruments de musique. On y voit aussi un fragment de fortifications du château construit entre le XIᵉ et le XIIᵉ siècle par les moines de Lérins, et sa tour carrée où a été aménagé le **musée de la Castre**. Dédié à l'histoire locale, il dispose également de collections archéologiques et ethnographiques exceptionnelles constituées par le baron Lycklama qui les légua à la ville.

Le **quartier de la Californie** doit son nom au cassier, cette plante exotique qui était là avant la construction des résidences. Elle était vendue aux parfumeurs de Grasse au prix de l'or en Californie selon la légende. À l'est, on découvre la **chapelle Bellini** (*allée de la villa Florentina*) et l'**église orthodoxe Saint-Michel-Archange** avec son dôme bleu (*30, bd. Alexandre III*) construite en 1894 et qui témoigne donc d'une présence très précoce d'une communauté d'aristocrates russes. Une traversée d'un quart d'heure conduit aux **îles de Lérins** (voir p. 162) connues pour ce mystérieux prisonnier retenu au fort royal de Sainte-Marguerite, le Masque de fer. ∎

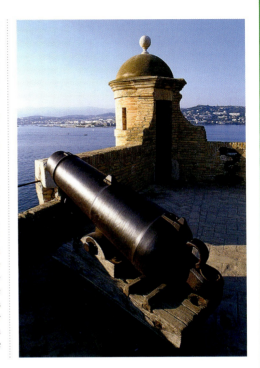

Le Fort royal sur l'île Sainte-Marguerite.

L'homme au masque de fer

Qui était donc ce personnage débarqué un jour d'avril 1687 sur l'île Sainte-Marguerite, baptisé Masque de fer ? À l'époque, les spéculations allèrent bon train. Pour Voltaire, il s'agissait du frère aîné de Louis XIV. Pour d'autres, de son frère jumeau, une thèse d'ailleurs reprise par Alexandre Dumas dans son roman *Le Vicomte de Bragelonne* (1848-1850). D'autres encore faisaient courir le bruit qu'il était le fils adultérin d'Anne d'Autriche et du duc de Buckingham ou du cardinal Mazarin, ou bien encore le bâtard de Louis XIV ou de Charles II d'Angleterre. On entendit aussi dire que sous ce masque se cachait le comte Matteoli, ministre du duc de Mantoue, emprisonné pour avoir vendu à l'Espagne des informations quant aux négociations entre le duc et Louis XIV.

Quoi qu'il en soit, l'homme bénéficia d'un traitement de faveur. Parmi les nombreuses anecdotes le concernant, on raconta qu'il avait eu un fils d'une dame qui venait régulièrement lui rendre visite dans sa cellule. L'enfant aurait été envoyé en Corse chez une femme à qui on ne révéla rien de ses origines mais qui eut comme consigne de lui apporter soins et attention car il était de bonne lignée (de *buonéparté*). Elle lui aurait donné le nom de Bonaparte… Et de là, il n'y eut qu'un pas pour en faire l'ancêtre de Napoléon ! Le Masque de fer fut transféré à la Bastille en 1689, où il mourut en 1703. Enterré au cimetière de Saint-Paul sous le nom de Marchiali, il emporta son secret. ∎

Musée de la Castre

✉ Château de la Castre, place de la Castre
☎ 04 93 39 55 26
🕑 Ferm. lun.
€

Vallauris

Jours de marché
Tlj. sauf lun.

Vallauris
137 B1
Office du tourisme
square du 8 Mai 1945
04 93 63 82 58
www.vallauris-golfe-juan.com

C'est à Picasso que l'on doit de voir les trottoirs de la rue principale de Vallauris envahis de poteries. C'est lui en effet qui relança en 1948 cette activité jusqu'alors traditionnelle. Il travailla avec des artisans locaux, et produisit plus de 2 000 pièces en une année. Vallauris est devenu l'un des plus importants centres français de céramique d'art et peut s'enorgueillir de posséder le musée national Picasso et quelques autres sites intéressants.

La Guerre et la Paix, une peinture sur bois décorant la crypte de la chapelle du prieuré de Lérins.

Les Romains exploitaient déjà les réserves d'argile de la région comme en témoignent les poteries découvertes sur le site. Au Moyen Âge, la ville, sous le contrôle des moines de Lérins, devint un important centre commercial qui prospéra jusqu'au XIVe siècle, où les guerres, les épidémies et la famine eurent raison d'elle, de son château et de son prieuré. Rasée, elle fut reconstruite au début du XVIe siècle par des Italiens dont nombre d'entre eux étaient des artisans potiers.

Picasso se rendit une première fois à Vallauris en 1936, et y revint en 1948, lorsqu'il résidait à Golfe-Juan. C'est alors qu'il se prit de passion pour la céramique. Il travailla avec un couple d'artisans locaux, les Ramié, qui fabriquaient ses pièces dans leur **atelier Madoura**. Le fils Ramié, qui a pris la relève, fabrique toujours des modèles signés Picasso, en séries limitées.

Le musée Picasso, le site le plus important de la ville, est situé dans la chapelle du XIIe siècle du prieuré de Lérins seule rescapée. En 1952, le peintre décora la crypte avec sa célèbre fresque exécutée sur bois, *La Guerre et la Paix*, qui fut sa dernière œuvre engagée. Sur le mur de gauche, on aperçoit un char symbolisant la guerre, et un personnage tenant dans une main une épée ensanglantée, et dans l'autre un panier contenant les graines de la guerre, de la mort et de la destruction. Il fait face à un autre personnage brandissant un bouclier décoré d'une colombe. On devine en filigrane Françoise Gilot, sa compagne d'alors. Sur le mur de droite, un groupe de personnes réunies sous un arbre jouit d'un moment de sérénité, tandis que l'on voit un enfant labourer la mer avec un cheval ailé. Cette image allégorique aurait été inspirée par une réflexion de Françoise : « En temps de paix, tout est possible, un enfant pourrait même labourer la mer. »

Le billet groupé donne également accès à deux autres musées aménagés dans le château. Le **musée Magnelli** présente une collection de toiles et de collages d'Alberto Magnelli, un peintre italien contemporain de Picasso et pionnier de l'art abstrait. Au **musée de la Céramique,** l'on peut voir notamment les pièces primées lors des biennales internationales de céramique d'art se tenant à Vallauris. La place du château (de la Libération) est ornée de l'*Homme au mouton*, une statue en bronze que Picasso offrit à sa ville d'adoption en 1949. ■

Musée national Picasso, musée Magnelli, musée de la Céramique
- Château de Vallauris, place de la Libération
- 04 93 64 16 05
- Ferm. le mardi
- €

Mougins

Perché sur une colline à 7 km au nord de Cannes, ce vieux village était au Moyen Âge plus important que Cannes. Il prospéra grâce aux cultures d'oliviers, de vigne et de fleurs (jasmin et roses). Avec ses boutiques, ses galeries d'art et ses restaurants dont le célèbre *Moulin de Mougins*, il est devenu un lieu de villégiature fort prisé des célébrités.

Picasso et Man Ray (1890-1976) arrivèrent à Mougins en 1935. Suivirent un peu plus tard, Jean Cocteau et Paul Eluard. Picasso y vécut sporadiquement de 1961 à 1973 dans un mas appelé « la tanière du Minotaure », situé en face de la **chapelle Notre-Dame-de-Vie**. Fernand Léger, René Clair, Isadora Duncan et Christian Dior sont parmi les personnalités qui contribuèrent également à sa renommée.

Mougins est surtout connu aujourd'hui pour son restaurant gastronomique *Le Moulin de Mougins*, fréquenté par les stars lors du festival de Cannes. Fondé par le chef Roger Vergé, il est maintenant dirigé par Alain Llorca. Situé à l'extérieur du village (voir « Informations pratiques », p. 222), il occupe un ancien moulin à huile du XVIe siècle. Sa cuisine style provençal est inondée de soleil. La salle à manger ornée de candélabres dorés se décline dans une palette de blanc, de rose et de prune.

Le **musée de la Photographie**, près de la porte dite sarrasine (XIIe siècle), présente une collection permanente des œuvres d'André Villers (connu pour ses photos de Picasso, à qui le deuxième étage est consacré), de Robert Doisneau, et de Jacques-Henri Lartigue à qui l'on doit de superbes images de la Côte d'Azur, de Lucien Clergue et de Denise Colomb. Les passionnés de voitures ne manqueront pas le **musée de l'Automobiliste**, à 5 km au sud de Mougins. D'une architecture moderne, il abrite une superbe collection de véhicules anciens et modernes. ■

Mougins
- 137 B1

Office du tourisme
- av. Charles-Mallet
- 04 93 75 87 67

Chapelle Notre-Dame-de-Vie
- au s.-e. du village

Musée de la Photographie
- 67, rue de l'Église
- 04 93 75 85 67
- F. en nov. ; lun. et mar. d'oct. à juin
- €

Musée de l'Automobiliste
- 772, chemin de Font-de-Currault
- 04 93 69 27 80
- F. de mi-nov. à mi-déc.
- €

Grasse

Grasse
137 B2

Office du tourisme
22, place du Cours Honoré-Cresp
04 93 36 66 66

Site des musées
www.museesdegrasse.com

Musée international de la Parfumerie
8, place du Cours
04 93 36 80 20,
F. en nov. et mar. d'oct. à mai
€

Villa-Musée Fragonard
23, boulevard Fragonard
04 97 05 58 00
F. en nov. et le mar. d'oct. à mai
€

Parfumerie Galimard
73, route de Cannes
04 93 09 20 00

Parfums Molinard
60, bd. Victor-Hugo
04 93 36 01 62

Musée provençal du Costume et du Bijou
2, rue Jean-Ossola
04 93 36 44 65
F. dim. de nov. à fév.

Musée d'Art et d'Histoire
2, rue Mirabeau
04 97 05 58 00
F. en nov. et mar. d'oct. à mai
€

IMPRÉGNÉES D'EFFLUVES FLORAUX, LES RUELLES PAVÉES DE LA VIEILLE VILLE de Grasse ont été le berceau de l'industrie des parfums au XVIe siècle. Avec son charme d'antan, ses musées et ses parfumeries ouvertes au public, la ville située sur les hauteurs de Cannes, est un but de promenade à la fois d'agrément et culturelle.

Fondée par les Romains, Grasse réussit au XIIe siècle à se libérer de la tutelle des seigneurs locaux et devint une ville libre. La tannerie fut, dès le Moyen Âge, son activité principale. Au XVIe siècle, lorsque Catherine de Médicis introduisit en France les gants parfumés, l'on vit apparaître parmi les tanneurs la corporation des gantiers que l'on ne tarda pas à appeler gantiers parfumeurs. Au XVIIIe siècle, la mode du parfum se répandit et, forts du potentiel que représentait le microclimat de la région favorable à la culture de plantes à parfum – jasmin, roses, tubéreuses –, ils firent fortune. Au XIXe siècle, la révolution industrielle apporta son lot de mutations : nouvelles techniques de distillation et d'enfleurage – procédé permettant d'extraire les essences –, et synthèse organique. C'est le début de la fabrication de parfums raffinés qui devinrent très vite mondialement connus. De nos jours, un important secteur s'est spécialisé dans la création d'arômes pour l'industrie (secteurs de l'alimentaire et des produits d'entretien par exemple), mais Grasse continue de fournir ce qui a fait son prestige, les matières premières destinées à la création de parfums de rêve.

LES SITES

La plupart des sites se trouvent dans le vieux Grasse aux ruelles étroites et pentues. Il est donc préférable d'abandonner sa voiture et de les visiter à pied.

On peut commencer par la visite du **musée international de la Parfumerie** (MIP) qui relate l'histoire du parfum et de sa fabrication – de la récolte et du traitement des matières premières au lancement du produit fini. Au troisième étage se trouve une serre où sont acclimatés iris, jasmin et autres plantes à parfum soigneusement sélectionnées pour leurs qualités aromatiques.

Grasse compte cinq grandes parfumeries, dont trois ouvrent leurs portes au public : Fragonard, Galimard et Molinard. Le premier étage de l'usine historique (1782) de **Fragonard**, située au cœur de la vieille ville, a été transformé en musée. On y voit des flacons et des coffrets du monde entier, de la Haute Antiquité à nos jours, une collection rare d'alambics des XVIe et XVIIe siècles et des moules à savon et à rouge à lèvres du début du XXe siècle. On peut participer à une visite guidée de la petite usine du rez-de-chaussée toujours en activité. Fragonard possède une autre usine, plus moderne, située à quelques kilomètres au sud de la ville, à proximité de celles de **Galimard** et de **Molinard** que l'on peut aussi visiter gratuitement.

À VOIR AUSSI

La vieille ville recèle d'autres musées qui méritent un détour. Le **musée provençal du Costume et du Bijou**, financé par Fragonard, expose des costumes et des bijoux régionaux des XVIIIe et XIXe siècles. On remarquera une robe d'époque Louis XV, ornée de fleurs roses sur fond beige, dite « à la française » ou encore « Watteau », les modèles du peintre en portant

souvent de semblables ; une tunique d'artisan et une robe de mariée.

En bas de la rue de l'ancienne usine Fragonard, le **musée d'Art et d'Histoire de Provence,** aménagé dans l'une des plus belles demeures de la région (fin XVIIIe siècle), possède une importante collection de meubles, de tableaux et d'objets d'art du XIXe siècle, dont de la faïence de Moustier, de la céramique de Vallauris, et des tableaux d'artistes provençaux représentant des scènes de la Nativité. Son jardin à la française, conçu en 1967 selon des plans du XVIIIe siècle par le vicomte de Noailles, est orné de rosiers et de citronniers.

En face du jardin public, la **villa-musée Fragonard,** un bel édifice de la fin du XVIIe siècle, mérite largement la visite. Jean-Honoré Fragonard, peintre et graveur grassois qui excella dans les scènes libertines et les portraits, et qui donna son nom à la célèbre parfumerie, y résida pendant un an (1790-1791). On y trouve des copies exécutées par l'artiste des *Progrès de l'amour dans le cœur d'une jeune fille,* des toiles originales, des dessins et des gravures.

À proximité, le **musée de la Marine** propose de nombreux souvenirs du comte de Grasse, chef d'escadre de la marine française qui s'illustra lors de la guerre d'Indépendance américaine.

Enfin, en plein cœur de la vieille ville, sur la place du Petit Puy Godeau, se dresse la cathédrale romane Notre-Dame-du-Puy, datant probablement du XIIIe siècle, remaniée au XVIIe siècle, qui recèle quelques très belles toiles. Dans le bas-côté droit, trois œuvres de jeunesse de Rubens (1601) dont le *Couronnement d'épines* et le *Crucifiement de notre Seigneur,* et dans la chapelle du Saint-Sacrement le *Lavement des pieds* (1754) de Jean-Honoré Fragonard. ■

Exposée à la villa-musée Fragonard, une copie d'une des quatre toiles illustrant les *Progrès de l'amour dans le cœur d'une jeune fille,* que Jean-Honoré Fragonard destinait à la comtesse du Barry, la maîtresse de Louis XV.

Musée de la Marine

✉ 2, bd. du Jeu de Ballon
☎ 04 93 36 44 65
⊙ Ferm. en nov. et le dim. d'oct. à mai
€

L'art de la parfumerie

Un bon parfum pourrait se comparer à une belle symphonie. Le premier repose sur une combinaison complexe de matières premières, la seconde sur un arrangement de notes pour plusieurs instruments, le but ultime pour l'un comme pour l'autre étant l'harmonie. Le parfumeur utilise même parfois un langage musical. Ne dit-il pas de ses compositions qu'elles possèdent une note de mystère ou de passion ? L'art de la parfumerie peut être assimilé à une science, mais de celles qui exigent de l'imagination, de la créativité et, par-dessus tout, du nez.

Le nombre de récepteurs olfactifs est le même chez tous les individus – environ 5 millions. Grâce à un don et des années d'apprentissage, le parfumeur peut déterminer d'une manière très précise la composition d'un parfum. Un bon nez peut identifier plus de 700 odeurs, la plupart d'entre nous tout au plus 50. Il arrive à déceler en quelques minutes la présence d'une substance odorante mélangée à une quantité d'autres, et peut la « mémoriser » pendant des années. Le nez a une mémoire. Mais il ne suffit pas d'être un nez, encore faut-il avoir le talent qui consiste à trouver le juste accord qui donnera lieu à une composition de qualité.

Le parfumeur dispose d'une palette de plus de 4 000 essences aromatiques, chacune apportant une note spécifique : légère et fraîche pour le citron et le pamplemousse, délicate et boisée pour le baume, piquante et rafraîchissante pour la lavande et le basilic, riche et exotique pour la vanille. Il utilise parfois des substances à l'odeur déplaisante mais qui, mélangées à certaines autres senteurs, constituent la base d'un parfum – l'essence de cassis, par exemple, qui sent le pipi de chat, ou l'ambre gris, la concrétion qui se forme dans l'appareil digestif du cachalot, un des éléments de base du n° 19 de Chanel – ou bien des aldéhydes, des arômes obtenus par synthèse organique, qui font penser à l'odeur du linge amidonné et dont le n° 5 de Chanel tire sa personnalité.

Mais la complexité d'un parfum va encore au-delà, du fait qu'il se modifie au contact de la peau en trois phases distinctes. Il est composé de trois groupes de produits. Les plus volatiles, qui donnent la première impression olfactive et sont dénommés « notes de tête ». Généralement citronnés et fruités (concombre, menthe), ils s'évaporent en quelques minutes. Viennent ensuite ceux plus lourds (géranium, lavande, poire, rose) qui représentent 60 à 70 % de l'ensemble et constituent le corps ou le cœur de la composition. Ils s'estompent au bout de plusieurs heures. Enfin, les substances puissantes (bois de santal, musc, patchouli) qui sont appelées « notes de fond » ou « fixateurs » et exhalent leur arôme durant parfois sept ou huit heures.

LE MÉTIER DE PARFUMEUR

Autrefois, on était parfumeur de père en fils. De nos jours il existe des instituts et des écoles qui forment des techniciens en trois ans. Programme : initiation aux matières premières et au jargon du métier, identification des odeurs, chimie et association des senteurs.

Mais l'essentiel pour devenir un vrai parfumeur est de développer une passion pour les essences et de comprendre leur alchimie. Une disposition innée pour certains, acquise pour d'autres, après cinq ou dix ans d'un dur apprentissage, voire définitivement inaccessible, car il s'agit bien ici d'art.

Il existe 400 parfumeurs dans le monde, dont plus de la moitié résident aux États-Unis. Seulement 20 % d'entre eux se consacrent aux senteurs subtiles à l'origine des parfums prestigieux. Les autres se sont spécialisés dans les parfums industriels destinés aux produits d'entretiens, aux litières pour chats ou aux sacs poubelle. Moins glamour certes, mais ils constituent un important débouché commercial.

GRASSE, PARFUMS D'HIER ET D'AUJOURD'HUI

Grasse : la capitale mondiale du parfum profite d'une villégiature providentielle pour une belle industrie. Si c'est certainement la mode de la tannerie parfumée lancée par les têtes couronnées qui fit exister le parfum, les dernières impulsions furent données par les pharmaciens qui trouvèrent là les substances nécessaires contre certaines maladies contagieuses. La fabrication traditionnelle de l'essence de jasmin et de rose, cueillis à la main, fait encore de Grasse, la ville de quelques-uns des plus grands parfums. ∎

L'ART DE LA PARFUMERIE 147

Ci-dessus : fleurs de jasmin. Il pousse en abondance sur les collines autour de Grasse et son essence est parmi les plus chères.

Ci-dessus : alambics en cuivre utilisés autrefois pour distiller les huiles essentielles. À droite : le flacon, habillage indispensable du parfum raffiné, vit le jour au XIXe siècle.

Vence

Vence
- 137 C2

Office du tourisme
- place du Grand Jardin
- 04 93 58 06 38

Fondation Émile Hugues
- Château de Villeneuve, place de Frêne
- 04 93 58 15 78
- F. lun. en hiver
- €

Chapelle du Rosaire
- 466 av. Henri-Matisse
- 04 93 58 03 26
- F. de déb. nov. à mi-déc, lun., mer. et sam. mat. Messe à 10 h le dim.
- €

UN TROUBADOUR DU XIIe SIÈCLE AVAIT QUALIFIÉ VENCE DE « DOUX REPAIRE ». Au XVIe siècle, on pouvait lire sous la plume de Nostradamus : « Jardin de Vence, merveille de Provence. » La vieille ville entourée d'une enceinte médiévale fait encore figure de village avec ses petites places ornées de fontaines. Sa principale attraction est certainement la chapelle du Rosaire de Matisse.

Stratégiquement bien située à une dizaine de kilomètres de la mer, Vence devint dès le Ve siècle un important évêché. S'y succédèrent de célèbres évêques, dont le premier, saint Varan, organisa la défense de la ville contre les envahisseurs wisigoths ; au XIIe siècle, saint Lambert défendit les droits de la cité contre le baron Romée de Villeneuve et fut à l'origine d'une rivalité entre la noblesse et le clergé qui perdura jusqu'à la dissolution de l'évêché à la Révolution. La ville, qui ne fut pas épargnée lors des guerres de Religion, résista au siège des huguenots, un événement commémoré chaque année à Pâques lors d'un festival.

La beauté du site attira au début du XXe siècle de nombreux artistes et écrivains dont Dufy, Matisse, Dubuffet, D. H. Lawrence. Marc Chagall y résida de 1950 à 1966 (il est enterré à Saint-Paul-de-Vence où il vécut). Avec ses galeries et les nombreuses expositions de plein air organisées chaque été, Vence est l'un des hauts lieux culturels de la région.

LE VENCE MÉDIÉVAL

De la **porte du Peyra** (XIIIe siècle), la porte principale de l'enceinte, on aperçoit la **fontaine** du même nom construite en 1822 sur le site d'une de ses sœurs érigée en 1578. Son eau, riche en minéraux, provient de la Foux, une rivière passant au-dessus de la ville. Une plaque de marbre indique sa composition. À l'ouest de la place, se dressent le château de Villeneuve et sa tour de guet du XIIe siècle, qui abrite la **fondation Émile Hugues** (collection permanente et expositions temporaires).

En tournant à droite dans la rue du Marché, puis à gauche dans la rue d'Alsace-Lorraine on arrive sur la place Clemenceau où se trouvent la mairie et la cathédrale. Cette église romane, bâtie au XIe siècle sur l'emplacement d'un temple romain dédié à Mars, a été modifiée à la période baroque. Ne manquez pas le baptistère décoré d'une mosaïque de Marc Chagall, *Moïse sauvé des eaux*.

LA CHAPELLE DU ROSAIRE

Cette petite chapelle se trouve sur l'autre rive de la Foux, en haut de

l'avenue Henri-Matisse, à vingt minutes à pied du centre-ville. Lors des bombardements alliés de 1943, Matisse, qui avait alors 74 ans, avait quitté Nice et s'était réfugié à Vence. Malade, il y fut soigné par les sœurs dominicaines de la ville. Il conçut et réalisa cette chapelle, dont une partie leur est encore réservée, pour leur exprimer sa gratitude.

De l'extérieur, elle ressemble à n'importe quelle chapelle – murs chaulés, toit bas en tuiles bleues et blanches, coiffé d'un clocher lui-même surmonté d'une croix en fer forgé haute de 13 m.

Mais le dessin au-dessus de la porte d'entrée, noir sur céramique blanche, d'une extrême simplicité, représentant la Vierge et l'Enfant et saint Dominique, est là pour nous rappeler qu'il ne s'agit pas d'une chapelle ordinaire. Matisse y travailla de 1948 à 1951. « Cette œuvre m'a demandé quatre ans d'un travail exclusif et assidu et elle est le résultat de toute ma vie active. Je la considère malgré toutes ses imperfections comme mon chef-d'œuvre. » Malade et ne pouvant se déplacer, Matisse avait écrit ce texte pour qu'il soit lu lors de la cérémonie d'inauguration.

À l'intérieur, les murs, le sol et le plafond blanc contrastent violemment avec les trois vitraux qui laissent passer la lumière. Les deux situés dans la partie sud de la chapelle représentent des feuilles jaunes et bleues sur fond vert, celui du chœur des cactus bleus et des fleurs dorées. Les seules décorations sont de grands dessins muraux réalisés au trait noir – couleur des vêtements de l'ordre – sur céramique blanche. Dans la nef, *La Vierge et l'Enfant* ; surplombant l'autel, *Saint Dominique* ; et le *Chemin de Croix*, chaque station étant numérotée de la main du maître.

Matisse conçut chaque détail du bâtiment et de sa décoration – les chandeliers ou autres objets liturgiques, croix, vêtements sacerdotaux, et l'autel taillé dans un morceau de pierre provenant d'un ancien pont romain. Dans la galerie adjacente, sont exposés quelques vêtements sacerdotaux très colorés, ainsi que des plans préliminaires de la chapelle. ∎

La chapelle du Rosaire de Matisse : le triomphe de la lumière, de l'espace et le recours circonspect à la couleur.

Saint-Paul-de-Vence

St-Paul-de-Vence
137 C2
Office du tourisme
Maison de la Tour, 2, rue Grande
04 93 32 86 95
www.saint-pauldevence.com

SITUÉ AU NORD DE CAGNES-SUR-MER, CE VILLAGE MÉDIÉVAL CERNÉ DE remparts est très bien préservé. Outre ses boutiques de luxe, ses galeries d'art, et ses restaurants gastronomiques, il possède un remarquable musée d'art contemporain, la fondation Maeght.

Accrochée à un éperon rocheux, Saint-Paul-de-Vence fut une cité médiévale florissante grâce à son vignoble et à la culture des figuiers, des oliviers et des orangers. Sa position stratégique entre la France et la Savoie, alors possession italienne, lui conféra une importance de tout premier ordre au XVIe siècle lorsque François Ier décida de l'agrandir et de la doter de nouvelles fortifications dont la plupart ont survécu.

La ville connut ensuite un déclin et somnola jusqu'après la Première Guerre mondiale quand elle fut redécouverte par des artistes de renom de l'école de Paris, installés à Cagnes. C'est ainsi que Picasso, Braque, Matisse, Signac, Renoir, Dufy, Soutine, Chagall (enterré dans le cimetière du village), et d'autres, arrivèrent un jour avec leurs carnets de dessin, leur boîte de peinture, et parfois leurs toiles. Ils se retrouvaient au café Robinson, la seule auberge de l'époque, dont le propriétaire, Paul Roux, leur fournissait le gîte et le couvert en échange de tableaux. Il a ainsi constitué une collection inestimable. Aujourd'hui, cette auberge porte l'enseigne de la **Colombe d'Or**, célèbre restaurant s'il en est (voir « Informations pratiques » p. 222) où certaines de ces œuvres sont exposées, mais que seuls les clients de l'établissement peuvent admirer.

LE VILLAGE MÉDIÉVAL

Les magnifiques bâtiments en pierre de la vieille ville, érigés aux XVIe et XVIIe siècles, qui abritèrent un temps les ateliers des tisserands, des selliers, et les échoppes de cordonniers arborent encore parfois le blason de leur premier propriétaire. Aujourd'hui, des magasins de vêtements, de souvenirs, d'antiquité et de nombreuses galeries d'art y ont élu domicile. La rue Grande, la rue principale, concentre à elle seule trente-six des soixante-quatre galeries de la ville. L'office du tourisme, sur la place du Grand Jardin à Vence, à laquelle on accède par la porte Nord, en fournit une liste ainsi qu'un plan localisant les principaux sites historiques. Nous en avons retenu sept.

L'**église collégiale**, située sur la place de la mairie tout en haut du village, est certainement le site le

La collégiale, en plein cœur du village historique, possède un trésor contenant des pièces d'orfèvrerie remarquables.

SAINT-PAUL-DE-VENCE

plus intéressant. Édifiée au XIIIᵉ siècle, elle a subi de nombreuses altérations jusqu'au XVIIIᵉ siècle. Du bâtiment d'origine, seul le chœur subsiste. À l'intérieur, de nombreuses œuvres d'art : ne manquez pas le tableau de *Sainte Catherine d'Alexandrie*, attribué à Lemoine ou au Tintoret, à gauche de l'entrée. Au fond, à droite, la **chapelle Saint-Clément**, un chef-d'œuvre baroque du XVIIᵉ siècle, avec un remarquable bas-relief représentant le martyre du saint. Derrière l'église, la **chapelle des Pénitents blancs** du XVIIᵉ siècle abrite plusieurs œuvres majeures dont la *Transfiguration* de Raphaël et deux fresques de la même époque où figurent saint Pierre et saint Paul. À proximité, se dresse le donjon, seul vestige du château du XIIᵉ siècle.

En face de l'église, le **musée d'Histoire** propose des scènes animées par des personnages en cire, qui retracent les événements importants : la visite de François Iᵉʳ en 1538 venu évaluer la nécessité de nouvelles fortifications ; l'inspection de nouveaux remparts par Vauban en 1701 ; le jour de 1870 où le maire apprit qu'il avait réussi à sauver les remparts de la démolition. Dans une autre salle, des expositions temporaires de clichés empruntés à la photothèque municipale, représentent souvent des célébrités dans le cadre local.

Aller voir la **Grande-Fontaine** (sur la place du même nom) datant de 1650 que surplombent de belles demeures anciennes, ainsi que le **Pontis**, le passage sous la tour, sur la rue Grande, et la **Placette**, avec sa fontaine de 1611.

FONDATION MAEGHT

Nichée dans une nature harmonieuse du nord-ouest de la ville, au milieu d'une pinède, la fondation Maeght accueille une extraordinaire collec-

Les rues pavées et les fontaines de Saint-Paul-de-Vence datent du Moyen Âge.

Musée d'Histoire locale
- ✉ Dans le centre, en face de l'église
- ☎ 04 93 32 53 09
- ⏱ Ferm. de mi-nov. à mi-déc.
- € €

Fondation Marguerite et Aimé Maeght

✉ À la sortie du village par la route de La Colle, puis par la Montée des Trious
☎ 04 93 32 81 63
€ €€€

Conçue par l'architecte catalan José Luis Sert, la fondation Maeght abrite l'une des plus importantes collections d'art contemporain du monde.

tion d'art contemporain. Marguerite et Aimé Maeght, ses fondateurs, marchands de tableaux et éditeurs d'ouvrages d'art, ont commencé par collectionner des œuvres de Picasso, Matisse, Léger, Chagall, Calder, Giacometti. Lorsqu'ils décidèrent de la construction d'une fondation pour les y abriter, ils voulurent un bâtiment d'une extrême modernité et firent appel à l'architecte catalan José Luis Sert. Résultat : une structure basse qui épouse le terrain en terrasses – d'où les très nombreux niveaux –, avec sur le toit des éléments en béton évoquant des cornettes de religieuses pour collecter l'eau de pluie qui alimente les bassins. Les parois vitrées servent à gommer la frontière entre espace intérieur et extérieur. La Fondation fut inaugurée en 1964.

Les œuvres de la collection, très nombreuses, sont exposées par roulement. Il est donc assez difficile de savoir si l'on verra des Bonnard, Kandinsky, Léger, Matisse, ou des Barbara Hepworth... Mais peu importe, le plaisir sera au rendez-vous. Quant aux expositions temporaires, ce sont en général de grands moments.

À l'extérieur, complètement intégrées au design, à la décoration de l'édifice et à l'environnement, se trouvent des pièces monumentales. Parmi les plus connues : *Les Poissons* (1964), le bassin en mosaïque de Georges Braque ; les statues filiformes d'Alberto Giacometti, dont l'*Homme qui marche,* et une fontaine de Pol Bury. Le *Labyrinthe* de Miró, avec ses sculptures et ses céramiques, est sans conteste l'attraction phare. Les Maeght ont fait construire en souvenir de leur fils Bernard, mort à l'âge de 11 ans, une **chapelle dédiée à saint Bernard**, où l'on peut voir, surplombant l'autel, un vitrail de Braque, *Oiseau blanc et mauve* (1962). ■

Antibes

ANTIBES FUT UNE VILLE DE PÊCHE TRÈS ACTIVE. AUJOURD'HUI, AVEC SON port de plaisance (le plus important d'Europe), ses plages de sable fin, sa vieille ville et ses innombrables boutiques et restaurants, son marché très animé, son activité est essentiellement axée sur le tourisme. Le principal pôle d'attraction est le musée Picasso, installé dans un vieux château surplombant la mer, où sont exposées la majorité des œuvres que le maître catalan y exécuta après la Seconde Guerre mondiale. C'est au cap d'Antibes, la presqu'île qui sépare la ville de Juan-les-Pins, que naquit la villégiature estivale.

Antibes
137 B1

Office du tourisme
11, place du Général-de-Gaulle
04 92 90 53 00

Musée Peynet et du Dessin humoristique
Place Nationale
04 92 90 54 30
Ferm. lundi
€

Marché provençal
Cours Masséna
ouv. tous les matins sauf lun., de juin à août

Musée de la Tour
Tour Gilli, Cours Masséna (marché couvert)
04 93 34 13 58
Ouv. mer., jeu. et sam. a.-m.
gratuite

Église de l'Immaculée Conception
rue Saint-Esprit

Musée d'Histoire et d'Archéologie
Bastion St-André, avenue Adm. de Grasse
04 92 90 54 35
Ferm. lun.
€

L'histoire d'Antibes commença véritablement vers le Ve siècle av. J.-C. avec l'arrivée de colons grecs qui y fondèrent un comptoir. Ils lui donnèrent le nom d'Antipolis, « la ville d'en face », probablement à cause de sa situation par rapport à Nice. Les Romains qui l'occupèrent au Ier siècle de notre ère la rebaptisèrent Antiboul. Durant des siècles, Antibes fut la seule métropole entre Marseille et l'Italie.

Après sa mise à sac au XVIe siècle par les armées de Charles Quint, François 1er, conscient de son importance stratégique sur la route de Savoie (alors italienne), entreprend de la doter de fortifications. Henri IV acheta la ville aux Grimaldi et poursuivit sa fortification. C'est à cette époque que fut bâti le fort Carré autour de la tour Saint-Laurent, où Bonaparte fut emprisonné durant une semaine en 1794 après la chute de Robespierre. Et c'est à Golfe-Juan qu'il débarqua en 1815 après s'être enfui de l'île d'Elbe. La construction des remparts s'acheva en 1710.

Aujourd'hui, Antibes est une ville active et vivante, riche en sites culturels. Elle possède de nombreux restaurants et cafés où il fait bon s'attarder et se détendre. Le nombre de pubs où l'on parle la langue de Shakespeare s'explique par l'importante présence d'Anglais, d'Irlandais et d'Australiens travaillant sur les yachts.

LE VIEIL ANTIBES

Dissimulé derrière les remparts du front de mer, le vieil Antibes est un enchevêtrement de ruelles, longées de maisons au crépi ocre où se sont installés des boutiques d'artisanat provençal et des restaurants avec leurs terrasses accueillantes. La **porte de France**, sur la rue de la République, est l'un des derniers vestiges des fortifications rasées à la fin du XIXe siècle.

En continuant sur la rue de la République (vers la mer), on arrive sur la place Nationale où se trouve le charmant **musée Peynet et du dessin humoristique**, consacré au dessinateur-humoriste de presse qui vécut longtemps à Antibes, et dont les « amoureux » remportèrent un

Plages

Antibes possède 48 plages, allant des petites criques rocheuses aux longs rubans de sable. Les plus belles – celles de la Salis et du Ponteil, au sud du square Albert 1er – sont situées entre le port et le cap d'Antibes. Dans la presqu'île, la plage de la Garoupe vit Fitzgerald, Picasso et Hemingway s'ébattre ensemble dans les vagues et discuter en sirotant un verre à l'ombre d'un parasol. Elle est aujourd'hui divisée en petites plages privées. ∎

Le fort Carré remanié par Vauban veille sur le port d'Antibes depuis le XVIIe siècle.

succès fou après guerre. Le musée expose plus de 300 de ses photos, dessins et sculptures. La rue de Sade, une ruelle étroite, conduit au **marché** du cours Masséna, installé sous une halle du XIXe siècle, où se retrouvent de nombreux marchands de produits provençaux – fromages de chèvre, olives, miel... Au sud du cours Masséna, la tour Gilli, un des fragments de l'enceinte médiévale, qui abrite maintenant un musée d'histoire locale.

À proximité, le musée Picasso (voir p. 155), rue du Bateau, et en bas d'une volée de marches, l'**église de l'Immaculée Conception**, l'ancienne cathédrale. Sa façade baroque contraste avec son intérieur simple, où l'on peut voir un gisant en bois de tilleul du Christ du XVIe siècle et un beau retable du XVIe siècle découvert en 1938 dans un mur où il avait été caché durant la Révolution.

En suivant les remparts, on arrive au **musée d'Histoire et d'Archéologie** installé dans le bastion Saint-André (fin XVIIe siècle) que l'on doit à Vauban. Ce musée retrace l'histoire de la ville, depuis la fin de la préhistoire jusqu'à nos jours. La section consacrée à l'archéologie romaine est intéressante (tombes, amphores, pièces de monnaie, dont

Fort Carré

- ✉ Rte. du Bord de Mer, N98
- ☎ 06 14 89 17 45
- ⏲ Visites guidées toutes les 1/2 h de 10 h à 16 h tlj. sauf lun. d'avr. à sept.
- € €€

On peut se rendre au fort en voiture que l'on laisse au parking de l'avenue du 11-Novembre. Il suffit ensuite de traverser et de suivre les flèches vertes (une dizaine de minutes de marche à pied). On peut aussi y aller en se promenant (prévoir 1/2 heure à partir du port), ou prendre une navette.

Musée Picasso/ Château Grimaldi

- ✉ place Mariejol
- ☎ 04 92 90 54 20
- ⏲ Ferm. lun.

plusieurs de l'époque de Constantin). En arrivant de Nice, on voit se détacher le **fort Carré** érigé sur un rocher selon un plan en étoile de la fin du XVIᵉ siècle, dernière forteresse entre la France et le duché de Savoie après le rattachement de la Provence à la France en 1487 (sans le comté de Nice qui demeura la possession de la maison de Savoie). Sous les auspices de Louis XIV, Vauban (voir encadré p. 156) entreprit de la consolider et la dota de dix-huit meurtrières destinées à recevoir autant de pièces d'artillerie. Des visites guidées sont organisées.

MUSÉE PICASSO

Le château d'Antibes, bâti par les Grimaldi et entièrement reconstruit au XVIᵉ siècle abrita Picasso de mi-septembre à mi-novembre 1946. Ce fut pour l'artiste un séjour très prolifique qui vit la naissance de plusieurs de ses chefs-d'œuvre. Outre la lumière du Midi qui l'inspirait, il venait de rencontrer Françoise Gilot dont il était follement amoureux. À son départ, il fit don à la ville d'une grande partie des pièces qu'il avait réalisées sur place : 24 peintures, 80 céramiques, 44 dessins, 32 lithographies, 11 huiles sur papier, 2 sculptures et 5 tapisseries, qui

Hôtel du Cap Eden-Roc
- Bd. Kennedy, Cap d'Antibes
- 04 93 61 39 01, www.edenroc-hotel.fr

Musée naval et napoléonien
- Av. Kennedy
- 04 93 61 45 32
- Ferm. dim. et lun., et en oct.
- €

constituent l'une des plus importantes collections « Picasso » au monde.

Exposées au deuxième étage du musée, ces œuvres prestigieuses abordent aussi bien des thèmes mythologiques (*Triptyque au Centaure* ; *Ulysse et les Sirènes*, faunes), que des scènes de la vie quotidienne locale (le *Gobeur d'oursins*, la *Femme aux oursins*, poissons). Une des salles est consacrée aux esquisses et dessins, essentiels pour suivre les différentes étapes de l'inspiration de Picasso et de sa démarche. Dans une autre, les photos en noir et blanc de Michel Gima apportent un éclairage plus intime sur l'artiste.

La pièce maîtresse reste la *Joie de vivre*, un tableau de 1,2 m x 2,4 m dont le thème central est une femme-fleur en train de danser, dont le modèle est probablement Françoise, entourée d'un centaure jouant de la flûte et de faunes. Une œuvre gaie et lumineuse. Au rez-de-chaussée, des expositions temporaires présentent de très belles pièces d'art moderne. Sur la terrasse, ne pas manquer le jardin de sculptures parmi lesquelles sept œuvres d'une artiste locale, Germaine Richier, le *Jupiter et Encelade* d'Anne et Patrick Poirier, et la *Déesse de la mer* de Miró.

CAP D'ANTIBES

Les luxueuses villas nichées au milieu d'une végétation subtropicale sont là pour rappeler que la presqu'île est un lieu de villégiature pour gens riches et célèbres. Dissimulées derrière des grilles imposantes et de hautes haies, elles ne se contemplent que de loin.

Ce fort érigé par Vauban à Collioures est très représentatif du plan en étoile à cinq branches fréquemment utilisé par l'architecte militaire.

Un génie de la fortification

L'apparition, au début du XVIe siècle, du boulet métallique rend l'artillerie beaucoup plus performante et les fortifications traditionnelles qui avaient permis depuis l'Antiquité de résister ne suffisent plus, aussi hautes et épaisses soient-elles. Pour répondre à cette évolution de l'armement, Vauban – Sébastien le Prestre de Vauban –, né en 1633 près d'Avallon, conçut un autre système qui consista à adapter le tracé bastionné au terrain et à échelonner la défense en profondeur pour limiter les pertes en hommes. Cet architecte de génie qui reçut le brevet d'ingénieur de Louis XIV à l'âge de 22 ans puis devint, en 1678, son commissaire général des fortifications, prit également une part active aux guerres menées par le roi, et dirigea et remporta une cinquantaine de sièges. Il entoura la France d'une admirable ceinture de forteresses considérées comme de véritables ouvrages d'art. Parmi toutes celles que compte la Provence, citons le fort Carré d'Antibes, les citadelles de Villefranche-sur-Mer, de Sisteron et d'Entrevaux. Ce type de constructions fut abandonné après la Première Guerre mondiale. ∎

La presqu'île commença à devenir un lieu de villégiature estivale après la Première Guerre mondiale grâce au peintre Gerald Murphy (1888-1964) et à son épouse Sara. Installés à l'hôtel du Cap, ils payèrent le propriétaire pour qu'il accepte de le laisser ouvert au-delà du mois d'avril. Ils y invitèrent F. Scott Fitzgerald, un de leurs amis proches, lequel fut rapidement suivi par d'autres illustres New-Yorkais, dont Dorothy Parker et Ernest Hemingway. La mode du bain de soleil, des cocktails, des soirées folles était lancée, et d'autres grands hôtels commencèrent à ouvrir leurs portes durant les mois d'été.

Dans les premières pages de *Tendre est la nuit*, Fitzgerald décrit le grand **hôtel du Cap** (voir « Informations pratiques » p. 221) ainsi : « Sur le beau littoral de la Riviera française, à peu près à mi-chemin entre Marseille et la frontière italienne, se dresse à l'ombre de palmiers un grand hôtel aux murs roses. À ses pieds, une petite plage. » L'établissement, aux murs désormais jaune pâle, avec des volets gris-vert, est aujourd'hui le doyen des hôtels de luxe et le rendez-vous de personnalités du monde littéraire, cinématographique et politique. Lorsqu'on n'est pas client de l'établissement, on peut toujours aller prendre un verre sur l'immense terrasse blanche de son restaurant, le **Pavillon Eden-Roc**, et jouir de la vue sur la mer.

Au bas de la rue, le petit **musée naval et napoléonien** présente des objets ayant appartenu à l'empereur, dont des épées, un de ses innombrables chapeaux, des documents militaires, ainsi que des effets personnels de la famille, notamment des chaussures brodées de l'impératrice Joséphine. Le musée est aménagé dans la tour du Graillon, vestige d'un ancien bastion utilisé par Napoléon en 1794.

Les amateurs de botanique ne manqueront pas le **jardin Thuret** créé par le savant Gustave Thuret en 1856 qui y introduisit de nombreuses essences et plantes tropicales. La colline de la Garoupe offre également une jolie promenade. À son sommet, trônent un **phare** de 100 m de haut avec un magnifique panorama, et la **chapelle Notre-Dame-du-Bon-Port** aux murs tapissés de beaux ex-voto. ■

La chapelle de la Garoupe, au Cap-d'Antibes, aux murs tapissés d'ex-voto, les plus anciens commémorant une attaque surprise des Sarrasins.

Parc Thuret
- 62, bd. du Cap, Cap-d'Antibes
- 04 97 21 25 03
- Ferm. sam. et dim.

Phare de la Garoupe
- Route du Phare

Sanctuaire de la Garoupe
- Route du Phare

Napoléon en Provence

Chaque année, le premier week-end de mars, la ville d'Antibes organise la reconstitution du débarquement de Napoléon à son retour de l'île d'Elbe le 1er mars 1815. Il tenta de reprendre le pouvoir et se lança dans des campagnes militaires jusqu'à la défaite de Waterloo qui sonna le glas de ses ambitions.

Les grandes puissances pensaient en avoir fini avec Napoléon lorsqu'il fut contraint à l'exil en 1814. Ce génie militaire avait mis l'Europe à feu et à sang durant les deux dernières décennies en menant des guerres contre l'empire austro-hongrois, la Russie, l'Italie, l'Espagne, la Hollande, la Prusse, Malte, l'empire Ottoman, le Portugal, l'Égypte, la Suisse et l'Angleterre, et avait donné à la France une extension territoriale et une influence sans précédent. À son apogée, l'empire napoléonien s'étendait de l'Atlantique à la mer Noire.

En 1814, alors âgé de 44 ans, Napoléon ne put empêcher l'invasion du pays et dut abdiquer. Il fut exilé à l'île d'Elbe, un minuscule morceau de terre situé à mi-chemin entre la Corse et les côtes toscanes, au grand soulagement de la Grande-Bretagne.

Mais les termes du traité de Fontainebleau lui furent étonnamment favorables. Il gardait son titre d'empereur et obtenait l'île d'Elbe en toute souveraineté. Son statut relevait donc moins de celui d'un prisonnier que de

celui d'un homme d'État et, en tant que tel, il accorda des audiences à des dignitaires étrangers. Un traitement étonnant pour un adversaire vaincu, craint et haï. On lui accorda même un bataillon de 1 000 hommes qui l'accompagnèrent sur l'île d'Elbe.

LE DÉBARQUEMENT À GOLFE-JUAN
Et c'est d'ailleurs avec eux qu'il débarqua huit mois plus tard sur les côtes du sud de la France avec la ferme intention de reconquérir le pouvoir. S'il savait alors qu'il pouvait compter sur les troupes qui l'avaient suivi lors de ses campagnes, il ignorait comment le peuple français allait réagir à sa tentative de renversement de Louis XVIII.

Le 1er mars 1815 donc, Napoléon et ses troupes débarquèrent à Golfe-Juan, près d'Antibes, non loin de l'endroit où il avait embarqué pour l'exil l'année précédente. La Provence, bastion royaliste, l'accueillit plutôt froidement. Afin d'éviter l'hostilité des habitants d'Avignon où il avait été menacé de mort lors de son départ pour l'île d'Elbe, Napoléon suivit la route des Alpes, puis Laffrey, Grenoble, Lyon, Auxerre, où Ney, ce maréchal d'empire qui avait poussé Napoléon à abdiquer en 1814 pour rejoindre Louis XVIII, se rallia.

LES CENT-JOURS
En cours de route, le sentiment populaire commença à tourner à son profit, notamment dans le milieu paysan et parmi les militaires. L'élément déterminant se produisit le 7 mars, à proximité de Grenoble, quand Napoléon se retrouva mis en joue par les hommes d'un régiment envoyé par Louis XVIII. Il avança vers eux, ouvrit son manteau, et défia les soldats. « Si l'un d'entre vous désire tuer l'empereur, leur dit-il, qu'il s'exécute sur-le-champ. » La réaction ne se fit pas attendre, ils se rallièrent à leur ancien général. Le 20 mars, un peu plus de deux semaines après son débarquement, reçu triomphalement par l'armée, il arrivait aux Tuileries, dans le Paris que le roi avait quitté. Il demanda à Benjamin Constant de rédiger l'*Acte additionnel aux constitutions de l'Empire*, qui fut plébiscité. Ainsi commençait pour Napoléon la période dite des Cent-Jours, marquée par un essai de monarchie constitutionnelle et des campagnes militaires menées contre une coalition européenne. Le 18 juin, ce fut la défaite de Waterloo. Napoléon devait abdiquer le 22 juin 1815.

LA ROUTE NAPOLÉON
La route Napoléon – nom donné à la route que suivit Napoléon de Cannes à Grenoble – est aujourd'hui très fréquentée par les touristes. Elle traverse de jolies villes, plusieurs régions vinicoles mondialement connues, et est jalonnée de parfumeries, de cafés de charme et d'auberges confortables.

Le passage de Napoléon en Provence est relaté au Musée naval et napoléonien, situé au Cap-d'Antibes (voir p. 157). ∎

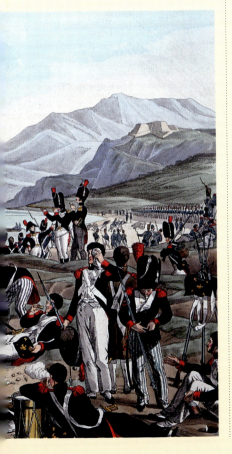

Le débarquement de Napoléon Ier à Golfe-Juan en 1815, à son retour de l'île d'Elbe. La première étape dans sa tentative de reconquête du pouvoir.

Biot

Accroché à un piton rocheux surplombant la vallée de la Brague, ce vieux village provençal, ancien fief des Templiers puis des chevaliers de Malte, est connu pour sa verrerie « bullée » très caractéristique.

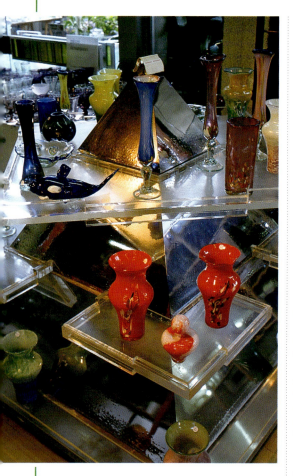

Quelques créations de la célèbre verrerie.

Autrefois, l'activité principale du village était la poterie. La **verrerie de Biot** (*chemin des Combes, tél. : 04 93 65 03 00*) ne fut créée qu'en 1956 par Éloi Monod, un ingénieur céramiste de l'école de Sèvres qui désirait faire revivre cet art en Provence. À l'ouverture, le personnel se résumait à un maître-verrier et à un souffleur. Aujourd'hui, l'entreprise compte 70 employés. On peut la visiter et assister à la création de ces œuvres qu'il est possible d'acheter au comptoir de vente. Une visite guidée (payante) vous fera découvrir son histoire. Signe que la verrerie a fait des émules, plusieurs ateliers se sont depuis installés dans la région.

Les touristes se pressent dans le vieux Biot, notamment dans la **rue Saint-Sébastien**, longée comme on pourrait s'y attendre de boutiques vendant de la verrerie. Au n° 9 de la rue, le **musée d'Histoire et de Céramique biotoises** (*tél. : 04 93 65 54 54, ferm. lun. et mar. et en nov. ; €*) retrace l'histoire du village à travers la présentation de costumes et d'objets de fabrication locale dont les jarres qui faisaient autrefois sa renommée. Il fut abandonné dans la seconde partie du XIVe siècle par ses habitants qui fuyaient la peste noire. Au siècle suivant, des Italiens vinrent s'y installer et le reconstruisirent, comme en témoigne la **place des Arcades** située à l'extrémité de la rue Saint-Sébastien. L'église qui s'y dresse, d'origine romane, reconstruite vers la fin du XVe siècle, renferme deux magnifiques peintures : une *Vierge au Rosaire*, attribuée à Bréa et un *Ecce Homo* attribué à Canavesio.

Au sud de Biot, ne manquez pas le **musée Fernand Léger** (*chemin du Val du Pôme, tél. : 04 92 91 50 30*). Il fut construit sous l'initiative de Nadia Léger sur la propriété – le mas Saint-André – que le peintre avait acquise peu de temps avant sa mort en 1955 dans le but d'édifier de grandes sculptures en céramique dans les jardins. Au total, on y trouve 348 œuvres, dont des mosaïques, des bronzes, des huiles et des dessins. ∎

Jour de marché
Mardi

Biot
137 B2

Office du tourisme
46, rue St.-Sébastien
04 93 65 78 00

Cagnes-sur-Mer

SITUÉE SUR LE LITTORAL, ENTRE NICE ET ANTIBES, CAGNES OFFRE QUELQUES joyaux qui méritent un détour : sa vieille ville surmontée d'un château-musée, et le domaine des Collettes, planté d'oliviers, où Renoir passa les dernières années de sa vie.

Cagnes-sur-Mer
137 C1
Office du tourisme
Bd. Maréchal Juin
04 93 20 61 64
www.cagnes-tourisme.com

Cagnes se divise en trois quartiers : le Cros-de-Cagnes, un ancien village de pêcheurs devenu une station balnéaire ; le Haut-de-Cagnes, le vieux bourg, et, entre les deux, le Logis, la ville moderne. Pour visiter la vieille ville, la partie la plus intéressante, il est préférable de laisser sa voiture en contrebas et de continuer à pied en suivant les panneaux. La montée est certes un peu raide, mais les belles maisons Renaissance et la petite **église Saint-Pierre** seront autant d'occasions de faire une halte et de reprendre son souffle.

Au sommet, le **château** (*place Grimaldi, tél. : 04 92 02 47 30, ferm. le mar. et en nov.*) fut édifié au XIVᵉ siècle par Rainier 1ᵉʳ Grimaldi pour servir de prison. Au début du XVIIᵉ siècle, Jean-Henri Grimaldi décida de le transformer en résidence seigneuriale. Il fit appel à des peintres génois pour la décoration intérieure. On remarquera notamment le plafond peint de la grande salle qui relate la *Chute de Phaéton*. L'édifice abrite aujourd'hui des expositions assez éclectiques dont une consacrée à l'oléiculture et une autre à l'art méditerranéen moderne. Une autre salle propose une quarantaine de portraits de la chanteuse de cabaret des années 1930, Suzy Solidor, par de grands artistes tels que Cocteau et Dufy.

C'est en 1903 que Pierre-Auguste Renoir, souffrant d'arthrite, décida d'acheter un terrain planté d'oliviers et d'orangers qui portait le nom Les Collettes, situé à 1,5 km à l'est de Cagnes. Il y fit bâtir une demeure où il résida jusqu'à sa mort en 1919. Il y exécuta certaines de ses grandes œuvres : les *Lavandières de Cagnes* et la *Ferme des Collettes*. Transformée en **maison du souvenir** (*musée Renoir ; 19, chemin des Collettes, tél. : 04 93 20 61 07, ferm. mar. et de mi-oct. à déb. nov. ; €*), on peut y voir des objets personnels de l'artiste (son manteau, sa chaise roulante) et quelques tableaux. ∎

Escalier d'honneur à double révolution du château-musée, qui fut la résidence de la famille Grimaldi jusqu'à la Révolution.

Autres sites à visiter

GORGES-SUR-LOUP
Dans l'arrière-pays de Grasse et de Saint-Paul-de-Vence, les Gorges-du-Loup enserrées par des falaises abruptes sont un paradis pour les randonneurs. La D2210 qui relie Grasse à Vence traverse plusieurs communes. **Bar-sur-le-Loup**, un pittoresque village médiéval où l'on peut voir le château des comtes de Bar de la fin du XVIe siècle et de jolies maisons anciennes. L'**église Saint-Jacques**, intéressante mais surtout renommée pour une superbe *Danse macabre*, inspirée d'une légende du XVe siècle, selon laquelle les participants d'un banquet qui eut lieu au château durant le Carême furent terrassés par la mort. À quelques kilomètres, Pont-du-Loup où se trouve la célèbre confiserie Florian (*tél. : 04 93 59 32 91*). Visites guidées, à l'issue desquelles les visiteurs ont droit à une distribution gratuite. Plus à l'est, Tourrettes-sur-Loup, une petite agglomération aux belles maisons de grès doré, réputée pour ses cultures de violettes célébrées chaque année au mois de mars.
▲ 137 B2

ÎLES DE LÉRINS
Au Ve siècle de notre ère, saint Honorat et sept de ses disciples fondèrent un monastère sur une île au large de Cannes. Le monastère devint célèbre et dès le Moyen Âge ses sept chapelles attirèrent des pèlerins. Une communauté de moines cisterciens y vit actuellement. La sœur de saint Honorat fonda un couvent sur l'île voisine, l'île Sainte-Marguerite, où fut emprisonné dans son fort au XVIIe siècle, le Masque de fer (voir encadré p. 141) dont on peut visiter la cellule. Le fort abrite maintenant le **musée de la Mer** (*tél. : 04 93 43 18 17, f. lun. et 3 sem. en jan.*) où l'on découvre des vestiges d'épaves ayant fait naufrage près de l'île.
▲ 137 B1 ✉ De Cannes 15 min. de traversée pour Sainte-Marguerite et 30 min. pour Saint-Honorat. Les billets s'achètent dans les bureaux de la compagnie, sur le quai Laubeuf.

JUAN-LES-PINS
La vocation estivale de Juan-les-Pins, à l'ouest du cap d'Antibes, s'amorça dans les années 1920 grâce au milliardaire Franck Jay-Gould. Plus tard, ses concitoyens introduisirent le jazz, à l'origine du célèbre festival qui se tient chaque année en juillet. Lors de sa première édition, en 1960, tous étaient là : Louis Amstrong, Ella Fitzgerald, Duke Ellington, Sarah Vaughan, Ray Charles. Hors festival, avec sa pléiade de restaurants et de night-clubs, Juan-les-Pins retrouve l'atmosphère hédonique de ses débuts.
▲ 137 B1 **Office du Tourisme** ✉ 51, bd. Guillaumont ☎ 04 92 90 53 05 ■

Tourrettes-sur-Loup.

Empreint de nonchalance, ce coin de terre à l'accent italien, placé sous le signe du soleil, est un écrin serti de joyaux tels que Nice, Monaco et Menton. Ses plages chics, son palais princier et ses stations climatiques très haut perchées comptent parmi ses multiples attraits.

Côte d'Azur : de Nice à Menton

Introduction et carte 164-165
Nice 166-173
À la découverte du vieux Nice 168-169
Un paradis créé par l'homme 174-175
Les Trois Corniches 176-177
Monaco et Monte-Carlo 178-182
L'arrière-pays niçois 183
Menton 184-185
Autres sites à visiter 186
Hôtels et restaurants 223-225

Relève de la garde devant le palais de Monaco.

Nice séduit par ses eaux délicieusement chaudes qui baignent les plages de galets.

Côte d'Azur : de Nice à Menton

À L'EXTRÊME SUD-EST DE LA PROVENCE, LA POINTE SUD DES ALPES DESCEND VERS LA MER, OFFRANT une toile de fond spectaculaire aux villes de Nice, Monaco et Menton. Les eaux bleues et chaudes de la Méditerranée incitent au farniente sur le rivage, tandis que des musées d'envergure internationale sont consacrés à Matisse, Chagall, Dufy et autres peintres post-impressionnistes séduits par la beauté de cette région. À n'en pas douter, vous le serez aussi.

Cinquième ville de France, Nice offre en quelque sorte une vitrine de l'architecture italienne. Sur le front de mer, la promenade des Anglais – qui doit son nom aux touristes anglais qui, au XIXe siècle, venaient y profiter des bienfaits de l'air marin – est aujourd'hui le lieu privilégié des adeptes du jogging, du vélo et du roller. Le vieux Nice se prête aux après-midi de flânerie et les différents musées de la ville comptent d'importantes collections d'art naïf, post-impressionniste et contemporain. Surprenante, la cathédrale orthodoxe russe Saint-Nicolas témoigne de la communauté russe venue s'installer après la révolution.

Vers l'est, trois routes – les Trois Corniches – suivent les formidables falaises calcaires, offrant différentes perspectives sur les montagnes et la mer. La route la plus basse rejoint les stations balnéaires, parmi lesquelles Saint-Jean-Cap-Ferrat, où le musée-villa Ephrussi de Rothschild révèle toute la splen-

deur Belle Époque. Sur la route intermédiaire, se dresse la ville médiévale d'Èze-sur-Mer, remarquablement conservée. Montez jusqu'aux ruines du château qui s'élevait au sommet de la colline, aujourd'hui transformé en jardin de cactus. La route la plus haute offre, comme il se doit, des points de vue imprenables.

De l'autre côté de la Corniche, Monaco abrite la résidence princière des Grimaldi depuis le XIIIe siècle. Le château se visite lors des absences du prince Rainier. Le casino, qui brasse chaque jour des millions, a fait beaucoup pour la célébrité de Monte-Carlo, scintillante principauté.

De Menton, empreinte de nonchalance, on dit qu'il s'agit de la station la plus ensoleillée de toute la Côte d'Azur, célèbre pour ses jardins, ses citronniers et l'héritage artistique de Jean Cocteau. On y sent l'Italie toute proche (à 1,5 km de là) dans l'accent des gens, l'architecture, et bien sûr dans la cuisine, au parfum d'ail et de tomate.

De vertigineuses routes serpentent à travers les collines environnantes vers des villages perchés fort anciens, préservés de la modernité, comme Peille, Sainte-Agnès, Coaraze ou Peillon, pour n'en citer que quelques-uns. Ils vous réservent des points de vue inoubliables. ∎

Un artiste aux mille facettes

S'il est un homme dont la notoriété est indéniablement liée à la Côte d'Azur, c'est bien Jean Cocteau (1889-1963), réalisateur, dramaturge, écrivain, acteur et artiste brillant de mille talents. On lui doit des recueils de poésie (*La Lampe d'Aladin*), des ouvrages critiques (*Le Rappel à l'ordre*), des romans (*Thomas l'Imposteur, Les Enfants terribles*), des pièces de théâtre (*La Voix humaine*) et des films (*Le Sang d'un poète, La Belle et la Bête, Orphée, Le Testament d'Orphée*). Ami de Picasso et créateur de mosaïques, de tapisseries et de pastels, il peignit dans les années 1970 les fresques de l'hôtel de ville de Menton et la chapelle Saint-Pierre à Villefranche-sur-Mer. Cocteau aimait à rappeler que son œuvre tout entière n'était que poésie, énonçant là une grande vérité. ∎

Nice

Les grands hôtels d'autrefois bordent la baie des Anges.

Jours de marché
De mar. à dim.
Marché aux fleurs
Cours Saleya

Nice
165 C1
Office du tourisme
5, promenade des Anglais
08 92 70 74 07
www.nicetourisme.com

Sous le soleil resplendissant de la Méditerranée, Nice se prélasse, marquée par un héritage italien de longue date qui mêle cosmopolitisme, élégance et décontraction. D'un bleu-vert transparent, la baie des Anges borde la ville au sud, avec ses plages de galets. Mais Nice est aussi la cinquième ville de France, qui peut s'enorgueillir de musées de renommée internationale et de nombreux lieux culturels. Comment choisir alors entre la plage et les musées ? Le dilemme est cruel. Mais il y a un temps pour tout et vous aurez le bonheur de pouvoir faire l'un et l'autre.

C'est en 1860 seulement que Nice, qui appartenait jusque-là aux comtes de Savoie, est définitivement rattachée à la France en vertu du traité de Turin. Sa culture reste profondément marquée par l'influence italienne qui transparaît dans son architecture, sa gastronomie (avec la pissaladière ou la ratatouille, par exemple) et même son parler local : le nissart. Les Anglais ont eux aussi marqué l'histoire de la ville dès la fin du XVIIIe siècle, séduits par ce petit paradis aux hivers exceptionnellement doux. En 1822, ils financèrent l'aménagement d'une esplanade sur le front de mer, qui

NICE 167

allait devenir la célèbre promenade des Anglais. Un peu plus tard, la reine Victoria séjourna à Nice dans le quartier de Cimiez, lançant ainsi la vogue des séjours niçois au sein de l'aristocratie, qui vint y construire de somptueuses villas. Suivit une multitude de visiteurs, écrivains et artistes, parmi lesquels Dumas, Nietzsche, Apollinaire, Flaubert, Hugo, George Sand, Stendhal, Matisse, pour n'en citer que quelques-uns.

Plus récemment, Nice a dû faire face aux conséquences de sa mauvaise réputation de capitale de la criminalité et de la corruption. Jacques Médecin, maire de la ville de 1966 à 1990 et que d'aucuns considéraient comme un véritable dictateur, prit la fuite en Uruguay afin d'échapper aux poursuites judiciaires pour corruption et fraude, avant de revenir purger une peine de prison en France. Si les problèmes n'ont pas disparu, le charme de Nice reste le plus fort et la capitale de la Côte d'Azur saura, c'est certain, vous séduire.

Le centre moderne s'étend au nord et à l'ouest de la place Masséna, englobant le secteur piétonnier de la rue de France et de la rue Masséna. Vers l'est, blottie contre la colline du château, se trouve la vieille ville, délimitée par ailleurs par le boulevard Jean-Jaurès et le quai des États-Unis. Quant à la promenade des Anglais, elle suit le front de mer en direction de l'ouest, jusqu'à l'aéroport, à 6 km de là. Enfin, au nord du centre se trouve le quartier cossu de Cimiez.

LA VILLE MODERNE ET LA PROMENADE DES ANGLAIS

La ville moderne, construite aux XVIIIe et XIXe siècles, commence au Paillon, rivière qui coule à l'est de la ville, désormais invisible car en grande partie couverte par des jardins et des boulevards. Au centre se trouvent la place Masséna et le **jardin Albert-Ier**.

Ombragée de palmiers, la promenade des Anglais décrit un arc de cercle sur 6 km, le long du front de mer, bordée d'un côté par les villas et les casinos, de l'autre par la mer d'un bleu profond. Elle fut autrefois le lieu privilégié des rituelles promenades de l'après-midi. Aujourd'hui, les promeneurs y côtoient les adeptes du jogging, du roller et autres flâneurs venus méditer en contemplant la mer.

Haut lieu s'il en est de cette promenade, l'**hôtel Negresco** fut construit entre 1906 et 1912 pour Henri Negresco, d'origine roumaine, dans le plus pur style Belle Époque. Vous pourrez y admirer l'élégant salon Louis XIV ainsi que le salon Royal. Autre célébrité Art Déco, le **palais de la Méditerranée** fut autrefois le casino le plus renommé de Nice. Construit en 1929 par le milliardaire

Hôtel Negresco
- 37, promenade des Anglais
- 04 93 16 64 00
- www.hotelnegresco-nice.com

Palais de la Méditerranée
- 13-17, promenade des Anglais

Musée international d'Art naïf A. Jakovsky
- Château Sainte-Hélène, av. de Fabron
- 04 93 71 78 33
- Fermé le mar.
- €

Musée des Beaux-Arts
- 33, av. des Baumettes
- 04 92 15 28 28
- Ferm. lun.
- €

Cathédrale orthodoxe russe Saint-Nicholas (Église russe)
- Bd. du Tzarevitch
- 04 93 96 88 02
- €

À la découverte du vieux Nice

À l'ombre de la colline du Château, dans le labyrinthe resserré des petites ruelles du vieux Nice, se cachent des demeures centenaires d'inspiration italienne, des églises baroques, des cafés colorés, quelques pièges à touristes, de petites boutiques d'alimentation et un marché plein de dynamisme. Les navigateurs grecs s'y établirent en 350 av. J.-C. Aujourd'hui, ce quartier plein de vie est cher au cœur des Niçois.

En partant de la **place Masséna** ❶, entourée d'arcades, traversez le **jardin Albert-Ier** aménagé au XIXe siècle, pour pénétrer dans la vieille ville par la rue de l'Opéra, puis tournez sur votre gauche dans la rue Saint-François-de-Paule, où se mêlent cafés et magasins. Vous ne tarderez pas à apercevoir sur la droite le **théâtre municipal** (*4, rue Saint-François-de-Paule, tél. : 04 92 17 40 00*), opéra de Nice reconstruit dans le style de celui de Paris après un incendie en 1881. La rue s'élargit bientôt sur le **cours Saleya** ❷, où se tient le marché aux fleurs tous les jours sauf le lundi, réservé aux antiquaires. Le reste du temps, l'endroit est pris d'assaut par les terrasses de café.

Au milieu du cours, la place Pierre-Gautier s'ouvre sur l'immense **palais des ducs de Savoie** construit en 1559 pour la famille régnante, aujourd'hui plus connu sous le nom d'ancienne préfecture. De l'autre côté de la place, la **chapelle de la Miséricorde** ❸ fut édifiée en 1740. Son intérieur baroque est réputé comme l'un des plus beaux du monde (*visites guidées le mar. apr.-m., par le palais Lascaris*).

Prenez à gauche la rue de la Poissonnerie pour admirer, au n° 8, la **maison d'Adam et Ève**, qui doit son nom à la frise sculptée au-dessus de la porte, de 1584. À l'angle de la rue de la préfecture s'élève l'**église Notre-Dame-de-l'Annonciation**, consacrée à sainte Rita, patronne des causes désespérées. Derrière un extérieur austère se cache un intérieur baroque mêlant colonnes, marbres et dorures. Contre le mur extérieur nord sont exposés des vestiges de l'époque romaine.

Continuez tout droit jusqu'à la rue du Jésus, puis tournez à droite vers la place du Jésus et l'**église Saint-Jacques** ❹, dite du Jésus. Édifiée entre 1640 et 1690, elle fut le premier monument baroque de Nice, dont l'intérieur est abondamment décoré de fresques et de chérubins dorés.

Prenez ensuite la rue Droite, jusqu'à la rue Rossetti, puis tournez à gauche sur la **place Rossetti**, autrefois centre du village, bordée de cafés. La **cathédrale Sainte-Réparate** ❺, de style baroque, domine l'endroit. Bâtie entre 1650 et 1680, elle fut nommée en l'honneur de la sainte patronne de Nice qui mourut en martyr en Terre sainte, à l'âge de 15 ans, et dont la dépouille aurait été rapportée à Nice par des anges. Sur cette même place se trouve un autre lieu de pèlerinage, profane cette fois : le maître glacier **Fenocchio**.

Le vieux Nice, un quartier très fréquenté qui compte des édifices historiques, des cafés colorés et l'un des meilleurs glaciers de la région.

À LA DÉCOUVERTE DU VIEUX NICE

- Voir carte p.165
- Place Masséna
- 5 km
- 2 heures
- Promenade des Anglais

À NE PAS MANQUER
- Place Rossetti
- Palais Lascaris
- Colline du Château

Revenez sur vos pas par la rue Rossetti puis, à gauche, la rue Droite. Au n° 15, le **palais Lascaris** ❻ (*tél. : 04 93 62 05 54, ferm. lun.*), édifice baroque de style génois, vous fera découvrir une demeure aristocratique autour de deux petites cours intérieures ornées de statues et de motifs sculptés.

Remontez la rue Droite jusqu'à la rue Saint-François. Place Saint-François, se trouve le **palais communal** (ancien hôtel de ville) édifié au XVIe siècle et transformé au XVIIe. Suivez ensuite la rue Pairolière en direction de la **place Garibaldi** ❼, fort animée, tournez à droite, puis encore à droite, dans la rue Neuve. Vous voici dans un quartier paisible, aux maisons ocre où résonnent des airs d'opéra.

Tournez à droite dans la ruelle Saint-Augustin, le long de l'église, puis encore à droite dans la rue Saint-Augustin et à gauche, rue de la Providence. Montez quelques marches et passez un petit ressaut jusqu'à la **chapelle Sainte-Claire** ❽. Empruntez les escaliers sur la gauche (montée Ménica Rondelly) pour monter vers la **colline du Château**. Des nombreux châteaux qui s'y éle-

vèrent, seuls demeurent les vestiges de la **tour Bellanda** ❾, bâtie au début du XIXe siècle après la destruction de la dernière citadelle. Elle accueille le **musée de la Marine** (*tél. : 04 93 80 47 61, ferm. lun. et mar., €*). Le site de l'ancien château, où se trouvent deux anciens cimetières charmants, a été reboisé et aménagé en jardin.

Redescendez vers le quai des États-Unis, bordé par les *ponchettes* – ces maisons de pêcheurs basses et blanches et qui abritent aujourd'hui restaurants et galeries. De là, vous pourrez rejoindre la promenade des Anglais ❿ (voir p. 167). ■

Musées à prix réduit

Les musées de Nice proposent une carte valable 7 jours au prix de 6 euros donnant accès aux principaux musées.

Musée Masséna
- 65, rue de France
- 04 93 88 11 34
- Ferm. jusqu'en 2007

Musée d'Art moderne et d'Art contemporain (MAMAC)
- Promenade des Arts
- 04 93 62 61 62
- Ferm. lun.
- €

Fleurs et fruits de Matisse (1953).

américain Frank Jay Gould, seule subsiste aujourd'hui la façade d'origine, récemment rénovée dans le cadre d'un projet de réaménagement.

La baie formant un arc de cercle entre Rauba Capeu et l'aéroport abrite la plupart des plages dont une quinzaine privées (pour en profiter, vous devez être à l'hôtel ou payer quelque 15 € pour un transat, et 4 € de plus pour un parasol), séparées par quelques plages publiques bondées, l'une des plus agréables étant la **plage publique de Beau Rivage**. En restant au bord de l'eau, vous pouvez traverser les plages privées.

LES MUSÉES

À l'ouest de la ville, le **musée international d'Art naïf A. Jakovsky** est installé dans une charmante villa rose, qui fut la propriété du parfumeur René Coty. La collection privée, de renommée internationale, retrace l'évolution de la peinture dite « naïve » depuis le XVIIIe siècle jusqu'à nos jours. Parmi les artistes français figurent André Bauchant (1873-1958), Bonnier et le Douanier Rousseau.

Légèrement à l'écart, dans l'élégant quartier situé un peu plus à l'est, le **musée des Beaux-Arts** occupe une autre villa Belle Époque construite en 1878 pour une princesse ukrainienne. Les premières œuvres de sa collection, qui couvre une grande diversité de styles du XVe au XXe siècle, furent données à la ville par Napoléon III en 1860. Les grands noms de la peinture classique y sont à l'honneur avec, pour les plus célèbres, la dynastie des Van Loo, dont l'immense *Thésée vainqueur du taureau de Marathon*, signé par Carle au XVIIIe siècle. Impressionnistes, post-impressionnistes, nabis et fauves figurent en bonne place, avec notamment Félix Ziem, Raoul Dufy (auquel est consacrée une salle entière où sont exposées certaines œuvres comme *Le Mai à Nice* et *Le Casino de la Jetée-Promenade de Nice*) ou bien encore Jules Chéret (1836-1932), inventeur de l'affiche moderne.

Plus au nord, de l'autre côté de l'autoroute A7, l'étonnante **cathédrale orthodoxe russe Saint-Nicolas** vous emporte vers la Russie impériale. C'est entre 1903 et 1912 que le tsar Nicolas II fit construire cet édifice richement orné en mémoire de son fils, le jeune tsarévitch Nicolas, mort à Nice en 1865. Rappelant le style du

début du XVIIe siècle, cette église est surmontée de six coupoles à bulbe abritant de nombreuses sculptures, icônes et fresques, ainsi qu'une splendide iconostase.

À mi-parcours sur la promenade des Anglais, le **musée Masséna** est installé dans le palais du même nom, construit en 1898 sur le modèle des villas italiennes. Ses collections, axées sur l'histoire locale, se composent de meubles, de tableaux, d'objets religieux et de céramiques. Parmi les pièces maîtresses, figurent des œuvres de primitifs niçois, la robe de couronnement de Napoléon et une copie de son masque mortuaire. Le musée est fermé jusqu'en 2007 pour rénovation.

Dans la ville moderne, le **musée d'Art moderne et d'Art contemporain** (MAMAC) expose des artistes européens et américains de 1960 à nos jours. Ce bâtiment ultramoderne compte quatre tours revêtues de marbre qui communiquent par des passerelles en acier, le tout enfermé dans un écrin de verre. Tous les grands noms de l'art contemporain, comme Andy Warhol ou Roy Lichten-

Les grandes dames de la Belle Époque

Demeures opulentes, villas, palaces richement ornés, le style Belle Époque a connu son heure de gloire à Nice, au début du XXe siècle, avec la construction de gigantesques édifices classiques recouverts de frises, de motifs floraux et autres médaillons sculptés. Voici quelques-uns des plus beaux fleurons de cette période :
Conservatoire de musique
(24, boulevard de Cimiez)
Hôtel Excelsior Régina
(71, avenue Régina)
Hôtel Negresco
(37, promenade des Anglais)
Alhambra
(46, boulevard de Cimiez)
Musée des Beaux-Arts
(33, avenue des Baumettes)
Villa Raphaeli-Surany
(35, boulevard de Cimiez) ■

L'**Hôtel Negresco** est l'un des derniers grands palaces du début du XXe siècle.

Musée de Paléontologie humaine de Terra Amata
- 25, bd. Carnot
- 04 93 55 59 93
- Ferm. lun. et première quinzaine de sept.
- €

Musée national Message biblique Marc Chagall
- 165 C2
- Av. du Dr. Menard
- 04 93 53 87 20
- Ferm. mar.
- €€

Musée archéologique
- 160, av. des Arènes de Cimiez
- 04 93 81 59 57
- Musée et site archéologique : ferm. mar.
- €

Musée Matisse
- 165 C2
- 164, av. des Arènes de Cimiez
- 04 93 53 40 53
- Ferm. mar.
- €

Croisières
Des croisières côtières d'une heure sont proposées au départ du quai Lunel pour découvrir les baies voisines du cap de Nice, Villefranche-sur-Mer et Saint-Jean-Cap-Ferrat, avant la traversée de la baie des Anges. Trans Côte d'Azur, tél. : 04 92 00 42 30. www.trans-cote-azur.com

Ci-contre : Première œuvre du cycle du Message biblique, la *Création de l'homme* de Marc Chagall évoque un ange divin emportant Adam endormi vers la Terre. Ce tableau, peint entre 1956 et 1958, est exposé au musée national Message biblique de Nice.

stein, sont ici présents. Une section entière est consacrée à Yves Klein (1928-1992), enfant du pays, dont deux œuvres majeures : *Le Jardin d'Éden* et *Le Mur de feu* sont exposés sur la terrasse couronnant l'édifice.

Non loin du port, vers l'est, le **musée de Paléontologie humaine de Terra Amata** occupe un site où ont été découvertes des traces de campement de chasseurs de mammouths remontant à 400 000 ans. Vous y découvrirez la vie des hommes préhistoriques européens.

Au nord du vieux Nice, le **musée national Message biblique Marc Chagall** constitue l'un des fleurons de la ville. Moderne, ce petit musée abrite la plus grande collection publique d'œuvres de Chagall autour d'un élément central : un ensemble de 17 immenses tableaux appartenant au cycle du *Message biblique* de l'artiste russe. Dans la galerie principale, 12 œuvres de grandes dimensions, peintes entre 1954 et 1967, illustrent le Livre de la Genèse et le Livre de l'Exode de l'Ancien Testament. Il émane de ces représentations de fleurs, d'animaux et de couples flottant dans les airs, pleines de fantaisie et de couleur, une simplicité magique. Dans une pièce plus petite sont exposés 5 tableaux sur le thème du « Cantique des Cantiques », composés avec lyrisme et grâce dans des tons de rouge produisant un effet apaisant.

Vous y verrez aussi, dominant une fontaine, une grande mosaïque de l'artiste représentant le prophète Élie sur un char de feu, ainsi que des esquisses. N'hésitez pas à entrer dans l'auditorium, décoré de vitraux de l'artiste évoquant la création du monde.

En suivant le boulevard de Cimiez vers le nord, jusqu'au quartier du même nom – qui fut en son temps le quartier chic des Anglais en villégiature –, vous trouverez le **Musée archéologique** sur les ruines de l'antique cité de Cemenelum, capitale romaine des Alpes maritimes, remontant à 69 ap. J.-C. Un ensemble de vases, de sarcophages et d'objets en verre découverts lors des fouilles y est exposé. Un sentier permet de découvrir le site archéologique : un amphithéâtre et des thermes.

Mais la véritable raison de cette escapade au nord de la ville n'est autre que le **musée Matisse**, installé dans une villa rouge vif du XVIIe siècle. C'est en 1921 que Matisse décida, pour des raisons de santé et poussé par le désir de se rapprocher de ses amis Picasso, Renoir et Bonnard, de résider à l'année à Nice, ville qui a su le charmer et où il mourut en 1954. La collection du musée compte des peintures et des gouaches découpées, des dessins, des sculptures en bronze, des gravures et des livres illustrés couvrant la longue carrière de l'artiste. La visite commence par ses natures mortes et se poursuit par quelques incursions chez les impressionnistes et les fauves. Parmi les œuvres célèbres exposées, citons la *Fenêtre à Tahiti* (1935-1936) et *La Nymphe dans la Forêt* (1935-1943), ainsi que des tableaux peints alors qu'il résidait ici, comme la *Tempête à Nice* (1919) ou l'*Odalisque au coffret rouge* (1926). La visite se poursuit par des gouaches découpées empreintes d'une exubérance colorée. Une nouvelle technique qu'il aborda à partir de 1950, alors qu'il avait déjà 80 ans. Vous y verrez la série des Nus bleus, notamment le *Nu bleu IV* (1952), ainsi que la *Danseuse Créole* (1950) multicolore. Au rez-de-chaussée, dans le hall moderne, se trouve la pièce maîtresse du musée, à savoir *Fleurs et Fruits* (1953), la plus grande œuvre du peintre (410 cm x 870 cm) exposée en France, mais aussi la dernière réalisée avant sa mort.

Des objets ayant appartenu à l'artiste, qui surent nourrir son inspiration pleine de vie – vases chinois, assiettes, pichets ou imprimés colorés –, ajoutent une note plus personnelle à l'ensemble. ∎

Un paradis créé par l'homme

Palmiers agités par le vent, citronniers florissants, rideaux de bougainvillées, touches colorées d'hibiscus, cactus et plantes succulentes en pleine floraison sur fond de mer bleue, une telle magie ne pouvait exister que sur la Côte d'Azur, muse de tant d'artistes et d'écrivains, antidote aux froids hivers du Nord. Mais il n'en a pas toujours été ainsi.

Au début du XIXe siècle, on cultivait les oignons, les pois chiches et les oliviers dans l'aride campagne cannoise. Rien de très attrayant pour les riches Anglais qui séjournaient ici l'hiver, appréciant au plus haut point le climat tempéré de la région. Habitués aux jardins luxuriants, ils s'empressèrent d'entourer leurs villas cossues de plantes exotiques : palmiers, cactus, avocatiers, etc. Avec l'engouement pour la région, la terre desséchée se couvrit peu à peu de fleurs et la Côte d'Azur devint le paradis qu'elle est aujourd'hui. Élégants et variés, ces jardins créés par la main de l'homme sont désormais partout : depuis les modestes lotissements jusqu'aux collections privées – dont certaines sont ouvertes au public sur rendez-vous –, en passant par les plantations urbaines. Peu d'endroits au monde possèdent d'aussi splendides jardins. En voici quelques-uns.

JARDIN EXOTIQUE, ÈZE

Ce superbe jardin exotique de plantes grasses domine le pittoresque village perché d'Èze, entouré des vestiges de l'ancienne forteresse. La vue s'étend jusqu'à la mer, par-delà les toits de tuiles rouges.
✉ rue du Château ☎ 04 93 41 10 30 🌐 €

LES JARDINS D'HYÈRES

Surplombant les toits de la vieille ville, le **jardin provençal** est né de la réunion de deux splendides jardins. Superbement fleuri, le **parc Sainte-Claire** aux mille plantes rares entoure un château du XIXe siècle où vécut la romancière américaine Edith Wharton de 1927 à la fin de ses jours, en 1937. Des sentiers aménagés sillonnent la colline qui monte vers le **parc Saint-Bernard**, consacré aux plantes méditerranéennes (parmi lesquelles 20 variétés de romarins, 15 de phlomis ou encore 25 sortes de cistes). Au sommet du parc, la montée de Noailles débouche sur la **villa de Noailles**, une demeure de style cubiste installée dans une partie de l'ancienne citadelle. Conçue en 1923 par l'architecte Robert Mallet-Stevens pour le vicomte Charles de Noailles, mécène de l'art moderne, elle est surtout célèbre pour son jardin cubiste triangulaire, tout de béton et de verre, création de Gabriel Guevrekian. La villa accueille des manifestations d'art contemporain (*ouv. avr.-oct. mer.-ven. apr.-m., entrée libre*). N'hésitez pas à vous diriger vers l'ouest du parc et à remonter la colline vers les ruines du château envahies par le lierre, avec vue sur les îles d'Hyères.
Office du tourisme d'Hyères ✉ 7, av. Ambroise-Thomas ☎ 04 94 01 84 50, www.ot-hyeres.fr

LES JARDINS DE MENTON

Bénéficiant d'un microclimat exceptionnel, Menton peut s'enorgueillir de ses paradis de verdure subtropicaux. Le **jardin botanique exotique du Val Rameh** (*av. Saint-Jacques, quartier de Garavan, tél. : 04 93 35 86 72, ferm. mar., €*) fut conçu à la fin du XIXe siècle par lord Radcliffe, alors gouverneur de Malte. Il vous fera découvrir une grande diversité de plantes tropicales et subtropicales provenant d'horizons lointains comme l'Himalaya ou la Nouvelle-Calédonie. Des visites guidées y sont proposées. Non loin, le **jardin Fontana Rosa** (*av. Blasco-Ibañez*), d'inspiration valencienne, fut créé dans les années 1920 par le romancier espagnol Vicente Blasco Ibañez. Roses et citrus alternent avec des jeux d'eaux et des figures en céramique évoquant les grands noms de la littérature, tels Cervantès ou Victor Hugo. Le **jardin de Maria Serena** (*promenade Reine Astrid, Garavan, tél. : 04 92 10 33 66, visites guidées mar. 10 h, €€*) est quant à lui réputé pour ses palmiers. Il entoure la villa Second Empire Maria Serena, réalisée par Charles Garnier en 1866. Au nord de la ville, les **jardins des Colombières** (*372, rte. de Super Garavan, tél. : 04 92 10 97 10, ferm. sept.-juin, €€*), aménagés entre 1918 et 1927, restent le dernier parc – et le plus célèbre – du peintre et architecte de jardins Ferdinand Bac. Il se compose d'une mosaïque de petits jardins inspirés chacun par un personnage de la mythologie grecque.

LA VILLA THURET, CAP-D'ANTIBES

C'est dans ce célèbre jardin botanique de la Villa Thuret que G. Thuret conçut, en 1865, un projet

destiné à l'acclimatation de nouvelles variétés de fleurs sur la Côte d'Azur. De nos jours, on y cultive quelque 3 000 espèces, et 200 nouvelles variétés y sont introduites chaque année.
✉ 62, bd. du Cap, Cap d'Antibes ☎ 04 97 21 25 03 ⊕ Fermé sam.-dim. Voir également jardin exotique de Monaco (p. 181) et villa Ephrussi de Rothschild (p. 186). ■

Les nombreuses cactées du Jardin exotique de Monaco démontrent qu'elles ont trouvé ici une terre d'adoption idéale.

Les Trois Corniches

Villefranche-sur-Mer
165 C2
Office du tourisme
Place François-Binon
04 93 01 73 68

UNE IMMENSE FALAISE CALCAIRE SURPLOMBE LA MER D'AZUR ENTRE NICE et Menton, ce qui a toujours rendu difficiles les communications entre ces deux villes. Au fil des siècles, trois routes ont été taillées dans la roche – chaque fois un peu plus haut – afin de faciliter les déplacements. La Basse Corniche, également appelée Corniche inférieure, suit la côte et donne accès à toute une série de stations balnéaires. La Moyenne Corniche, qui apparaît dans de nombreux films, serpente à travers tunnels et à-pic. Plus haute encore, la Grande Corniche offre à n'en pas douter les plus beaux panoramas. Chacune de ces trois routes vous fera découvrir des lieux privilégiés. Mais attention, il n'est pas toujours possible de passer de l'une à l'autre.

Le trophée des Alpes de La Turbie.

LA BASSE CORNICHE (N 98)

Construite dans les années 1860 pour permettre aux joueurs de se rendre au nouveau casino de Monte-Carlo, la Basse Corniche a désenclavé certains villages de pêcheurs jusque-là isolés, aujourd'hui devenus des stations balnéaires (ce qui explique les fréquents engorgements de voitures). En quittant Nice par la N 98, vous arrivez sans tarder à **Villefranche-sur-Mer**, village préservé s'il en est, étagé sur la colline. Autrefois centre de pêche important, il compte aujourd'hui davantage de yachts et de navires de guerre que de bateaux de pêche dans sa rade magnifique. Allez visiter la minuscule **chapelle Saint-Pierre**, sur le front de mer, dont les solides murs et la voûte en berceau ont été décorés en 1957 par Jean Cocteau qui avait passé ici une partie de son enfance et entendait dédier cette œuvre aux pêcheurs. Dessinées à grands traits noirs soulignés de touches colorées, ces compositions représentent un hommage aux jeunes filles de Villefranche, à gauche, et un hommage aux gitans des Saintes-Maries-de-la-Mer, à droite. Dans la nef et l'abside, différentes scènes évoquent la vie de saint Pierre. En 1560, les ducs de Savoie firent construire la **citadelle Saint-Elme**. Ces fortifications abritent aujourd'hui le **musée Volti**, consacré à la sculpture et à l'art moderne.

Juste après Villefranche, se trouve la presqu'île fleurie du **cap Ferrat** et ses nombreuses propriétés Belle Époque, pour la plupart clôturées et dissimulées dans la verdure. Toutefois, vous pouvez visiter la somptueuse **villa Ephrussi de Rothschild** (voir p. 186).

Tout près, dans la petite ville calme de **Beaulieu-sur-Mer**, la **villa Kerylos** (*impasse Gustave Eiffel, tél. : 04 93 01 01 44, €€*) vous dévoilera la vie des riches Grecs de l'Antiquité. C'est à l'archéologue allemand Théodore Reinach que l'on doit la construction, entre 1902 et 1908, de cette demeure. Il édifia cette villa sur les ruines d'une demeure du IIe siècle av. J.-C. Au fil des différentes pièces, un audioguide vous conduit à travers l'histoire.

Par-delà Beaulieu, la Corniche offre de spectaculaires panoramas avant d'arriver à **Èze-Bord-de-Mer**, puis **Monaco** (voir pp. 178-182).

LA MOYENNE CORNICHE (N 7)

Cette route splendide est à elle seule un spectacle. À mi-chemin, elle débouche sur le village médiéval d'**Èze**, véritable nid d'aigle perché à 472 m au-dessus de la mer. De là, la vue est imprenable,

Le pittoresque village de Villefranche-sur-Mer.

ce qui n'avait pas échappé aux Phéniciens, Romains, Ligures et Sarrasins qui, tous, considérèrent Èze comme un poste de guet privilégié. En son temps, le village vécut de la pêche, puis de la culture des agrumes et de l'horticulture. De nos jours, il s'ouvre surtout au tourisme, avec sa cohorte de galeries et autres boutiques de souvenirs. Toutefois, la petite église, reconstruite entre 1764 et 1771 avec une façade de style classique contrastant avec l'intérieur baroque, mérite une visite. Grimpez par les petites ruelles bordées d'échoppes jusqu'au **jardin exotique** (€) qui recèle, parmi les ruines du château, une superbe collection de cactus et de plantes grasses.

LA GRANDE CORNICHE (D 2564)

Surplombant la mer au sommet de 500 m de falaise, la Grande Corniche est proprement stupéfiante. Elle suit le tracé de la voie aurélienne empruntée par les Romains pour avancer dans leur conquête vers l'ouest, comme le rappelle le **trophée des Alpes** (*18, av. Albert-Ier, tél. : 04 93 41 20 84, ferm. lun. mi-sept.-mars, €*) de **La Turbie**. Cet imposant monument commémore la victoire remportée par Auguste sur 44 tribus ligures en l'an 13 av. J.-C. Érigé entre 6 et 5 av. J.-C., il a fait l'objet d'une restauration dans les années 1930. ∎

Chapelle de Saint-Pierre-des-Pêcheurs
✉ Place Pollonais, Villefranche-sur-Mer
☎ 04 93 76 90 70
🕐 Ferm. lun. et mi-nov.-mi-déc.
💶 €

Musée Volti
✉ Citadelle, av. Sadi-Carnot, Villefranche-sur-Mer
☎ 04 93 76 33 33
🕐 Ferm. mar.

Èze
🗺 165 D2

Office du tourisme
✉ place Général-de-Gaulle
☎ 04 93 41 26 00

Jardin exotique
✉ Rue du Château, Èze
☎ 04 93 41 10 30
💶 €

Monaco et Monte-Carlo

Digne d'un conte de fées, la principauté de Monaco est aussi une enclave économique bien réelle que certains qualifient de Hong Kong de la Méditerranée.

Monaco
- 165 D2

Office du tourisme
- 2a, bd. des Moulins, Monte-Carlo
- 92 16 61 16
- www.monaco-congres.com

Synonyme de faste et de fascination, Monaco reste symbolisée par son château de conte de fées perché sur l'éperon du Rocher. Mais Monaco est aussi une ville du XXIe siècle, résolument tournée vers l'avenir. Le prince Rainier III entreprit, depuis son accession au pouvoir en 1949, de faire de la principauté un État dynamique et moderne, brillant de mille feux. Quant au casino de Monte-Carlo, il demeure un lieu de légende où les fortunes se font et se défont.

Le 8 janvier 1297, ayant fait revêtir l'habit de moine à ses hommes afin de tromper l'ennemi, Francesco Grimaldi parvint à maîtriser les gardes de la forteresse génoise érigée sur le Rocher. Ainsi naquit la plus ancienne dynastie régnante. Charles VIII, roi de France, reconnut l'indépendance de Monaco en 1489. Pendant la Révolution française, la famille royale fut arrêtée et emprisonnée, puis relâchée. En 1814, les Grimaldi montèrent à nouveau sur le trône en vertu du traité de Paris.

L'année 1911 marque la fin de la monarchie absolue, avec l'adoption d'une constitution, réformée en 1962 par le prince Rainier. C'est à ce descendant de François Grimaldi que l'on doit le fort développement de la

MONACO ET MONTE-CARLO

Monaco est un territoire minuscule occupant moins de 2 km². Sur un total de 30 000 résidents, seuls 5 000 possèdent la citoyenneté monégasque, le reste de la population – de nationalité française, italienne ou autre – ayant choisi de s'installer à l'abri dans ce petit paradis pour prendre du bon temps.

Construite sur les pentes escarpées qui entourent le port et ses nombreux yachts, Monaco se divise principalement en trois quartiers : Monaco-Ville, ancienne cité située au sommet de la falaise haute de 60 m, du côté sud du port, qui offre les plus jolis points de vue ; Monte-Carlo, avec son casino et son Grand Prix automobile, du côté nord ; et enfin Fontvieille, zone résidentielle et commerçante, au sud-ouest de Monaco-Ville.

VISITER MONACO

Monaco-ville offre un curieux mélange de faste royal et de charme médiéval. On y accède par la **rampe Major**, rue pentue qui rejoint la place du Palais après la statue de François Grimaldi, mystérieusement dissimulé par sa longue cape. Apparaît alors le **palais princier**, résidence du prince Rainier (le prince Albert y habite lui aussi, tandis que les princesses Caroline et Stéphanie vivent un peu plus loin dans la rue), édifié à l'emplacement de la forteresse génoise du XIIIᵉ siècle. Il a évolué au fil des siècles pour devenir cette élégante résidence royale à façade Renaissance. En face, s'élève la caserne des carabiniers, dont un membre monte la garde devant le palais, impassible dans son impeccable uniforme rouge et blanc. La relève de la garde a lieu tous les jours à 11 h 55.

Le ticket d'entrée vous permet de visiter les 15 pièces qui composent les **grands appartements,** muni d'un audioguide relatant l'histoire de la principauté et de la famille régnante. Le parcours est ponctué de pauses pour commenter certaines œuvres

ville – de l'ordre de 20 % –, qui devrait encore s'accentuer avec les projets d'extension du port.

Les secteurs bancaire et industriel jouent ici un grand rôle, mais la principale source de devises de Monaco reste le tourisme, et ce depuis le début du XIXᵉ siècle, lorsque la nouvelle voie ferrée amena son lot de passagers niçois vers le casino flambant neuf, l'opéra et les villas de luxe qui ont fait de la principauté une terre d'accueil privilégiée pour les familles fortunées.

En 1954, l'actrice Grace Patricia Kelly, originaire de Philadelphie, vint à Monaco pour le tournage de *La Main au collet*. Elle y conquit le cœur du prince Rainier. Une longue histoire d'amour qui prit fin tragiquement avec la mort de la princesse Grace dans un accident de voiture, en 1982.

Téléphoner à Monaco

Il faut composer le code d'accès international, 00 377, suivi du numéro de téléphone à 8 chiffres

Palais du Prince

- 165 D2
- Place du Palais
- 93 25 18 31
- www.palais.mc
- Le palais n'est ouvert à la visite qu'en l'absence du prince, généralement juil.-mi-oct.
- €€ (billet combiné avec le musée napoléonien moyennant un supplément : €)

Musée collections des Souvenirs napoléoniens et des Archives historiques du Palais

- Place du Palais
- 93 25 18 31
- www.palais.mc
- Ferm. mi.-nov.-mi.-déc.
- € (billet combiné avec le Palais moyennant un supplément : €)

Cathédrale de Monaco

- 4, rue Colonel, Bellando-de-Castro
- 93 25 01 04

Musée océanographique
- Av. Saint-Martin
- 93 15 36 00
- www.oceano.mc
- €€€

Musée des Timbres et des Monnaies
- Terrasses de Fontvieille
- 93 15 41 50
- €

Collections de voitures anciennes
- Terrasses de Fontvieille
- 92 05 28 56
- www.palais.mc
- €€

d'art et divers portraits des Grimaldi. La visite se poursuit par la **cour d'honneur**, dessinée dans un style Renaissance italienne. Vous y admirerez l'escalier à deux volées dont la balustrade est décorée de 3 millions de pièces de marbre de Carrare composant des motifs géométriques. C'est de là que le chef de l'État s'adresse aux Monégasques dans les grandes occasions. Vous traversez ensuite la **galerie des Glaces**, sorte d'antichambre dans laquelle les visiteurs attendaient d'être reçus. Ce long couloir blanc et or pavé de marbre est richement décoré de lustres de cristal, de vases, d'objets de porcelaine chinoise et japonaise et de bustes représentant notamment le prince Charles III.

Haut lieu du palais princier, la **salle du trône** accueille les manifestations officielles ayant lieu à la cour depuis le XVIe siècle. C'est également là que fut célébré par le premier ministre, en 1956, le mariage civil du prince Rainier III et de Grace Kelly. Vous admirerez le plafond peint du XVIIe siècle et le trône en bois doré de style Empire, surmonté des armoiries des Grimaldi et d'un dais en velours de Vienne. La décoration des murs alterne panneaux de damas rouge et boiseries dorées. Dans un angle de la pièce, un portrait de la famille régnante souriante, réalisé quelques mois seulement avant l'accident qui coûta la vie à la princesse Grace.

L'aile est du palais abrite le **Musée napoléonien et des Archives du Palais** qui rassemble la collection privée du prince Louis II (grand-père du prince Rainier) composée d'objets ayant trait à Napoléon : fusils, drapeaux, fragments de vêtements (du manteau qu'il portait pour son couronnement par le pape Pie VII à Notre-Dame-de-Paris, notamment), médailles et autres pièces héraldiques. Un audioguide vous apporte toutes sortes de détails sur les principales pièces, parmi lesquelles l'écharpe tricolore portée par le général Bonaparte en 1796.

MONACO ET MONTE-CARLO

Du palais, dirigez-vous vers la **cathédrale**, reconstruite en 1878 en calcaire blanc de La Turbie. L'édifice néo-roman à trois nefs abrite les tombeaux de plusieurs générations de Grimaldi, dont celui de la princesse Grace. La statuaire offre une grande richesse. À droite du transept, un remarquable retable du primitif niçois Louis Bréa, peint vers 1500. Remarquez aussi le siège épiscopal en marbre blanc de Carrare.

De renommée mondiale, le **musée océanographique** fondé en 1910 par le prince Albert Ier présente une façade monumentale qui surplombe directement la mer. Le commandant Cousteau en assura la direction pendant des années. L'aquarium, composé de 90 bacs, vous fera découvrir les espèces de poissons les plus rares, le tout complété par une présentation de coraux vivants et un lagon aux requins.

FONTVIEILLE

Le centre commercial des terrasses de Fontvieille, quartier situé au sud-ouest du Rocher, compte à lui seul trois musées, à savoir le **musée des Timbres et des Monnaies**, qui présente quatre siècles d'histoire philatélique monégasque, **l'exposition de la collection de voitures anciennes de SAS le prince de Monaco**, qui comprend notamment la Rolls Royce Silver Cloud qui emmena le prince et la princesse le jour de leurs noces, et enfin le **Musée naval**, où sont exposées des maquettes de bateaux ayant marqué l'histoire de la navigation.

Plus de 7 000 variétés de cactus et de plantes grasses sont cultivées dans le **jardin exotique** suspendu aménagé un peu plus haut sur un escarpement rocheux offrant une vue imprenable. Le ticket vous permet en outre de visiter un ensemble de grottes regorgeant de stalactites et de stalagmites, ainsi que le **musée d'Anthropologie préhistorique** qui retrace l'histoire de l'Homme, et en particulier des habitants qui s'installèrent dans la région de Monaco il y a plusieurs millions d'années.

Musée naval
✉ Terrasses de Fontvieille
☎ 92 05 28 48
€

Jardin exotique
✉ Bd. du Jardin exotique
☎ 93 15 29 80
€€ (inclut l'entrée au musée d'Anthropologie)

Nijinski, Stravinski, Picasso ou bien encore Cocteau comptent parmi les grands noms qui ont côtoyé l'aristocratie de leur temps dans le luxueux café de l'hôtel de Paris.

Casino de Monte-Carlo

✉ Place du Casino
☎ 92 16 20 00
www.casino-monte-carlo.com

🕐 Salon de l'Europe : 12 h-tard dans la nuit ; machines à sous : 14 h-tard dans la nuit ; salons privés : 15 h-tard dans la nuit ; club anglais : 22 h-tard dans la nuit

€ Entrée salon de l'Europe, salons privés et club anglais : €€

Le casino de Monte-Carlo, « lieu de perdition » s'il en est, connut son heure de gloire au XIXᵉ siècle.

MONTE-CARLO

Précédé d'une réputation de luxe flamboyant, le plus célèbre casino d'Europe n'a guère besoin de présentation. Il doit son nom au prince Charles III qui inaugura l'établissement en 1865 afin de doter la principauté d'une importante source de revenus, dont elle avait grand besoin. Son projet fut à tel point couronné de succès que cinq ans plus tard, l'impôt était supprimé dans la principauté.

Les premières tables de jeux occupèrent différentes salles jusqu'en 1878, date à laquelle on fit appel à Charles Garnier, architecte de l'Opéra de Paris, pour dessiner l'édifice actuel, parfaite illustration du style Belle Époque avec son dôme, ses tours à clochetons et ses lustres dorés. Le projet prévoyait également une somptueuse salle d'opéra.

L'imposante façade du casino ouvre sur un vestibule richement décoré accessible au public. À droite de l'entrée, des machines à sous sont à la disposition du public. Au-delà s'ouvre l'atrium dallé de marbre et décoré de colonnes ioniennes soutenant les galeries à l'étage.

Une porte mène vers la **salle Garnier**, dont le riche décor rouge et or est souligné de bas-reliefs, de fresques et de motifs sculptés. Opéras, ballets et concerts de qualité internationale y sont programmés depuis plus d'un siècle.

Les salles de jeux n'ont rien à envier au luxe de l'opéra, offrant une succession de pièces rococo décorées de miroirs, de fresques, de bas-reliefs et de boiseries en acajou doré. Que vous soyez joueur ou pas, n'hésitez pas à payer le droit d'entrée de 10 € pour aller admirer ces salles de légende (*le soir, le code vestimentaire reste strict. Un service de location de vestes et cravates est à votre disposition. Passeport obligatoire*). Les **salons de l'Europe** accueillent roulette, trente-et-quarante, et machines à sous. La roulette européenne et anglaise, le trente-et-quarante, le chemin de fer, le black jack et les craps sont proposés dans les **salons privés**.

Autour du casino, installé sur une colline, se sont multipliés les hôtels (dont l'**hôtel de Paris**, *tél. : 92 16 30 00*), les restaurants et les boutiques de luxe (comme Hermès, Cartier ou Christian Dior). ■

L'arrière-pays niçois

LE RELIEF ESCARPÉ QUI DOMINE LA BAIE DE NICE RECÈLE DE NOMBREUX villages perchés, fondés au IIe siècle av. J.-C., du temps des invasions romaines. On y accède par de minuscules routes tortueuses qui, au prix de quelques efforts, vous offriront des points de vue inoubliables.

Accroché à son rocher au-dessus du Paillon de Contes, le village fortifié de **Contes**, 15 km au nord-est de Nice, comptait au Moyen Âge un marché aux olives et aux poteries. Les olives sont pressées au **moulin à huile de la Laouza** (av. Raiberti, tél. : 04 93 79 28 73) depuis le XIIIe siècle. L'**église Sainte-Marie-Madeleine**, du XVIe siècle, abrite un retable attribué à François Bréa.

Perdu en direction du nord, sur la D 15, **Coaraze** reste l'un des villages les mieux préservés de la région, avec ses étroites ruelles qui montent vers l'église, construite au XIVe siècle. Un peu à l'écart de la D 21, en direction de Monaco, **Peillon** est le prototype même des villages perchés, dominant une vallée boisée que se partagent pins et oliviers. Depuis l'église, en haut de la rue principale, la vue embrasse toute la région. Près de l'entrée du village, la **chapelle des Pénitents blancs** abrite un ensemble de fresques évoquant la Passion du Christ exécutées par Giovanni Canavesio vers 1489. À Peillon, les boutiques de souvenirs ont été proscrites, ce qui limite les hordes de touristes.

La route qui monte vers le village très haut perché de **Peille** est saisissante par ses à-pic, ses tunnels, mais aussi ses points de vue. Un village calme et relativement méconnu vous attend. Vous découvrirez place de la Colle certaines des plus belles maisons bâties entre le XIVe et le XVIe siècle. Le minuscule **musée du Terroir** abrite une collection d'objets et d'ustensiles locaux, dont les cartels sont écrits en pelhasc, dialecte propre au village. ■

Sainte-Agnès, village le plus élevé du littoral, perché à 780 m d'altitude (voir p. 186).

Musée du Terroir
✉ Place de l'Armée, Peille
☎ 04 93 91 71 71
🕐 Ouvert dim. apr.-m.

Menton

Menton
- 165 E2

Office du tourisme
- Palais de l'Europe, 8, av. Boyer
- 04 92 41 76 76
- www.villedementon.com

Musée Jean Cocteau
- 165 E2
- Le Bastion, quai Napoléon-III
- 04 93 57 72 30
- Ferm. mar.
- €

Hôtel de Ville
- 17, rue de la République
- 04 92 10 50 00
- Salle des mariages : ferm. sam.-dim.
- €

Musée de Préhistoire régional
- Rue Loredan-Larchey
- 04 93 35 84 64
- Ferm. mar.

Basilique Saint-Michel-Archange
- Parvis Saint-Michel

Musée des Beaux-Arts
- Av. de la Madone
- 04 93 35 49 71
- Ferm. mar.

VOICI BIEN L'UN DES SITES LES PLUS RENVERSANTS DE TOUTE LA CÔTE D'AZUR. Sous un ciel d'un bleu intense, ses demeures ocre montent à l'assaut de la colline, vers les premiers sommets des Alpes, baignés par la mer. Beauté et douceur sont ici réunies, sous le climat le plus doux de la Riviera, où les températures hivernales descendent rarement en dessous des 10 °C et où la végétation tropicale s'épanouit pendant les douze mois de l'année. À bien des égards, l'endroit évoque le jardin d'Éden. Avec ses kilomètres de plage, ses églises baroques et son musée créé par Jean Cocteau, Menton n'est pas avare de ses charmes.

Les Romains baptisèrent la région Pacis Sinus et se contentèrent d'installer au cap Martin la garnison de Lumone, sans véritablement y fonder de colonie. Préservé des interventions extérieures, ce golfe de la paix demeura méconnu jusqu'au XIXe siècle. C'est vers 1830 qu'un excentrique anglais, lord Brougham, le découvrit alors qu'il cherchait un endroit à l'abri des rigueurs de l'hiver. Depuis, Menton est devenue une station élégante et prospère qui accueille en hiver un fort contingent de retraités, notamment britanniques, et fleure bon l'Italie. La frontière se trouve à moins de 2 km. Menton, qui faisait partie de la maison de Savoie, ne fut d'ailleurs rattachée à la France qu'en 1860. L'italien se mélange ici au français et nombre de restaurants proposent des spécialités du nord de l'Italie.

La **promenade du Soleil** suit la mer depuis le port, où se pressent les bateaux, au centre de la ville, bordée par les plages, les restaurants et les immeubles construits dans les années 1930 par des Parisiens fortunés. Elle débouche au cap Martin, 1,6 km plus loin, où s'élèvent de belles villas d'autrefois, à l'ombre de palmiers.

Le petit fortin du Bastion fut édifié au XVIIe siècle. C'est à la demande de l'artiste lui-même, qui résida en son temps à Menton, que l'on y fit aménager le **musée Jean Cocteau**. Derrière les mosaïques murales en galets, le musée abrite une collection de dessins et de pastels – dont la série des *Inamorati* –, une mosaïque représentant une salamandre, symbole de l'artiste, ainsi que des portraits et des tapisseries. Dehors, la tombe de Cocteau (1889-1963), marquée de cette épitaphe : « Je reste avec vous. »

De l'autre côté de la rue, les **halles municipales** regorgent de homards, langoustes et autres crustacés, pâtisseries aux amandes ou légumes de première fraîcheur. Les citrons, célébrés à l'occasion de la fête du citron en février, y occupent une place de choix. Ne quittez pas les lieux sans avoir goûté au délice mentonnais, beurre de citron recouvert d'une crème brûlée au citron et de fruits rouges.

Depuis le marché, traversez la place aux Herbes pour rejoindre la **rue Saint-Michel**, bordée de boutiques, de restaurants et de cafés, puis tournez à droite vers la rue de la République, où se trouve l'**hôtel de ville**, dont la salle des mariages fut décorée par Jean Cocteau dans les années 1950. Derrière la table de l'officier, une scène évoque l'union d'un pêcheur et d'une paysanne niçoise tandis que sur le mur de droite, les personnages portent des costumes orientaux, en référence peut-être aux racines sarrasines de nombreux Mentonnais. Sur le mur opposé, Cocteau revint à l'un de ses sujets de prédilection : Orphée.

Le **musée de Préhistoire régional** retrace l'histoire de l'homme dans la région, avec notamment l'évocation de fouilles archéologiques et surtout

le crâne du célèbre homme de Menton, mort depuis quelque 30 000 ans.

LE VIEUX-MENTON

Les maisons italianisantes de la vieille ville s'étagent le long des ruelles tortueuses et médiévales qui montent à flanc de colline. Flânez dans la rue Saint-Michel, à l'est de la place du Cap, sans manquer la rencontre de la rue des Logettes et de l'étroite rue des Écoles Pie, qui remonte à l'assaut de la colline. Vous débouchez enfin sur la place de la Conception, sur laquelle fut érigée, en 1762, l'**église de l'Immaculée Conception** – dite aussi **chapelle des Pénitents Blancs** – (*ouv. lun. 15 h-17 h*), qui compte notamment une superbe façade baroque.

Juste en dessous, sur le parvis Saint-Michel, la **basilique de Saint-Michel-Archange**, demeure la plus grande église baroque du Sud de la France. Le chœur de cette église, bâtie entre 1619 et 1653, offre un décor en stuc marbré et un autel surélevé, surmonté d'une statue en bois polychrome de 1820 représentant saint Michel – patron de la ville – terrassant le dragon. La chapelle située à droite de l'autel, consacrée à sainte Dévote, appartint autrefois à la famille Grimaldi. Au-dessus de l'autel, derrière l'évocation de la sainte, se dessine le rocher de Monaco.

Tout à fait à l'ouest de la ville, le **musée des Beaux-Arts,** quelque peu désuet, abrite une collection de toiles de peintres des différentes écoles européennes du Moyen Âge à nos jours. Parmi les œuvres maîtresses, citons une Vierge à l'Enfant de Louis Bréa, le *Prophète* de Bermejo ou bien encore un tableau surréaliste de Graham Sutherland, qui résida à Menton, intitulé *La Fontaine*. Le palais Carnolès, dans lequel est installé le musée, est à lui seul digne d'intérêt. Construite vers 1700 dans des tons rose et blanc, cette résidence d'été des princes Grimaldi s'inspirait du Grand Trianon de Versailles. Les plafonds richement décorés du rez-de-chaussée donnent une idée de sa splendeur passée. À l'extérieur, les sculptures sont exposées dans les jardins en terrasses, à l'abri des citronniers. L'occasion de découvrir des œuvres aussi diverses que les *Moines d'Eternit*, de Thomas Gleb, inquiétantes silhouettes sans visage drapées de blanc, ou la *Baigneuse*, plus traditionnelle, de Jean Terzief. ∎

Dans les années 1950, Jean Cocteau peignit les scènes qui décorent les murs de la salle des mariages de l'hôtel de ville de Menton, édifié au XVIIe siècle.

Autres sites à visiter

CASTILLON

Situé à 12 km environ au nord de Menton, sur la très sinueuse D2566 en direction de Sospel, Castillon fut en partie détruit par un tremblement de terre en 1887, puis totalement bombardé en 1944. Le village actuel, qui date de 1951, est considéré comme un modèle d'aménagement rural, organisé en village artisanal proposant vitraux, objets d'art, ou vêtements. Il compte même une petite fabrique où l'on brasse la bière. Le **syndicat d'initiative** (*rue de la République, tél. : 04 93 04 32 03*) expose des artistes locaux. 165 E3

SAINTE-AGNÈS

Perché sur son rocher, à 780 m au-dessus de la mer, Sainte-Agnès est le plus haut village littoral d'Europe. Le parking situé au sud offre un panorama inoubliable. Ancienne place forte tenue par les Sarrasins, la bourgade a conservé son caractère médiéval, avec ruelles étroites et passages voûtés. L'**espace Culture et Traditions** vous donnera un aperçu de l'artisanat local. Quant au **fort de la Ligne Maginot** (*tél. : 04 93 35 84 58, ouv. tous les apr.-m. juil.-sept., sam.-dim. apr.-m. le reste de l'année, €*), il fut édifié en 1932 pour compléter la défense militaire française. Au-dessus, les ruines du château font l'objet de fouilles archéologiques qui ont permis de mettre au jour des objets de l'âge du bronze.

165 E2 **Office du Tourisme** 51, rue des Sarrasins, Sainte-Agnès 04 93 35 87 35

MUSÉE VILLA EPHRUSSI DE ROTHSCHILD

Béatrice Ephrussi, baronne de Rothschild, possédait une demeure à Monaco, mais elle ne put résister à la tentation de faire construire un palais au Cap Ferrat, sur un terrain convoité par le roi Léopold II lui-même. Ainsi naquit cette folie rose inspirée des grandes villas vénitiennes, qui domine la mer de part et d'autre. Ses élégantes pièces donnent sur un patio pavé de mosaïque, entouré de colonnades de marbre rose. La villa abrite une riche collection de peintures, meubles et objets d'art, avec une prédilection pour le XVIIIe siècle français, qu'affectionnait tout particulièrement la baronne. Parmi les pièces rares figurent un tapis royal de la Savonnerie, du mobilier ayant appartenu à Marie-Antoinette ainsi qu'une série de pièces en porcelaine de Sèvres, Dresde et Meissen. Ne manquez pas la suite de la baronne, au plafond peint dans le style de l'école vénitienne du XVIIIe siècle.

Raffinement suprême, la villa Ile-de-France est entourée de sept jardins à thème, véritables chefs-d'œuvre. Le jardin français – pièce maîtresse – offre un bassin couvert de nénuphars, de nombreuses fontaines et une reproduction du temple de l'Amour du Trianon de Versailles. Viennent ensuite le jardin provençal, le jardin lapidaire où sont exposées d'imposantes sculptures n'ayant pas trouvé place à l'intérieur, le jardin espagnol, le jardin japonais, le jardin florentin et le jardin exotique. Le ticket donne accès au rez-de-chaussée et aux jardins. Pour 2 euros de plus, profitez d'une visite guidée du premier étage où se trouvent le superbe salon des tapisseries, l'étonnant salon des singeries ou celui consacré à Fragonard.

165 C1 1, av. Ephrussi-de-Rothschild, Cap-Ferrat 04 93 01 33 09, www.villa-ephrussi.com €€ ∎

Pour les gourmands…

Une région si riche en arômes et en parfums ne pouvait que recéler des trésors de douceur. Tout comme le miel ou la confiture, la crème brûlée fleure bon le thym et la lavande, et le nougat noir figure en bonne place parmi les treize desserts de Noël. Vous n'aurez que l'embarras du choix côté spécialités : les navettes de Marseille, ces biscuits à l'anis et à la fleur d'oranger, les gâteaux secs aux amandes de Nîmes, les calissons à la pâte d'amande et au melon confit, spécialité d'Aix, ou bien encore les fruits confits, célébrité d'Apt. Le Vaucluse est également la terre du melon de Cavaillon, à déguster avec un muscat de Beaumes-de-Venise. Saint-Tropez vous régalera de sa tarte, brioche fourrée à la crème, le massif des Maures fait la part belle aux châtaignes : glace, crème, ou bien encore patiences – petits biscuits sablés. Il faut aller à Nice pour goûter la socca – crêpe à la farine de pois chiche – et à Carpentras pour découvrir les berlingots, bonbons à l'anis ou à la menthe. La liste est longue… ∎

Ce royaume alpin, aux sommets abrupts couronnés de neige, constitue un véritable sanctuaire naturel. Il recèle des splendeurs comme le Parc national du Mercantour et les gorges du Verdon.

Les Alpes de Provence

Introduction et carte **188-189**
Le parc national du Mercantour **190-193**
Les gorges du Verdon **194-195**
La route des gorges du Verdon **196-197**
Moustiers-Sainte-Marie **198**
Le plateau de Valensole **199**
Le pays de la lavande **200-201**
Autres sites à visiter **202**
Hôtels et restaurants **225-226**

Lavande en fleur.

Les Alpes de Provence

Les Alpes du Sud tombent à pic dans la Méditerranée. Cette région montagneuse, peu urbanisée, est le domaine des chamois, des bouquetins et des faucons, et le paradis des amateurs de randonnées à pied, de ski, de rafting et de canyoning. Mais plus bas dans les montagnes, on retrouve les champs de lavande, les oliviers, la lumière du Midi et toutes les saveurs de la Provence traditionnelle.

Le Parc national du Mercantour est une étendue sauvage aux reliefs tourmentés. Ses routes en lacet offrent des échappées magnifiques sur les sommets déchiquetés et les gorges profondes. C'est un monde de fleurs rares et protégées, de sentiers de randonnées et de refuges d'altitude. Isola 2000 est la station de sports d'hiver fréquentée par les Niçois. La vallée des Merveilles, véritable lieu de mémoire de nos origines, possède des gravures rupestres datant de l'âge du bronze.

Les montagnes s'étirent à l'ouest et sont traversées par les gorges du Verdon, le plus grand canyon d'Europe. Dans ce cadre sauvage et grandiose, des bases de sports de plein air, rafting, saut à l'élastique et escalade, ont été aména-

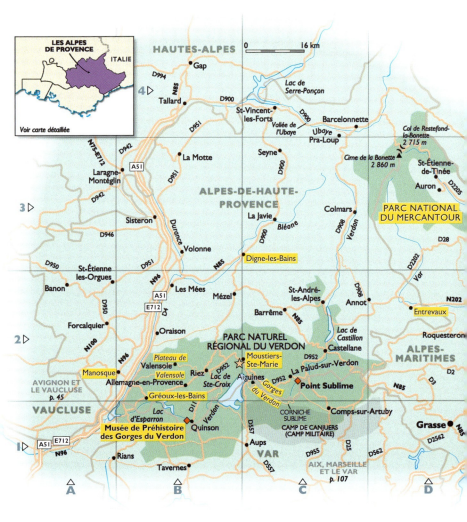

Des moutons en estive sur le col d'Allos, dans les Alpes du Sud.

gées. À l'est du canyon, le village de Castellane est un lieu de villégiature typiquement provençal, avec son terrain de pétanque, ses terrasses de cafés et ses maisons aux teintes blondes. Moustiers-Sainte-Marie, sur le côté ouest du canyon, est célèbre dans le monde entier pour sa faïence. N'achetez qu'après avoir fait un tour dans les magasins, certaines porcelaines sont de meilleure qualité que d'autres. À l'ouest, le plateau de Valensole est un enchantement, un monde bucolique de villages médiévaux, de collines boisées et de champs de lavande à perte de vue. Pendant leur floraison, fin juin et juillet, l'air se pare d'un voile bleuté et se charge d'effluves enivrants quand commence la moisson. ■

Les festivals de la lavande

Des jeux, des concours, de la musique, des chars décorés, de la gastronomie, célèbrent la saison de la lavande. Nous ne citerons que les principaux festivals :

Esparron-sur-Verdon mi-août
Ferrassière fin juin
Riez seconde moitié de juillet
Sault mi-août
Valensole fin juillet
Valréas début août
Volvent début août

Quartiers administratifs

✉ 160
   23, rue d'Italie, Nice
☎ 04 93 16 78 88
   www.parc-
   mercantour.com

PRINCIPAUX CENTRES DE VISITE DU PARC

Breil-sur-Roya, office du tourisme
✉ 17, place Bianchéri
☎ 04 93 04 99 76

Sospel, office du Tourisme
✉ Le Pont-Vieux
☎ 04 93 04 15 80

Tende, office du tourisme
✉ Av. du 16-Septembre-1947
☎ 04 93 04 73 71

Saint-Martin-Vésubie, office du tourisme
✉ Place Félix-Faure, Saint-Martin-Vésubie
☎ 04 93 93 21 28

Bureau des Guides du Mercantour
✉ 160, rue Cagnoli, Saint-Martin-Vésubie
☎ 04 93 93 26 60

Ci-contre :
Surnommée la Suisse niçoise, Saint-Martin-Vésubie est un haut lieu de l'alpinisme depuis le XIXᵉ siècle.

Le parc national du Mercantour

Dans les montagnes de l'arrière-pays de Menton et de Nice, à seulement 40 km de la mer, ce royaume alpin s'étend sur sept vallées et plus de 69 300 ha. Il offre un ensemble remarquable, très contrasté, de canyons sauvages, de champs d'oliviers, de prairies, de lacs glaciaires au pied de sommets escarpés et de rivières émeraude courant le long des gorges. Riche en flore sauvage, on y recense 2 000 espèces de plantes dont certaines ne poussent nulle part ailleurs. Une faune abondante y a élu résidence, des chamois, des rapaces, des marmottes et même des loups. Enfin, dans la vallée des Merveilles, au pied du mont Bégo, des milliers de gravures rupestres à ciel ouvert constituent un patrimoine exceptionnel. La liste des richesses du parc du Mercantour est inépuisable…

Créé en 1979, le Mercantour est un des sept parcs nationaux français. Il est jumelé avec le parc naturel italien Alpi Marittime.

Situé à cheval entre les Alpes-Maritimes et les Alpes-de-Haute-Provence, cet immense domaine protégé abrite une profusion d'espèces animales et florales. L'hermine, la marmotte, le sanglier et le renard, les plus communs, cohabitent avec le chamois. Ce dernier, très agile, vit dans les endroits les plus inaccessibles, de même que le bouquetin et le mouton sauvage (mouflon) importé de Corse en 1950 pour la chasse et qui entre parfois en conflit avec toutes les autres espèces. Grâce à l'action du parc national, les rapaces, qui pour certains ont failli disparaître, fréquentent à nouveau les montagnes. On peut apercevoir des aigles royaux, des faucons, des vautours dont le *gypaète barbu*, d'une envergure pouvant atteindre 3 m. Les loups sont revenus de manière naturelle, après cinquante ans d'absence.

Parce que ce parc de haute montagne côtoie la Méditerranée, on y retrouve tous les étages de végétation. De la lavande et des oliviers au-dessous de 700 m, des sapins, des épicéas et des pins de Norvège entre 700 et 1 500 m, des mélèzes au-dessus et, à plus de 2 500 m, des landes à rhododendrons, des pelouses alpestres et des lichens.

La diversité de la flore est tout aussi impressionnante. Des 4 200 espèces de plantes répertoriées en France, 2 000 poussent ici, dont 200 sont rares et 30 endémiques (qui n'existent nulle part ailleurs dans le monde). La *Saxifraga florulenta Moretti*, qui ne fleurit qu'une fois dans toute sa vie et pousse entre 2 500 et 3 000 m et le chardon Bérard, une fleur rescapée de l'ère tertiaire, qui s'est adaptée à un climat froid. D'autres espèces ont voyagé à travers le temps, portées par le vent ou les oiseaux, comme le lis asiatique.

D'autre part cette région offre un large choix d'activités sportives : des randonnées à effectuer à pied ou en VTT, de la spéléologie, du canyoning, du rafting, du kayak, du parapente et du ski en hiver, pour ne donner qu'un bref aperçu. Vous pouvez également visiter des sites archéologiques ou participer à des soirées dites « oiseaux de proie ». Adressez-vous dans les Maisons du parc (centres de visiteurs) disséminées dans le parc.

**Isola 2000
Chalet d'Accueil**
☎ 04 93 23 15 15
www.isola2000.com

En arrivant du sud, vous entrerez très probablement dans le parc par Menton (en passant par Sospel) ou par Nice (par la vallée de la Vésubie ou la vallée de la Tinée).

LA VALLÉE DE LA ROYA

Ancienne réserve de chasse du Roi Victor-Emmanuel II d'Italie, la Vallée de la Roya est devenue française en 1947. C'est l'une des vallées les plus impressionnantes du Mercantour et l'une des plus sauvages, sur le bord oriental du Parc. La Roya prend sa source à la hauteur du col de Tende pour finir à Vintimille, se jetant dans la Méditerranée. Des villes médiévales longent la Roya du sud au nord, dont **Saint-Dalmas-de-Tende**, à l'orée de la vallée des Merveilles.

Au sud de la vallée, en bordure de la région côtière en passant par Sospel, **Breil-sur-Roya** est un charmant village de montagne, semblable à ce qu'il devait être au XVIIe ou au XVIIIe siècle. Ses maisons sont implantées sur les deux rives de la Roya séparées par un lac artificiel. Son église baroque **Sancta-Maria-in-Albis**, construite en 1700 sur un plan en croix grecque, détient un retable du XIIe siècle, une vierge dorée en bois massif et un magnifique orgue doré. La tourbillonnante Roya qui traverse la ville permet de goûter aux joies du canoë kayak et du rafting.

De Breil, la N204 se dirige vers le nord, le long de la Roya et des **gorges de Saorge**, et mène, en passant par le village de Fontan, au village spectaculaire de **Saorge**, avec ses petites maisons carrées agrippées à la falaise. Le **couvent des franciscains** (tél. : 04 93 04 55 55, fermé le mardi, oct.-avril, €), au sud du village, son église baroque et ses cloitres ornés de fresques du XVIIIe siècle illustrant la vie de saint François, peuvent se visiter.

Vers le nord, après avoir traversé les spectaculaires **gorges de Bergue**, vous arriverez à **Saint-Dalmas-de-Tende**, la porte d'entrée principale de la vallée des Merveilles (voir ci-dessous). Vous traverserez le village pittoresque de La Brigue avant d'arriver à **Tende**, un bourg médiéval dominé par les vestiges d'un château ayant appartenu aux comtes de Tende. Le **musée des Merveilles** (avenue du 16-Septembre-1947, tél. : 04 93 04 32 50, ferm. le mar., 2 semaines en mars et en nov., €) permet d'interpréter les témoignages fabuleux que sont les gravures rupestres et découvrir les croyances, la vie quotidienne et la culture des peuples qui vivaient dans la région.

LA VALLÉE DES MERVEILLES

À l'âge du bronze, entre 2800 et 1300 av. J.-C, des bergers ont migré vers

Le chœur de l'église du couvent des franciscains à Saorge.

la vallée des Merveilles – site aujourd'hui classé monument historique – et ont dessiné des dizaines de milliers de gravures sur des dalles de pierre avant de les élever au pied du mont Bégo. On reconnaît des armes, couteaux, flèches, et des figures telles que le « sorcier ». Certains y voient avec vraisemblance la manifestation de sentiments religieux. D'autres chercheurs ont récemment identifié des symboles astronomiques. Ces images, sources précieuses du passé, ont su nous parvenir sans subir aucune dégradation.

LA VALLÉE DE LA VÉSUBIE

Moins sauvage que les autres vallées, on accède à la vallée de la Vésubie par la D2565, au nord de Nice. Le village médiéval de **Saint-Martin-de-Vésubie** est idéal pour les randonnées l'été et le ski, l'hiver. Ne manquez pas la vue sur la verte vallée depuis la place de la Frairie, derrière l'église.

LA VALLÉE DE LA TINÉE

En hiver, les Niçois montent jusqu'aux pentes d'**Isola 2000** par l'étroite D2205. **Isola Village**, à 18 km des pistes, est une charmante bourgade médiévale, avec ses rues pavées et sa chapelle Sainte-Anne. Au nord-ouest d'Isola Village, **Saint-Étienne-de-Tinée** est un remarquable centre d'excursions l'été, autour de la Cime de la Bonette qui s'élève à 2 860 m.

LA VALLÉE DE L'UBAYE

Sept cols relient la vallée de l'Ubaye au monde extérieur, dont le **col de Restefond-la-Bonnette**, un des plus hauts d'Europe, à 2 715 m d'altitude. **Barcelonnette** est la seule ville de cette vallée reculée. Fondée par le comte de Barcelone en 1231, elle présente aujourd'hui une architecture très originale. Des villas mexicaines y ont été construites au XIXe siècle par des habitants de retour au pays après être partis fonder au Mexique un empire textile. Cette étonnante histoire est retracée dans une de ces villas, au **musée de la Vallée** (*10, av. de la Libération, tél. : 04 92 81 27 15*).

La vallée de l'Ubaye est réputée pour y pratiquer le rafting. ■

Vallée de la Tinée.

La vallée des Merveilles

Vous pouvez partir seul en randonnée, mais cette région rude exige une bonne condition physique. De Saint-Dalmas-de-Tende, prenez la D91 jusqu'au lac des Mesches, puis partez à pied ou en 4 x 4 (un véhicule agréé par le Parc). Vous pouvez aussi y accéder par la Madone-de-Fenestre, dans la vallée de la Vésubie, à l'ouest. Des refuges de montagne vous accueillent pour la nuit. Les moins aventureux peuvent suivre des promenades organisées par Merveilles, Gravures et Découvertes (13, rue Antoine-Operto, Tende, tél. : 06 86 03 90 13). Des circuits en 4 x 4 et des parcours d'une demi-journée ou d'une journée sont réguliers entre juin et septembre. ■

Les gorges du Verdon

PARADIS NATUREL À UNE HEURE DE LA CÔTE D'AZUR, LES GORGES DU VERDON offrent le spectacle grandiose, unique en Europe, de parois vertigineuses (certaines font plus de 700 m de haut) dans une nature sauvage. La couleur vert émeraude du cours d'eau dispense de s'interroger sur l'origine de son nom. La gorge la plus remarquable, le Grand Canyon, compte parmi les sites les mieux préservés de France, peut-être parce que le seul moyen d'y accéder est par une des routes les plus vertigineuses – et quelque peu effrayante – de France.

Parc naturel régional du Verdon
- BP 14, domaine de Valx, Moustiers-Sainte-Marie
- 04 92 74 68 00

Moustiers-Sainte-Marie, office du tourisme
- 188 C3
- Hôtel-Dieu
- 04 92 74 67 84
- www.ville-moustiers-sainte-marie.fr

La partie la plus impressionnante du canyon zigzague sur 21 km entre la jolie ville de Moustiers-Sainte-Marie (voir p. 198) et celle de Castellane surplombée par un à-pic rocheux de 170 m, plus sportive et base arrière de nombreux campeurs. Dans les deux villes, vous trouverez un grand choix de magasins d'équipements.

Le canyon a servi de refuge aux Ligures au IIe siècle av. J.-C. Au Xe siècle, des moines ermites y ont vécu dans des cavernes. Plus récemment,

LES GORGES DU VERDON 195

au XIXe siècle, des bûcherons, solidement arrimés, descendaient cueillir des souches de buis pour la fabrication des boules de pétanque, alors en bois. L'explorateur français Édouard Martel (1859-1938) fut le premier à entreprendre une reconnaissance en profondeur, en 1905. La descente s'effectua en trois jours, avec une succession d'échouages, de chavirages, et pas un seul des membres de son équipe ne savait nager ! Une plaque commémore leur exploit au **Point Sublime**, sur la rive droite. C'est seulement depuis la construction de la Corniche Sublime en 1948 que l'on peut atteindre les gorges en voiture. Elles ont reçu le label Parc naturel régional en 1977. ■

Quelques activités dans les gorges :

Randonnées aquatiques
Des guides vous proposent de partager leur passion des sports d'eau vive : rafting, descente en rappel, kayak, canyoning, nage en eau vive. La traversée des 30 km du canyon présente des dénivelés de plusieurs dizaines de mètres le long des falaises et franchit des rapides aux noms évocateurs comme le Niagara et le Cyclope. Ces rapides de niveaux III et IV sont réservés aux canotiers expérimentés, ou accompagnés par un guide.

Le saut à l'élastique
Le pont de l'Artuby, à 182 m au-dessus de l'eau, est considéré comme un des meilleurs sites d'Europe.

L'escalade
933 voies sont recensées sur les falaises du Verdon dont la fameuse falaise de l'Escalès, rigoureusement verticale, qui s'élève à 300 m.

Les randonnées à pied
Le GR4, le plus connu et le plus exigeant, vous permet de traverser le massif dans son intégralité. Deux sentiers sont particulièrement sportifs : le sentier Martel, de 14 km de long, qui suit à peu près l'itinéraire de Martel en 1905 ; et le sentier de l'Imbut, de 5,5 km de long, qui finit à l'Imbut, à l'endroit où la rivière du Verdon disparaît dans des roches.

D'autres activités
L'équitation, la pêche à la truite, le vol à voile, le parapente, la montgolfière sont également proposés. Demandez dans les magasins d'équipements ou rendez-vous sur le site ProvenceWeb (www.provenceweb.fr). ■

Castellane
188 C2
Office du tourisme
✉ rue Nationale
☎ 04 92 83 61 14
www.castellane.org

La Palud-sur-Verdon
188 C2
Office du tourisme
✉ Le Château
☎ 04 92 77 32 02

Aiguines
188 C2
Office du tourisme
✉ avenue des Tilleuls
☎ 04 94 70 21 64

Le plus grand canyon d'Europe laisse un souvenir inoubliable, avec ses falaises vertigineuses (particulièrement le long de l'itinéraire des Crêtes, vu ici) et ses multiples activités de plein air.

La route des gorges du Verdon

Ce circuit autour du canyon commence à Moustiers-Sainte-Marie et continue le long de la rive droite, en passant par la spectaculaire route des Crêtes. Vous pouvez faire un détour (ou vous arrêter pour la nuit) à Castellane avant de rejoindre la rive gauche, la bien nommée Corniche Sublime. Des points de vue sont aménagés le long de la route.

RIVE DROITE (AU NORD)
De la jolie ville de **Moustiers-Sainte-Marie** ❶ (voir p. 198), suivez la D952 vers la rive droite. De cette route tortueuse, au-dessus des gorges, à laquelle il manque parfois des barrières de sécurité, vous découvrirez en montant le lac artificiel d'une superficie de 3 000 ha de Sainte-Croix et, en descendant, le **Verdon** et ses canoës-kayaks.

Rafting sur le Verdon.

Le **belvédère de Mayreste** ❷ vous permettra d'apprécier votre première vue générale du canyon après un tournant en épingle à cheveux.

Plus loin, la route passe devant le **Relais des Gorges**, un bar-restaurant. Vous redescendez sur **La Palud-sur-Verdon** ❸, base arrière des grimpeurs, randonneurs et autres sportifs. Des vestiges gallo-romains et un château qui domine le village et abrite la maison des Gorges du Verdon vous y attendent également. Plus bas, vous déboucherez sur les champs de lavande.

C'est juste à la sortie de la ville que commence la D23, la **route des Crêtes** ❹. Cette vertigineuse route d'altitude, bordée de précipices de parfois 700 m de haut, suit le bord du plateau sur 23 km. Vous pourrez apercevoir des rapaces et des chèvres sauvages. Un peu plus qu'à mi-chemin, le **chalet de la Maline** permet une restauration légère et offre une des plus belles vues sur le canyon. C'est d'ici que part le fameux **sentier Martel**. Sur le trajet du retour, vous pourrez encore admirer des vues magnifiques sur les gorges avant de regagner la ville.

De retour à La Palud, tournez à droite sur la D952 (ignorez cette fois le panneau de la route des Crêtes) et passez par la forêt jusqu'au **Point Sublime** ❺, un belvédère qui domine de 180 m le lit du Verdon. Garez-vous au parking et montez la colline, en suivant les marques bleues, jusqu'au panorama sur l'entrée du Grand Canyon et la brèche du **couloir Samson**.

Au-delà du tunnel, la route glisse dans les étroites **clues de Carejuan** (gorges étroites). Vous pouvez continuer sur la D952 jusqu'à Castellane ou traverser le Pont-de-Soleils et entamer l'exploration de la rive gauche.

RIVE GAUCHE (AU SUD)
La D955 traverse des champs de tournesols, au-delà desquels émerge le château crénelé de **Trigance** ❻. Tournez à droite sur la D90, qui vous conduit par une route sinueuse jusqu'à Trigance, un village médiéval qui s'enroule autour de son éperon rocheux. Un restaurant gastronomique est logé dans son château.

Au-delà, la route monte à travers les champs et les bois. Au niveau de la D71, tournez à droite vers Aiguines. La route descend jusqu'aux **Balcons de la Mescla** ❼. Un petit chemin conduit à un point de vue au confluent de l'Artuby et des rivières du Verdon. Plus bas, vous atteindrez un bar-restaurant, le **Relais des Balcons**.

La route serpente jusqu'au **Pont de l'Artuby**, à 180 m au-dessus de la rivière. Ce pont,

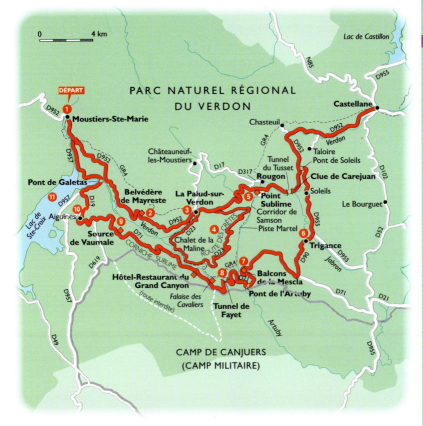

le plus haut d'Europe, est un site très populaire pour les amateurs de sauts à l'élastique. Au-delà, des arrêts aménagés vous permettent d'admirer les points de vue. Un peu plus haut, vous arrivez au **tunnel de Fayet** 8. À sa sortie, la vue est saisissante sur le Verdon, 300 m au-dessous.

Après s'être écartée des gorges, la route longe la **Falaise des Cavaliers** et vous conduit à l'**Hôtel-Restaurant du Grand Canyon**, à l'architecture en béton. Derrière l'hôtel, le sentier de la rive gauche mène vers le fond de la gorge.

Commence alors la section la plus impressionnante du parcours. La route, bordée de points de vue aménagés, domine des précipices de 250 à 400 m. Remplissez vos bouteilles d'eau douce à la **source de Vaumale** 9, puis montez jusqu'au point culminant de la route, à 800 m au-dessus du Verdon. Vous pouvez admirer au loin les eaux turquoise du lac de Sainte-Croix, ce nouveau lac qui a recouvert la cuvette de Saint-Croix à la suite de la construction du barrage encadré de falaises de 200 à 300 m de haut.

D'ici, la route descend en lacet jusqu'à

Voir carte p. 188
Moustiers-Sainte-Marie
5 km
2 heures
Moustiers-Sainte-Marie

À NE PAS MANQUER
- Route des Crêtes
- Point Sublime
- Tunnel de Fayet

Aiguines 10, une ville pittoresque possédant une tradition séculaire de taille de boules cloutées, en buis. Le château du XVIIe siècle (privé), flanqué de ses quatre tourelles recouvertes de tuiles vernissées, a été construit par Balthazar de Gauthier.

Après la ville, sur la D957, vous découvrirez bientôt le **lac de Sainte-Croix** 11, le plus vaste des lacs du Verdon. Ses rives sont aménagées en plages et en bases nautiques. Du **pont de Galetas**, en revenant vers Moustiers, vous pouvez observer le lac se déverser dans la rivière. ■

Jour de marché
Vendredi

Moustiers-Sainte-Marie
 188 C3
Office du tourisme
✉ Hôtel Dieu
☎ 04 92 74 67 84
www.ville-moustiers-sainte-marie.fr

Moustiers-Sainte-Marie

Moustiers est célèbre pour sa faïence qui fit sa fortune du XVIIe (1689) au XIXe siècle. Sa beauté était appréciée par les grands de ce monde et même par la cour du Roi-Soleil. Chaque musée d'Histoire de Provence est fier d'en posséder quelques pièces. Aujourd'hui, plus de vingt ateliers perpétuent la tradition, comme en témoignent les nombreuses boutiques nichées dans des ruelles souvent envahies par la foule. Néanmoins, Moustiers reste un des villages les plus pittoresques de Provence, avec ses bâtiments aux toits rouges accrochés à ses deux falaises. Elles sont reliées entre elles par une chaîne de fer de 227 mètres au milieu de laquelle est suspendue une étoile dorée.

Le travail d'un artiste fidèle à la tradition de Moustiers.

Personne ne sait vraiment qui a accroché l'étoile au-dessus de la **chapelle de Notre-Dame-de-Beauvoir**, la petite église romane nichée dans les rochers au-dessus du village. La légende veut que le chevalier Blacas d'Aups, prisonnier au cours d'une croisade, fit le vœu, s'il rentrait sain et sauf dans sa ville natale, de suspendre une chaîne portant une étoile entre les deux falaises surplombant le village. Exposée à tous les vents, elle est régulièrement remplacée.

Au Moyen Âge, les pèlerins ont afflué vers l'église après une recrudescence de miracles dans la région. Elle constitue aujourd'hui un centre d'excursions très fréquenté. Un chemin sinueux et raide mène de la rue Bourgade à l'église, jalonné de 14 stations de chemin de croix.

Il est agréable de flâner dans ses ruelles, bordées de maisons anciennes et de placettes fleuries. Un mince torrent, le Riou, bondit en cascatelles entre les deux falaises et divise le bourg en deux parties reliées par une série de petits ponts. Dans sa trentaine de magasins de faïences, vous constaterez qu'à l'évidence, certaines sont de meilleure qualité que d'autres. La plupart des boutiques ont leurs propres ateliers, à l'extérieur de la ville.

Le petit **musée de la Faïence** (*Hôtel de Ville, tél. : 04 92 74 61 64, ferm. mar. et janv. et sam. et dim. matin,* €), à l'entrée du village, permet de découvrir de très belles pièces anciennes. Une vidéo explique en détail le processus de fabrication.

Moustiers permet aussi de se pourvoir en équipements adéquats pour les gorges du Verdon (voir pp. 194-197). ∎

La célèbre faïence de Moustiers

On dit qu'en 1668, un moine de Faenza aurait révélé le précieux secret du vernissage de la porcelaine à Pierre Ier Clérissy, révolutionnant ainsi l'industrie de la faïence. Durant les guerres de succession d'Espagne, Louis XIV, voulant renflouer les caisses de l'État, a encouragé la noblesse à faire fondre sa vaisselle d'or et d'argent, et à n'utiliser que la faïence, alors réservée aux classes inférieures. Au début, seuls le bleu et le blanc crème étaient utilisés pour illustrer des scènes bibliques ou de chasse. Au XVIIIe siècle, les motifs sont devenus plus précis. Des figures grotesques, des nains, des clowns, des oiseaux dispersés dans de la végétation, sont apparus. De nouvelles couleurs ont été introduites : rouge, orange, pourpre, vert, jaune. Plus de dix millions de pièces décoratives, utilitaires ou religieuses ont été créées. Mais, à cause de la Révolution, de l'épuisement des carrières d'argile locales et de la concurrence de la porcelaine anglaise, le dernier four s'est éteint en 1874. C'est en 1927 que Marcel Provence a rétabli un four et relancé la porcelaine moderne de Moustiers. ■

Le plateau de Valensole

Un pot-pourri de lavande.

Les champs de lavande à l'infini épousent les courbes du plateau de Valensole. Ses nombreux villages ont su conserver leur charme d'antan. La visite de cette région est un véritable enchantement.

Valensole, la ville la plus importante du plateau, a été construite sur un site romain. Promenez-vous dans les rues médiévales autour de l'**église Saint-Blaise**.

Vous pénétrez dans **Riez**, une ancienne distillerie de lavande, par des portes médiévales. Cette ancienne cité de Provence a conservé ses passages et ses ruelles pittoresques. L'**hôtel de Mazan** date de la Renaissance. Dans une prairie au sud de la ville, se dressent quatre colonnes de granit hautes de 6 m et surmontées de chapiteaux, vraisemblablement les vestiges d'un temple dédié à Apollon, au Ier siècle après J.-C. En face, le baptistère est l'un des plus anciens édifices de France encore debout : il date du Ve siècle. Un musée lapidaire présente les vestiges.

Non loin, la commune d'**Allemagne-en-Provence** possède un château Renaissance, toujours habité, dont la construction a débuté à la fin du XIIe siècle (*tél. : 04 92 77 46 78, ferm. nov.-mars, € €*). Le nom de la ville remonte aux guerres de Religion, quand le baron d'Allemagne occupait les lieux. ■

Valensole
✉ Office du tourisme, place des Héros de la Résistance
☎ 04 92 74 90 02

Le pays de la lavande

Aucun parfum, aucune image ne définissent aussi justement la Provence que l'arôme piquant de la lavande et les champs bleutés poussant à profusion sous un ciel d'été. Ce qui faisait écrire à F. Gingins-Lassaraz dans son *Histoire naturelle des lavandes* : « Quand les plantes qui l'entourent s'inclinent comme accablées de l'ardeur du jour, c'est alors que la lavande redresse ses tiges élégantes et répand au loin ses parfums exaltés. » Appréciée pour son parfum, estimée pour ses vertus médicinales et calmantes, la lavande est utilisée depuis le temps des Romains. Son industrie est toujours florissante.

La lavande, dont le nom vient de *lavare* qui signifie laver, est connue depuis l'Antiquité. Les Romains en parfumaient leurs bains et leurs vêtements. Elle entrait dans la composition du *thériaque*, célèbre antidote contre les piqûres d'insectes, découvert par Mithridate, le roi du Pont, au Ier siècle av. J.-C. Au Moyen Âge, alors qu'on pensait que la peste se propageait dans l'air, on en aspergeait les sols, on la brûlait dans les rues et dans les maisons infestées par la maladie. Elle était aussi utilisée pour traiter l'insomnie et chasser les poux, les mites et les punaises.

La renommée de la lavande a connu son apogée au XVIe siècle dans les cours royales, où la mode, selon Catherine de Médicis, exigeait que les gants, les mouchoirs et les perruques en soient parfumés.

La lavande sauvage pousse partout en Provence et ce n'est qu'au XIXe siècle que des champs ont été plantés pour la culture.

LA PRODUCTION DE LAVANDE

La lavande appartient à la famille de la menthe, dont font également partie le thym, la sarriette, l'origan et la sauge. Alors que soixante-dix espèces et sous-espèces de lavande ont été identifiées dans le monde, seulement trois poussent en Provence : la lavande fine qui s'épanouit sur les hauteurs, dans un sol sec et rocailleux ; l'aspic, sur les plus bas versants, dont les feuilles sont plus larges et dont les branches portent plusieurs tiges et, moins raffiné, le lavandin, un hybride de lavande et d'aspic. La lavande fine est utilisée par les fabricants de parfum pour son huile essentielle, alors que l'aspic et particulièrement le lavandin, plus productifs, sont réservés aux lessives et aux produits d'entretien.

La Provence est le premier producteur mondial de lavande. Les Alpes-de-Haute-Provence (le plateau de Valensole, la vallée de l'Asse), le Vaucluse (le plateau de Vaucluse, le plateau de Sault), la Drôme (Les Baronnies) et la vallée du Rhône offrent les meilleurs rendements.

La lavande est plantée en longues rangées onduleuses en automne ou au printemps, et les plants ne sont productifs qu'après trois ou quatre ans. La pleine floraison a lieu vers la fin du mois de juin.

La récolte se fait de juillet à mi-août, quand le parfum est à son apogée. Elle se mécanise de plus en plus. Après la cueillette, les plantes sont mises à sécher deux ou trois jours puis regroupées, empaquetées et acheminées vers la distillerie. On extrait environ 1 l d'huile essentielle de 120 kg de fleurs.

LES ROUTES DE LA LAVANDE

Voyager sur les routes de la lavande, l'été, laisse indéniablement un souvenir inoubliable. **Sault**, la capitale de la lavande fine, est une des étapes majeures. Son bureau de tourisme organise sept visites guidées (*tél. : 04 90 64 01 21, www.saultenprovence.com*) notamment au **Jardin des Lavandes** (*route du Mont-Ventoux, tél. : 04 90 64 13 08*), qui propose des ateliers floraux et de parfum, et au **Sentier des Lavandes**, une courte promenade à pied juste au sud de ville. L'Association des Routes de la Lavande (*www.routes-lavande.com*) a établi des routes de découverte touristique dans le secteur de Sault et ses environs.

La plupart des distilleries sont ouvertes au public. La **Distillerie des Agnels** à Apt (*route de Buoux, tél. : 04 90 74 22 72*) est ouverte toute l'année.

Des établissements thermaux dont l'**établissement thermal de Digne-Les-Bains** (*route des Thermes, Digne-les-Bains, tél. : 04 92 32 32 92*) utilisent la lavande pour ses effets relaxants.

Pour en savoir plus sur cette plante, arrêtez-vous au **musée de la Lavande** à Coustellet (voir p. 79, *route de Gordes, tél. : 04 90 76 91 23, €*).

Pour une liste des festivals de la lavande, reportez-vous p.189. ■

Ci-dessus à gauche : Les Romains utilisaient les huiles essentielles de lavande pour les bains, la cuisine, le lavage et parfumer l'air, des utilisations encore appliquées de nos jours. À droite : Distillation traditionnelle de lavande. Ci-dessous : Des champs de lavande coupés après la floraison de juin-juillet.

Autres sites à visiter

DIGNE-LES-BAINS
Dans cette station thermale distinguée, les cafés prospèrent le long des ombrages du boulevard Gassendi. La **cathédrale Notre-Dame-du-Bourg**, des XIIe et XIIIe siècles, est ornée de fragments de fresques des XIVe et XVe siècles. L'un des sites les plus visités est la maison d'Alexandra David-Neel. Cette grande voyageuse (1868-1969) – elle a commencé ses premières explorations à l'âge de 15 ans – s'est installée à Digne-les-Bains sous « Samten Dzong » (forteresse de méditation) juste au sud de ville. « La femme aux semelles de vent » a passé une grande partie de sa vie en Asie orientale et plus particulièrement au Tibet. Le **musée Alexandra David-Neel** (*27, avenue du Maréchal Juin, tél. : 04 92 31 32 38*) propose des expositions sur l'art et la culture tibétains.
Office du tourisme ✉ place du Tampinet, ☎ 04 92 36 62 62

ENTREVAUX
On pénètre dans la ville par un pont-levis. Ses maisons hautes et étroites, ses petites places, en font un bourg plein de charme sans être trop touristique. Au XVIIe siècle, la guerre déclarée entre la Savoie (l'Italie) et la France, Louis XIV confia à Vauban la fortification de la ville (voir illustration p. 156). Une succession de rampes fortifiées en zigzag et de portes bastonnées vous conduisent au **château-citadelle** dont les ruines sont en cours de restauration. Un petit musée, au pied de la citadelle, présente des vestiges romains.
Office du tourisme ✉ Porte Royale ☎ 04 93 05 46 73

GRÉOUX-LES-BAINS
Cette station thermale était déjà connue du temps des Romains pour ses eaux curatives. Environ 4 millions de litres d'eau sulfurisée gazeuse remplissent chaque jour les bains en marbre blanc des **thermes de Gréoux-les-Bains** (*rue des Eaux Chaudes, tél. : 04 92 70 40 01, ferm. fév.-janv.,* €€€) qui traite notamment les rhumatismes et l'arthritisme. Bordée de magasins, sa **Grand-Rue** traverse le vieux village, où vous trouverez la **maison de Pauline** (*47, Grand-Rue, ferm. le w.-e.,* €), construite en 1827, une maison des arts et traditions provençaux. Surplombant la ville, le **château des Templiers** (XIIe siècle) peut être visité (*adressez-vous à l'office du tourisme*).
Office du tourisme ✉ 5, av. des Marronniers ☎ 04 92 78 01 08, www.greoux-les-bains.com

MANOSQUE
Située entre le Luberon et la Haute-Provence sauvage, cette ville en pleine expansion, industrielle, a su conserver un centre-ville pittoresque. Au n° 14 de la **Grand-Rue**, l'artère principale de la ville, se trouve l'hôtel où l'auteur provençal Jean Giono (1895-1970) a passé son enfance et au n° 21 se trouve une succursale de **L'Occitane**, une maison de produits cosmétiques provençaux.
Office du tourisme ✉ place du Dr Joubert ☎ 04 92 72 16 00

MUSÉE DE LA PRÉHISTOIRE DES GORGES DU VERDON
Les gens vivaient dans des cavernes près de Quinson au cours de la période paléolithique. Ils ont laissé d'innombrables témoignages, des alènes d'os, de la céramique et des meules ocre, ainsi que des os d'ibex, de chevaux et de castors, conservés au musée de la Préhistoire. Les techniques les plus avancées permettent de comprendre leur mode de vie, et un village préhistorique a été reconstitué. Un sentier thématique relie le musée à la **grotte de la Baume Bonne**.
✉ route de Montmeyan ☎ 04 92 74 09 59, www.museeprehistoire.com ⊕ Fermé mar. sept.-juin €

SOSPEL
Porte d'entrée de la vallée de la Roya, cette paisible ville alpestre enjambe la Bévéra. Le **Pont-Vieux** date du XIe siècle, sa petite tour était alors un poste de péage sur la route du sel entre la côte et l'Italie, et aujourd'hui l'office du tourisme. L'**église Saint-Michel** s'élève sur la place du même nom. Cette église, de parfait style baroque, ornée aux murs et au plafond de peintures en trompe-l'œil, abrite un magnifique retable de François Bréa, *La Vierge immaculée* (XVIe siècle).
Office du tourisme ✉ Le Pont-Vieux ☎ 04 93 04 15 80 ∎

Informations pratiques

Informations pratiques 204-234
 Préparez votre voyage **204**
 Se rendre en Provence **204-205**
 Comment se déplacer **205-206**
 Conseils pratiques **206-208**
 Urgences **208**
 Calendrier des événements
 et festivals **209-210**
Hôtels et restaurants 211-226
**Faire ses achats en Provence
 227-230**
**Loisirs et activités sportives
 231-234**

Costumes traditionnels.

INFORMATIONS PRATIQUES
PRÉPAREZ VOTRE VOYAGE

QUAND PARTIR ?

La meilleure période pour se rendre en Provence, ce sont les mois de mai et juin car il fait chaud et les touristes sont encore peu nombreux.

Avec le printemps, fleurissent les amandiers et les cerisiers tandis que les coquelicots envahissent les champs. Septembre et octobre sont également des mois agréables. Vous pourriez choisir de vous y rendre durant la belle période des vendanges, qui commencent généralement vers le 15 septembre.

L'hiver, il peut faire froid. La cueillette des olives s'étend néanmoins de la mi-novembre à début janvier, la saison du ski dans les Alpes de Haute-Provence de Noël à mars.

L'été, les températures montent souvent brutalement mais les fleurs bleues ondulantes des champs de lavande répandent leur parfum envoûtant de fin juin à fin juillet. Les averses et les orages sont plus fréquents en août.

Il ne faut pas oublier que le mistral, vent froid du nord, souffle en moyenne 100 à 150 jours par an, atteignant souvent 100 km/h, ce qui peut faire chuter les températures jusqu'à 6 °C. Plus fortes l'hiver et au printemps, ses rafales durent parfois plusieurs jours d'affilée.

SITES INTERNET
www.tourism.fr
www.franceguide.com
www.culture.fr
www.provenceweb.fr
www.visitprovence.com
www.provenceguide.com
www.beyond.fr

CE QU'IL FAUT EMPORTER

Il est prudent de se munir de ses ordonnances.

Il est également fortement conseillé d'emporter une seconde paire de lunettes ou de lentilles de contact (pour conduire, vous devez toujours être en possession de vos lunettes correctrices) ainsi que, l'été, une crème solaire et un produit contre les moustiques.

Pensez à une petite laine contre la fraîcheur du soir, même l'été. En montagne, emportez un vêtement léger et imperméable.

Pour la Camargue, les jumelles et les répulsifs anti-moustiques s'imposent.

ASSURANCE

Si vous êtes étranger, vérifiez que votre assurance voyage couvre les frais médicaux ainsi qu'un éventuel rapatriement et toute perte de bagages ou d'argent.

PASSEPORTS

Les citoyens canadiens peuvent séjourner en France jusqu'à 90 jours sans visa. Pour les ressortissants des pays de l'Union européenne, une pièce d'identité suffit et aucun visa n'est nécessaire.

SE RENDRE EN PROVENCE

EN AVION

De l'étranger, toutes les grandes compagnies aériennes desservent Paris, y compris American, Continental, Delta, United et Air France. Delta, United, American et une multitude de compagnies aériennes internationales proposent des vols à destination de Nice et de Marseille, néanmoins il reste souvent meilleur marché de prendre un vol intérieur ou le train (TGV) depuis Paris.

PRINCIPAUX AÉROPORTS

Aéroport Marseille-Provence
Tél. : 04 42 14 14 14
Situé à 25 km au nord-ouest de Marseille, cet aéroport propose des vols directs vers 60 destinations.
Desserte de l'aéroport :
Gare routière de Marseille-Provence, tél. : 04 42 14 31 27. Navette depuis/vers Marseille toutes les demi-heures ; la durée du trajet est de 20 minutes.
Navette depuis/vers Aix-en-Provence toutes les heures ; temps de trajet 30 minutes.

Aéroport Nice-Côte d'Azur :
Tél. : 08 20 42 33 33
Il est situé à 6 km à l'ouest de Nice.

COMPAGNIES AÉRIENNES EN FRANCE

Air France, tél. : 08 20 82 08 20, www.airfrance.com
Twin Jet, tél. : 08 92 70 77 37
CCM Airlines, tél. : 08 20 82 08 20, www.ccm-airlines.com
American Airlines, tél. : 08 10 87 28 72, www.americanairlines.com
Continental Airlines, tél. : 01 42 99 09 09, www.continental.com
Delta, tél. : 08 00 35 40 80, www.delta.com
EasyJet, tél. 08 25 08 25 08
United, tél. : 08 10 72 72 72, www.united.com

EN TRAIN

La SNCF relie Paris à toutes les grandes villes. Il existe 18 liaisons quotidiennes entre Paris et la Provence, 17 par TGV, pour une durée de voyage de 3 heures entre Gare de Lyon et Marseille (voir p. 205).

On peut acheter son billet à l'avance dans les agences de voyages, aux guichets SNCF et dans les gares.

BILLETS

Avant de monter dans le train, il faut composter son billet dans l'une des bornes orange (ou jaunes pour les nouvelles) mises à disposition à l'entrée du quai. Un billet composté est ensuite valable 24 heures.

Il est interdit de voyager avec un billet non composté (l'infraction est passible d'une amende forfaitaire).

La SNCF propose de nombreuses formules de réduction : la carte senior comme la carte enfant ou 12/25 permettent de

INFORMATIONS PRATIQUES

voyager jusqu'à 50 % moins cher. Les billets « Découvertes » s'adressent à ceux qui ne sont pas concernés par les cartes précédentes et les font profiter de prix avantageux.

RENSEIGNEMENTS SNCF
Tél. : 36 35, www.sncf.fr

TGV (Train à Grande Vitesse) : la ligne Paris-Méditerranée permet de gagner Marseille en 3 heures, avec arrêts (selon les trains) à Avignon et Aix-en-Provence. Les horaires diffèrent selon le point de départ : aéroport Paris-Charles de Gaulle ou Paris-Gare de Lyon. Renseignements : tél. : 36 35. On peut réserver sa place et acheter son billet directement sur le site Internet de la SNCF, ou encore dans les gares ferroviaires des grandes villes. La réservation est obligatoire. Pour plus de détails : www.tgv.com

GARES TGV EN PROVENCE

La gare TGV d'Avignon est située dans la périphérie sud de la ville, entre la voie de contournement et la Durance, à 3 km du centre-ville. Une navette assure la liaison entre la gare et le cours du Président-Kennedy, intra-muros, toutes les 15 minutes.

La gare TGV d'Aix-en-Provence est aménagée à 10 km à l'ouest de ville. Des navettes directes desservent Aix et Marseille. Il existe également des bus urbains, des taxis ainsi qu'un accès rapide à l'autoroute A8.

La gare TGV de Marseille-Saint-Charles se trouve dans le centre-ville. En ville, on peut circuler en bus ou en taxi et une navette dessert l'aéroport de Marignane.

COMMENT SE DÉPLACER

EN TRAIN

Les principales villes de Provence et de Côte d'Azur sont reliées par un excellent réseau ferroviaire (voir la carte à l'intérieur de la dernière couverture). Si Nice se trouve au centre du trafic de la Côte d'Azur, les liaisons entre Cannes et Monaco sont très fréquentes.

EN CAR

Pour sortir des sentiers battus sans voiture, le meilleur moyen consiste à emprunter les lignes routières qui desservent régulièrement les petites villes et villages. Les horaires de passage sont plus fréquents du lundi au samedi que le dimanche.

EN VOITURE

La Provence dispose d'un bon réseau routier alliant petites départementales (D) pittoresques et autoroutes, souvent à péage. Parfois, il faut payer une somme fixe à l'entrée de la section à péage mais le plus souvent, on prend un ticket à l'entrée et on paie à la sortie, le montant correspondant à la distance parcourue. Les cartes bancaires sont acceptées au péage. Même si elle ne présente que deux voies, l'autoroute reste le moyen d'accès le plus rapide.

Des stations-service ouvertes 24 h/24 sont installées sur les autoroutes environ tous les 20 km mais il est possible de s'arrêter encore plus fréquemment sur les aires aménagées pour le pique-nique.

Les routes nationales (N) interurbaines sont en général en excellent état. Beaucoup sont dotées de deux voies sur certains tronçons.

LOCATION DE VOITURES

La location d'une voiture coûte relativement cher. Les agences de location sont représentées dans les aéroports et les principales gares ferroviaires. Il existe des formules avion + auto pour la plupart des vols tandis que la SNCF propose un forfait train + auto.

Pour louer une voiture en France, le conducteur doit avoir plus de 21 ans et détenir son permis de conduire depuis au moins 3 ans. Certaines compagnies refusent la location aux moins de 26 ans et aux plus de 60 ans. Informez-vous sur la procédure à suivre en cas de panne ou d'accident et les numéros de téléphone à appeler en cas d'urgence.

Le conducteur doit être en mesure, en toutes circonstances, de présenter une pièce d'identité, son permis de conduire, son attestation d'assurance et sa carte grise. Il est recommandé de verser le supplément qui libère de la franchise à payer en cas d'accident dû à sa propre responsabilité.

Certaines cartes bancaires offrent ce type de couverture. La boîte de vitesses automatique et parfois la climatisation étant considérées comme des options de luxe en Europe, elles coûtent plus cher.

Agences principales
Les plus grandes agences de location sont implantées à l'aéroport de Marseille-Provence.
ADA, tél. : 08 25 16 91 69, www.ada.fr
Avis, tél. : 08 20 05 05 05, www.avis.fr
Europcar, tél. : 08 25 35 23 52, www.europcar.fr
Hertz (gare de Marseille), tél. : 04 91 14 04 24, www.hertz.fr
Rent-a-Car (gare de Marseille), tél. : 04 91 50 12 00, www.rentacar.fr

INFORMATION AUX AUTOMOBILISTES

Accidents Voir p. 209.

Limites d'âge et permis
Il faut avoir au minimum 18 ans pour conduire en France (21 ans pour louer une voiture). Pour les ressortissants étrangers, le permis de conduire national est suffisant.

Assistance dépannage
Sur les autoroutes et les routes nationales, des téléphones d'urgence sont postés tous les 2 km. En appelant le 17, la gendarmerie fournit des renseignements concernant les services de dépannage ou les garages.

Périodes de forte fréquentation
La circulation routière augmente à partir du mois de juillet, au début

COMMENT SE DÉPLACER

des vacances scolaires, pour culminer autour du 15 août, jour férié très important.

Des itinéraires de délestage sont mis en place pour alléger les embouteillages l'été : de petites pancartes vertes mentionnant « BIS » (Bison Futé) les signalent. On peut également se procurer une brochure éditée sur ce sujet par le gouvernement dans les offices du tourisme.

Enfants
Les enfants de moins de 10 ans doivent être assis à l'arrière du véhicule.

Alcool au volant
Il est interdit de conduire avec un taux d'alcool égal ou supérieur à 0,5 g par litre de sang, ce qui correspond à environ deux verres de bière.

État des routes
Pour tout renseignement, appelez l'Inter Service Route ou branchez-vous sur la fréquence de la radio locale (souvent signalée par des panneaux en bord de route). Renseignements concernant les autoroutes : tél. : 08 92 68 10 77, www.autoroutes.fr

INFORMATION AUX AUTOMOBILISTES ÉTRANGERS

Priorité à droite
Autrefois, les véhicules arrivant par la droite avaient priorité, sauf en cas d'indication contraire. Désormais, sur les grandes routes, la priorité est en général à la voie principale, la circulation étant ralentie sur les voies secondaires.

En toutes circonstances, les véhicules d'intervention urgente et d'intérêt général sont prioritaires.

Ceinture de sécurité
Le port de la ceinture de sécurité est obligatoire à l'avant comme à l'arrière du véhicule.

Limitations de vitesse
Elles varient en fonction du temps et de la visibilité (brouillard ou pluie). Sur l'autoroute, la vitesse est limitée à 110-130 km/h (inférieure en cas de mauvaise visibilité). Sur les routes à deux voies : 90-110 km/h. Hors agglomération : 80-90 km/h. En ville (entre les panneaux d'entrée et de sortie) : 50 km/h.

Rond-points
Les véhicules déjà engagés ont la priorité, sauf à de très rares exceptions, dans les petites villes appliquant encore la priorité à droite.

CONSEILS PRATIQUES

COMMUNICATIONS

POSTES
Les bureaux de poste ouvrent de 9 h à 18 h en semaine et de 9 h à 12 h le samedi (dans les petites villes, ils ferment à l'heure du déjeuner et dans certains villages n'ouvrent que 2 ou 3 heures le matin en semaine).

Vous pouvez vous faire adresser du courrier en « Poste Restante » avec le code postal du bureau où vous irez le retirer. Le code postal est indispensable. Une taxe sera prélevée pour chaque lettre.

TÉLÉPHONE
Les numéros de téléphone comprennent dix chiffres, généralement regroupés par paires (exemple : 04 23 45 67 89). En Provence, les numéros commencent par 04.

Pour appeler un numéro français (exemple : 04 23 45 67 89) depuis l'étranger, composez l'indicatif international (00 depuis le reste de l'Europe, 011 depuis le Canada), puis celui de la France (33), suivi du numéro de votre correspondant, en omettant le premier 0 : 011 33 4 23 45 67 89.

Pour appeler Monaco, il faut composer l'indicatif international 00 377 (011 377 depuis le Canada) puis le numéro à 8 chiffres de votre correspondant.

Cabines téléphoniques
Des téléphones publics sont installés devant les grands bureaux de poste, dans les gares ferroviaires et les aéroports ainsi qu'à proximité des routes et des parkings dans les villes et les villages. Ils acceptent les cartes de téléphone ou les cartes bancaires, parfois aussi les pièces.

Les *télécartes* s'achètent dans les bureaux de tabac.

Comment téléphoner
Suivez les instructions s'affichant à l'écran : décrochez, insérez votre carte, patientez, numérotez, raccrochez.

Appels internationaux
Depuis la France, composez le 00 suivi de l'indicatif international du pays. Ces indicatifs sont répertoriés dans les premières pages de l'annuaire des Pages Jaunes ou affichés dans les cabines téléphoniques. Exemples : Canada 1, Suisse 41, Belgique 32.

Pour obtenir les renseignements nationaux, composez le 12. Pour obtenir les renseignements internationaux, composez le 32 12, suivi de l'indicatif du pays.

Pour appeler un numéro vert (appel gratuit), insérez votre carte ou vos pièces ; les pièces vous seront retournées après avoir raccroché, aucune unité ne sera débitée sur la carte.

En France et dans le reste de l'Europe, les communications bénéficient d'une réduction de 19 h à 8 h en semaine et du sam. 12 h au lun. 8 h. Les réductions s'appliquent également les jours fériés.

COURANT ÉLECTRIQUE

En France, la tension est de 220 volts, 50 Hz, et la plupart des prises présentent deux fiches rondes. Les appareils électriques de type américain nécessitent donc l'utilisation d'un adaptateur-transformateur.

COURRIER ÉLECTRONIQUE ET INTERNET

Les cafés Internet existent dans la plupart des villes. Pour connaître l'adresse la plus proche, renseignez-vous auprès de l'office du tourisme.

MÉDIAS

JOURNAUX
Journaux et revues sont vendus dans les bureaux de tabac et dans les nombreuses *maisons de la presse*. Dans les aéroports, les

gares principales et la plupart des grands hôtels, on peut se procurer des publications internationales (mais attention, il s'agit bien souvent de l'édition de la veille).

Les principaux quotidiens nationaux sont Le Monde, Le Figaro (politiquement positionnés centre et droite), Libération et L'Humanité (politiquement positionnés à gauche). Les titres anglophones, tels The International Herald Tribune, The Times et le Daily Telegraph sont largement disponibles à Nice, à Marseille et dans la plupart des stations balnéaires.

Les éditions régionales, qui proposent des informations locales mais aussi nationales et internationales, jouissent souvent d'une plus grande popularité que la presse nationale. Nice-Matin a le plus fort tirage des quotidiens régionaux ; il en existe une édition varoise intitulée Var-Matin. La Provence, qui résulte de la fusion entre Le Provençal et Le Méridional (politiquement positionné à droite), publie des éditions locales dans les Bouches-du-Rhône, le Vaucluse et les Alpes-de-Haute-Provence.

TÉLÉVISION

La télévision compte cinq chaînes : TF1, France 2, France 3, France 5, qui laisse la place à la chaîne franco-allemande Arte le soir, et M6. La plupart des séries, des feuilletons et des films étrangers sont doublés, néanmoins Arte programme fréquemment des films et des émissions sous-titrées. France 3 Région propose de bonnes émissions consacrées à la Provence. Sur la chaîne payante Canal+, les films, dont la programmation est mensuelle, passent au moins une fois en version originale (VO) ; par ailleurs, nombre de ses émissions sont consacrées aux sports. Les principaux journaux télévisés sont programmés à 13 h et 20 h.

RADIO

Les stations nationales sont diffusées depuis Marseille (France Bleu Provence, RFM Provence, Radio France Provence).

Parmi les radios locales, on peut citer Radio Provence (103.6 ou 102.9 FM) et Cannes Radio (91.5 FM). Nostalgie FM (98.3 FM) et Chérie FM (100.1 FM) sont des stations musicales populaires.

Riviera Radio (106.3 et 106.5 FM) diffuse 24 h/24 en anglais. Dans certaines régions, il est possible de recevoir BBC Radio 4 en ondes longues (198 kHz).

Autoroute FM (107.7 FM) diffuse des points sur la circulation en français, anglais et italien.

RÉDUCTIONS DANS LES MUSÉES

Cartes Musées Côte d'Azur
Accès illimité à 62 musées de la côte. Il existe également des forfaits d'un à trois jours. Se renseigner dans les musées, les offices du tourisme et les magasins FNAC.

HORAIRES D'OUVERTURE

Pratiquement toutes les boutiques et les administrations ferment pour le déjeuner de 12 h à 14 h, voire jusqu'à 15 h ou 16 h. Quantité de magasins sont fermés le lun. ou le mer. matin, voire toute la journée.

Banques
9 h-17 h lun.-sam., fermées pour le déjeuner

Bureaux de tabac et maisons de la presse
8 h-19 h. lun.-sam., 8 h-12 h dim.

Stations-service
Fermeture à 21 h sauf sur les autoroutes.

Épiceries
9 h-19 h. lun.-sam., certaines ferment pour le déjeuner sauf le sam. et parfois le ven.

Musées
Fermés pour le déjeuner de 12 h à 14 h, sauf éventuellement en juillet et/ou août. Les musées municipaux sont souvent fermés le lun., les musées nationaux le mar.

Bureaux de poste
9 h-18 h en semaine, fermeture pour le déjeuner, 9 h-12 h sam.

Magasins
9 h-19 h. lun.-sam., fermeture pour le déjeuner ; certains commerces de bouche ouvrent le dim. matin.

HEURE LOCALE

La Provence, comme le reste de la France, est à l'heure de l'Europe centrale (soit GMT + 1).

En France, on pratique le changement d'heure pour favoriser les économies d'énergie : dernier dimanche de mai (on avance les horloges de 1 heure) et dernier dimanche d'octobre (on retarde les horloges de 1 heure).

POURBOIRE

Dans la plupart des restaurants, la mention service compris (soit 15 %) figure au bas de la carte. Il est d'usage de laisser un petit pourboire supplémentaire au serveur. Pour les chauffeurs de taxi, comptez 10 à 15 %, pour les porteurs, les portiers et les guides 1 à 2 euros, pour les ouvreuses et les préposés au vestiaire 2 euros, enfin pour les coiffeurs 10 %. Il n'est pas indispensable de remettre un pourboire à la femme de chambre dans les hôtels, sauf si l'on demande un service particulier.

OFFICES DE TOURISME

BELGIQUE
Maison de la France
21 avenue de la Toison-d'Or
1050 Bruxelles
Tél. : 00 32 2 505 38 10

SUISSE
Maison de la France
2 rue Thalberg
1201 Genève
Tél. : 0900 90 0699

CANADA
Montréal
1981 Ave. McGill College. Ste. 490
Montréal, Québec H3A 2W9
Tél. : 514/288-2026
Fax : 514/845-4868
Toronto
30 St. Patrick St., Suite 700
Toronto, Ontario M5T 3A3
Tél. : 416/593-4723
Fax : 416/979-7587

INFORMATIONS PRATIQUES

CONSEILS PRATIQUES

FRANCE
Maison de la France
20, av. de l'Opéra
Paris 75001
Tél. : 01 42 96 70 00
www.franceguide.com

EN PROVENCE
Dans pratiquement toutes les agglomérations, un office du tourisme vous renseignera sur les sites touristiques, les possibilités d'hébergement, les restaurants, les distractions et les activités des environs. Beaucoup s'occupent aussi des réservations d'hôtel locales.
Comité régional de Tourisme
Les Docks, 10, place de la Joliette, Atrium 10.5, 13002 Marseille
Tél. : 04 91 56 47 00

VOYAGEURS HANDICAPÉS
L'Office national français du tourisme publie un document d'information pour les voyageurs handicapés. Le guide *Où ferons-nous étape ?* répertorie les possibilités d'hébergement pour les voyageurs handicapés, y compris les personnes en fauteuil roulant. On peut se le procurer en faisant une demande par mail auprès de l'Association des Paralysés.

APF (Association des Paralysés de France) 17, bd Auguste Blanqui, 75013 Paris, tél. : 01 40 78 69 00, www.apf.asso.fr
APF des Bouches-du-Rhône (Marseille), tél. : 04 91 79 99 99
APF des Alpes-de-Hautes-Provence (Manosque), tél. : 04 92 72 34 37

URGENCES

AMBASSADES ET CONSULATS EN FRANCE

BELGIQUE
Ambassade
9, rue de Tilsitt
75009 Paris CEDEX 17
Tél. : 01 44 09 39 39
Fax : 01 47 54 07 64
Consulat général
Les bureaux du Ruhl
5, rue Gabriel-Fauré
06000 Nice CEDEX 1
Tél. : 04 93 87 79 56/06 10 07 17 30
Fax : 04 93 87 41 96

Consulat honoraire
75, cours Pierre-Puget
13006 Marseille
Tél. : 04 91 37 07 17/06 80 35 29 59
Fax : 04 91 37 29 55

SUISSE
Ambassade
142, rue de Grenelle
75007 Paris
Tél. : 01 49 55 67 00
Fax : 01 49 55 67 67
Consulat général
7, rue d'Arcole
13291 Marseille CEDEX 6
Tél. : 04 96 10 14 10/14 11
Fax : 04 91 57 01 03
Consulat honoraire
Palais de l'Harmonie
21, rue Berlioz
06000 Nice
Tél. : 04 93 87 15 93/04 97 01 08 06
Fax : 04 97 01 08 06

CANADA
Ambassade
35, avenue Montaigne,
75008 Paris
Tél. : 01 44 43 29 00
Fax : 01 44 43 29 99
Consulat honoraire
10, rue Lamartine
06000 Nice
Tél. : 04 93 92 93 22
Fax : 04 93 92 55 51

NUMÉROS DE TÉLÉPHONE D'URGENCE

Ambulances (Service d'Aide Médicale d'Urgence ou SAMU) : 15
Police secours : 17
Pompiers : 18

QUE FAIRE EN CAS D'ACCIDENT DE LA CIRCULATION

Il n'est pas utile de faire intervenir la police si personne n'a été blessé au cours de l'accident. La procédure officielle consiste à faire remplir à chaque conducteur le *constat à l'amiable*, dont chacun signera l'exemplaire de l'autre. Si vous avez loué votre véhicule, téléphonez à l'agence pour expliquer les faits.

En cas d'accident grave, appelez la police (17) ou les pompiers (18).

Ces numéros sont gratuits mais depuis une cabine téléphonique, il faut insérer sa carte pour obtenir la communication (aucune unité n'est débitée). Dans chaque cabine sont indiqués un numéro et une adresse permettant de vous localiser ; on peut en outre vous demander le nom de la ville la plus proche afin d'identifier le département. Sinon, le numéro de la gendarmerie locale est affiché dans la cabine téléphonique.

OBJETS PERDUS

En cas de perte de papiers d'identité, il faut d'abord faire une déclaration au commissariat de police. Si vous n'êtes pas ressortissant français, vous vous rendrez ensuite à l'ambassade ou au consulat (voir plus haut). De plus, si jamais la police vous retient pour quelque raison que ce soit, vous avez le droit d'appeler le consulat le plus proche pour demander assistance.

Cartes bancaires perdues
American Express
Tél. : 01 47 77 70 00
Diners Club
Tél. 0810 31 41 59
Mastercard
Tél. 0800 90 13 87
Visa
Tél. 0800 90 11 79

SANTÉ

Vérifiez que votre assurance couvre bien votre séjour. Les pharmacies sont signalées par une croix verte ; le cas échéant, elles vous orienteront vers un médecin dont elles vous fourniront les coordonnées. En cas de problème grave, rendez-vous à l'hôpital (*urgences*). Demandez votre chemin dans une pharmacie. Pour faire renouveler une ordonnance, présentez votre médicament dans sa boîte d'origine à la pharmacie. Si elle ne possède pas le produit en question, elle tentera de trouver son équivalent. Si le traitement requiert une ordonnance, vous devrez aller chez le médecin le plus proche.

URGENCES MÉDICALES

Pour obtenir une ambulance, composez le 15 (SAMU).

ÉVÉNEMENTS ET FESTIVALS

événement		ville	
Festival international du cirque	jan.	Monaco	
Fête de la truffe	janv.	La Tour-d'Aigues	Gastronomie (leluberon.com)
Chandeleur	2 fév.	Marseille	Procession, Basilique St.-Victor
Fête du mimosa	déb. fév.	Mandelieu-la-N.	Botanique (ot-mandelieu.fr)
Carnaval	fév.	Nice	Corsi fleuris (nicecarnaval.com)
Corso fleuri	3ᵉ dim. fév.	Bormes-les-Mim.	Défilé de chars
Fête du citron	2 sem. autour du mardi gras	Menton	Défilés (citrons-menton.com)
Festival international des jeux	fin fév.	Cannes	Tournois (festivalsdesjeux-cannes.com)
Colombe d'or	mars	Antibes	Les meilleurs prestidigitateurs
Voix de femmes	mars	St-Martin-de-Crau	Théâtre (cdc.stmartindecrau.free.fr)
Avec le temps	mi-mars-déb.-avr.	Marseille	Chanson française (espace-julien.com)
Procession du Christ mort	Ven. Saint	Roquebrune	Fête votive
Printemps des arts	déb. avr.	Monaco	Musique, danse (printemps-des-arts.mc)
Fête de l'œillet	déb. avr.	Falicon	Botanique (mairie-falicon.com)
Journées des plantes rares	mi-avril	Sérignan-du-Comt.	Chez J.-H. Fabre (plantes-rares.com)
Fête pascale	avril	Arles	Féria (parc-camargue.fr)
Jazz en Luberon	déb. mai	St-Saturnin-les-Apt	Jazz (jazzclub.free.fr)
Les diableries	mai	Vauvert	Spectacles sur le thème du diable
Grand Prix de Monaco	Ascension	Monaco	Course automobile (acm.mc)
Fête des gardians	déb. mai	Arles	Défilé équestre
Bravades	mi-mai	St-Tropez	Fête folklorique
Expo cactus	Pentecôte	Monaco	Botanique (monaco-mairie.mc)
Fête de la transhumance	Pentecôte	St-Rémy-de-Prov.	Tradition agricole
Féria de la Pentecôte	Pentecôte	Nîmes	Corrida et fêtes
Arbre de mai	fin mai	Cucuron	Fête votive
Pèlerinage gitan	fin mai	Stes-Maries-de-la-M.	Hommage à Sainte Sara
Festival du film de Cannes	mai	Cannes	Cinéma (festival-cannes.fr)
Festival les musiques	mai	Marseille	Mus. contemp. (gmem.org)
Floraisons musicales	mai-juin	Châteauneuf-du-P.	Mus. classique
Fête de la musique	21 juin		Mus. (fetedelamusique.culture.fr)
Festival estival	mi-juin-mi-juil.	Toulon	Mus. (perso.wanadoo.fr/musiquetoulon)
Les Baroquiales	fin juin-début juil.	Sospel	Mus. classique
Fête des Olivades	déb. juil.	Nyons	Olive et huile d'olive
Fête du club taurin	mi-juil.	Maussane	Féria (maussane.com)

ÉVÉNEMENTS ET FESTIVALS

événement		ville	
Fête nationale	14 juillet		
Chorégies d'Orange	juillet	Orange	Opéra (choregies.asso.fr)
Festival d'Avignon	juillet	Avignon	Théâtre (festival-avignon.com)
Festival de la Sorgue	juillet	L'Isle-sur-la-Sor.	Folklore, théâtre de rue
Festival de Marseille	juillet	Marseille	Théâtre, danse (festivaldemarseille.com)
Festival de Martigues	juillet	Martigues	Mus. actuelle (festivaldemartigues.com)
Festival internat. d'art lyrique	juillet	Aix-en-Provence	Opéra (festival-aix.com)
Festival provençal	juillet	Avignon	Folklore (nouvello.com)
Jazz à Juan	juillet	Juan-les-Pins	Jazz (antibes-juanlespins.com)
L'Été de Vaison	juillet	Vaison-la-Rom.	Danse, théâtre (vaison-festival.com)
Les Musicales d'Oppède	juillet	Cavaillon	Mus. classique (cavaillon-luberon.com)
Nice Jazz Festival	juillet	Nice	Jazz (nicejazzfest.com)
Musique et danse	fin juil.	Baux-de-Provence	Mus./danse (bauxdeprovence-festival.com)
Nuits musicales du Suquet	fin juil.	Cannes	Mus. classique (cannes.fr)
Festival danse à Aix	mi-juil.-mi-août	Aix-en-Provence	Danse contemp. (danse-a-aix.com)
Festival de musique sacrée	juil.–août	Sylvanes	Mus. classique (sylvanes.com)
Fest. internat. de piano de La Roque …	juil.-août	La Roque-d'Anth.	Mus. classique (festival-piano.com)
Nuits de la Citadelle	juil.–août	Sisteron	Mus. classique (sisteron.com)
Festival de quatuor à cordes	juil.-sept.	Lacoste	Mus. clas. (festival-quatuors-luberon.com)
Fête de la Véraison	déb. août	Châteauneuf-du-P.	Fête médiévale
Fête des melons	déb. août	Sarrians	Gastronomie
Riches heures de la Rotonde	déb. août	Simiane-la-Rot.	Mus. ancienne (festival-simiane.com)
Féria provençale	mi-août	St.-Rémy-de-Prov.	Courses de taureaux
Fête de la lavande	15 août	Sault	Botanique (routes-lavande.com)
Festival de musique de chambre	août	Menton	Mus. classique (villedementon.com)
L'Été des épouvantails	août	Sospel	Concours d'épouvantails
Fête de l'ail	fin août	Piolenc	Gastronomie
Fête des prémices du riz	mi-sept.	Arles	Nouvelle récolte (ville-arles.fr)
Festival de musique contemporaine	octobre	Marseille	
Fest. mondial de l'image sous-marine	octobre	Antibes	Cinéma (underwater-festival.com)
Foire aux santons	déb. déc.	Aubagne	Artisanat (aubagne.com)
Foire aux santons	décembre	Marseille	Artisanat (marseille-tourisme.com)
Fête de la lumière	décembre	St.-Raphaël	Théâtre, mus. de rue (saint-raphael.com)
Festival d'art sacré	déc.-janv.	Antibes	Mus. classique (antibes-juanlespins.com)

HÔTELS ET RESTAURANTS

Trouver un hôtel en Provence est un véritable défi, non pas parce que le choix est limité mais au contraire parce qu'il est immense. De châteaux médiévaux en somptueuses auberges, de palaces de la Riviera en villas perchées, il y en a pour tous les goûts et pour toutes les bourses. Il est va de même pour les restaurants, la cuisine du soleil a de très nombreux disciples.

LES HÔTELS

Nous avons sélectionné des hôtels de qualité en Provence et sur la Côte d'Azur, listés par prix et ensuite par ordre alphabétique. Nous avons choisi dans la mesure du possible des hôtels à la fois intimes et typiques, parfois sur les conseils d'une association locale ou historique.

Quelle que soit la période, mais particulièrement en haute saison, il est indispensable de réserver et, si possible, de confirmer par fax. Il peut vous être demandé un acompte ou un numéro de carte bancaire.

Vérifiez si un festival a lieu pendant votre séjour. Ils se multiplient dès l'arrivée des beaux jours avec des programmations certes de grande qualité mais il devient alors plus difficile encore de trouver de la place. Novembre est la période au cours de laquelle l'industrie du tourisme prend elle-même ses vacances, ce qui entraîne la fermeture de nombreux établissements.

CARTES BANCAIRES

La plupart des hôtels acceptent les cartes bancaires, mais certains, parmi les plus petits, peuvent n'accepter que des espèces.

Les abréviations sont les suivantes : AE (American Express), CB (Carte Bleue), DC (Diners Club), MC (Mastercard), V (Visa).

LES CHAÎNES D'HÔTEL

Relais départementaux des Gîtes de France
Bouches-du-Rhône :
Tél. : 04 90 59 49 40
Fax : 04 90 59 16 75
Gard :
Tél. : 04 66 27 94 94
Fax : 04 66 27 94 95
Vaucluse :
Tél. : 04 90 85 45 00
Fax : 04 90 85 88 49

Maison des Gîtes de France
Tél. : 01 49 70 75 75
Fax : 01 42 81 28 53
Akena
Tél. : 01 69 84 95 17
Etap Hôtel
Tél. : 08 36 68 89 00
Campanile
01 64 62 46 46
Climat de France
Tél. : 01 64 46 01 23
Ibis
Tél. : 08 03 88 22 22

De nombreux départements ont un centre de réservation d'hôtels, de gîtes et de camping. Adressez-vous aux offices du tourisme.

LES RESTAURANTS

Notre sélection comprend de bonnes tables typiques offrant une cuisine régionale et des restaurants de haute gastronomie. Dans le doute, il est toujours prudent de choisir un lieu simple où vous pourrez déguster une spécialité locale sur le pouce.

Heures de repas
En haute saison, ou si vous avez choisi un restaurant en particulier, faites une réservation.

Les restaurants ont souvent des tables en terrasse. Dans les villes, des tables peuvent être dressées sur les trottoirs ou dans une cour intérieure. Nous mentionnons la possibilité de prendre un repas à l'extérieur seulement si la vue ou le jardin sont d'un intérêt particulier.

La carte des vins est souvent dominée par des vins locaux. Tous les restaurants proposent des vins de pays, en carafe ou demi-carafe. La loi interdit de fumer dans les endroits publics mais c'est toléré dans la salle fumeurs si le restaurant en a une. Il faut donc le préciser.

AVIGNON ET LE VAUCLUSE

APT

AUBERGE DU LUBERON
€€€
8, PLACE DU FAUBOURG DU BALLET
TÉL. : 04 90 74 12 50
Cuisine provençale dans une douce atmosphère, avec terrasse et jardin. Agneau du Luberon aux aubergines confites, foie gras de canard aux fruits confits. Réservation indispensable.
Ferm. le dim., le soir en hiver, le lun. (sauf le soir en saison) et 23 déc.-15 jan.

LE CARRÉ DES SENS
€€€
COURS LAUZE DE PERRET
TÉL. : 04 90 74 74 00
Cuisine imaginative et légère (poulet au citron à risotto d'orge sauvage), belle cave et expositions d'art contemporain, avec une légère pointe de sophistication typique du Luberon. À la même adresse, on trouve également un bar à vins, moins cher et tout aussi délicieux.
Fermé le lun. midi et de nov. à mars.
MC, V

AVIGNON

DE LA MIRANDE
€€€€€ ★★★★
4, PLACE AMIRANDE
TÉL. : 04 90 85 93 93
FAX : 04 90 86 26 85
Maison provençale du XVIIIe siècle située au pied du palais des Papes, proposant des chambres luxueuses et un mobilier raffiné. Le restaurant (qui s'est vu attribuer une étoile par le guide Michelin) propose des spécialités provençales comme l'agneau du Luberon.
19

Non-fumeurs   Air conditionné   Piscine extérieure   couverte   Salle de sports   Cartes bancaires

INFORMATIONS PRATIQUES

RECOMMANDÉ

🍴 LE CAFÉ DE PARIS
🏨 L'EUROPE
Napoléon Bonaparte lui-même a séjourné dans cette magnifique demeure du XVIe siècle, devenue aujourd'hui l'un des plus grands hôtels d'Avignon. Terrasse ombragée, tapisseries, décoration raffinée. Le restaurant (une étoile au Michelin), la Vieille-Fontaine, est digne de la splendeur de cet établissement. Fleurs de courgettes farcies aux artichauts et bar grillé, accompagné d'une tarte à la tomate.
€€€/€€€€€ ★★★★
12, PLACE CRILLON
TÉL. : 04 90 14 76 76
FAX : 04 90 14 76 71
www.heurope.com 🛈 44 + 3 suites 🅿 🍴 Restaurant fermé le lun. midi, tous les dim. et deux semaines en août 🆔 ♿

🏨 CLOÎTRE SAINT-LOUIS
€€€ ★★★★
20, RUE DU PORTAIL-BOQUIER
TÉL. : 04 90 27 55 55
FAX : 04 90 82 24 01
www.cloitre-saint-louis.com
Décor contemporain dans un cloître jésuite du XVIe siècle et annexe conçue par Jean Nouvel alliant le verre, l'acier et les pierres séculaires. Piscine et solarium sur le toit.
🛈 80 🅿 Limité 🆔 ♿ 🏊
♿

🍴 LA COMPAGNIE DES COMPTOIRS
€€€
83, RUE JOSEPH-VERNET
TÉL. : 04 90 85 99 04
Cet ancien couvent de bénédictines héberge un restaurant branché et luxueux. Carte aux accents du Sud : taureau grillé de Camargue et préparations végétariennes comme le risotto du Piémont aux pousses de radis.
♿

🍴 BRUNEL
€€
46, RUE DE LA BALANCE
TÉL. : 04 90 85 24 83
Une valeur sûre, à deux pas du palais des Papes. Les plats végétariens sont particulièrement réussis. Raviolis aux champignons sauvages.
🕐 Fermé dim. et lun.
💳 MC, V

🍴 ROSE AU PETIT BEDON
€€
70 RUE JOSEPH-VERNET
TÉL. : 04 90 82 33 98
Cet accueillant petit restaurant sert une cuisine aux saveurs de la Provence : soupe au potiron, veau à la sauge, gâteaux aux poires et pommes cuites.
🕐 Fermé le dim. et lun. midi et trois semaines en août.
♿

🍴 L'ÉPICERIE
€
10, PLACE ST-PIERRE
TÉL. : 04 90 82 74 22
Face à l'église Saint-Pierre du XVIe siècle, ce petit café propose des plats régionaux. Agneau à la sauce aux abricots, sélection de fromages.
🕐 Fermé le dim. et de nov. à mars ♿

De l'autre côté du Rhône, à Villeneuve-lès-Avignon :
🏨 LE PRIEURÉ
🍴 €€€ ★★★★
7, PLACE DU CHAPITRE
TÉL. : 04 90 15 90 15
FAX : 04 90 25 45 39
www.leprieure.fr
La décoration et le mobilier d'époque de ce somptueux prieuré vous transportent au XIVe siècle. Restaurant élégant et de caractère.
🛈 36 🅿 🆔 ♿ 🏊 ♿

🍴 L'ATELIER
€€ ★★
5, RUE DE LA FOIRE
TÉL. : 04 90 25 01 84
www.hoteldelatelier.com
Cette calme demeure du XVIe

PRIX

HÔTELS
Voici quelques indications de prix pour une chambre double sans petit déjeuner :
€€€€€ Plus de 200 €
€€€€ 150-200 €
€€€ 125-150 €
€€ 100-125 €
€ Moins de 100 €

RESTAURANTS
Voici quelques indications de prix pour un repas avec entrée, plat et dessert, boisson non comprise :
€€€€€ Plus de 50 €
€€€€ 35-50 €
€€€ 25-35 €
€€ 20-25 €
€ Moins de 20 €

siècle est pétrie de charme. Meubles anciens, objets chinés, terrasse panoramique.
🛈 23 🕐 Fermé jan.-fév.
♿

BONNIEUX

🏨 LA BASTIDE DE
🍴 CAPELONGUE
€€€ ★★★★
LE VILLAGE
TÉL. : 04 90 75 89 78
FAX : 01 90 75 93 03
www.capelongue.com
Un des rares hôtels perchés du Petit Luberon. Belle lumière, chambres spacieuses au mobilier provençal, vue plongeante sur le vieux village. Cuisine raffinée élaborée à partir de produits de la ferme et du jardin. Pintade à la sauce aux truffes, saint-pierre grillé.
🛈 17 🅿 🆔 🕐 Fermé nov.-mars 🏊 ♿

🏨 HOSTELLERIE DU PRIEURÉ
€€ ★★★
RUE JEAN-BAPTISTE-AURARD
TÉL. : 04 90 75 80 78
FAX : 04 90 75 96 00
Un prieuré restauré avec goût dans le style provençal.
🛈 10 🅿 🕐 Fermé nov.-mars ♿

🏨 Hôtel 🍴 Restaurant 🛈 Nbre de chambres 🆔 Nbre de places Ⓜ Métro 🕐 Fermeture 🛗 Ascenseur

INFORMATIONS PRATIQUES

LE FOURNIL
€€€
5, PLACE CARNOT
TÉL. : 04 90 75 83 62
La terrasse, agrémentée d'une jolie fontaine, est idéale pour apprécier une cuisine qui chante les saveurs du Sud.
Fermé lun. et mar. et nov.-fév. V

BUOUX

AUBERGE DE LA LOUBE
€€
BUOUX
TÉL. : 04 90 74 19 58
Au pied du hameau de Buoux, sur la route de Lourmarin, ce restaurant retiré bénéficie depuis vingt ans d'une excellente réputation. Il est prudent de réserver.
Fermé lun., mar. et dim. dîn. N'accepte pas les cartes bancaires

CAVAILLON

LE PRÉVÔT
€€€
353, AV. DE VERDUN
TÉL. : 04 90 71 32 43
La cuisine évolue au gré des saisons. En été, le chef Jean-Jacques Prévôt dédie un menu entier au melon, la spécialité de Cavaillon.
Fermé dim. et lun.
AE, MC, V

CHÂTEAUNEUF-DU-PAPE

LE CHÂTEAU DES FINES ROCHES
€€€ ★★★★
RTE. DE SORGUES
TÉL. : 04 90 83 70 23
FAX : 04 90 83 78 42
www.chateaufinesroches.com
À quelques kilomètres de la ville, au milieu des vignes et des cyprès, ce château-manoir propose de vastes chambres rustiques.
8

LA SOMMELLERIE
€€/€€€ ★★★
RTE. DE ROQUEMAURE
TÉL. : 04 90 83 50 00
FAX : 04 90 83 51 85
www.hotel-la-sommellerie.com
Cette charmante bergerie du XVIIe siècle, nichée au cœur du célèbre vignoble, est aujourd'hui aménagée en un délicieux petit hôtel, agrémenté d'un restaurant gastronomique qui vaut une étape.
14 Fermé le dim. soir, le lun., nov.-mars et jan.

LA FERME DE LA HUPPE
€/€€
RTE. D'APT
LES POURQUIERS
TÉL. : 04 90 72 12 25
FAX : 04 90 72 01 83
Dans cette paisible campagne du Luberon, cette magnifique ferme du XVIIIe siècle et sa cour intérieure ont été rénovées dans le plus pur style provençal.
8 Fermé déc.-avr.
Dans certaines chambres
MC, V

LA MÈRE GERMAINE
€€
3, RUE DU COMMANDANT LEMAITRE
TÉL. : 04 90 83 54 37
www.lameregermaine.com
Ce restaurant propose une cuisine provençale qui suit le cours des saisons et présente une excellente carte de vins. Terminez votre repas par une tarte au chocolat et aux noisettes. La terrasse offre une vue superbe sur la vallée et les vignobles.

LE PISTOU
€
15, RUE JOSEPH-DUCOS
TÉL. : 04 90 83 71 75
Petite adresse mais excellente cuisine, ce restaurant est fréquenté par les vignerons de la région. Un arrêt imprévu pour le déjeuner pourrait bien se transformer en un mémorable repas. Les suggestions du jour, toujours excellentes, sont présentées sur ardoise.
Fermé le dim. soir et tous les lun. V

GIGONDAS

LES FLORÊTS
€€/€€€
TÉL. : 04 90 65 85 01
Un charmant restaurant isolé dans la campagne, au décor typiquement provençal. Cuisine aux accents du terroir : lotte braisée au beurre d'orange, agneau sur lit d'aubergines. Les chambres sont propres et confortables, dotées d'immenses salles de bains. Jolie terrasse fleurie.
Fermé lun. dîn., mar. nov.-mars, jan. et mars

GORDES

LA BASTIDE DE GORDES ET SPA
€€€ ★★★★
RTE. DE COMBE
TÉL. : 04 90 72 12 12
FAX : 01 90 72 05 20
www.bastide-de-gordes.com
Adossé au village, cet hôtel de charme propose des chambres spacieuses meublées à l'ancienne et un spa sur trois niveaux entièrement dédiés au bien-être du corps et de l'esprit. Le restaurant propose de la cuisine provençale et méditerranéenne.
45 Fermé jan.-fév.
AE, MC, V

DOMAINE DE L'ENCLOS
€€€ ★★★★
RTE. DE SÉNANQUE
TÉL. : 04 90 72 71 00
FAX : 04 90 72 03 03
Des jardins privés, une piscine chauffée font de ce domaine un endroit idéal pour résider en famille. Les chambres sont grandes, personnalisées. À cinq minutes à pied de la ville.
17 AE, MC, V

LE MAS TOURTERON
€€€
LES IMBERTS
CHEMIN ST-BLAISE
TÉL. : 04 90 72 00 16
Cet ancien mas provençal sert une cuisine légère, saisonnière et imaginative. Grand potager.

Non-fumeurs · Air conditionné · Piscine extérieure · couverte · Salle de sports · Cartes bancaires

INFORMATIONS PRATIQUES

⊕ Fermé les lun. et mar., sept.-juin et nov.-mars

ISLE-SUR-LA-SORGUE

MAS DE CURE BOURSE
€€ ★★★
RTE. DE CAUMONT
TÉL. : 04 90 38 16 58
FAX : 04 90 38 52 31
Cet ancien relais de poste du XVIIIe siècle, perdu dans les vergers, offre confort et tranquillité.
13 Restaurant fermé nov. MC, V

LE JARDIN DU QUAI
€€€
EN FACE DE LA GARE
TÉL. : 04 90 20 14 98
FAX : 04 90 20 32 91
Ce bistro provençal sert, dans un magnifique jardin ombragé, une cuisine inventive et originale. Menu unique de qualité midi et soir.
⊕ Fermé les mar. et mer. et en jan.

LOURMARIN

AUBERGE LA FENIÈRE
€€€ ★★★★
RTE. DE CADENET
TÉL. : 04 90 68 11 79
FAX : 04 90 68 18 60
Un mas restauré avec soin, goût et élégance. La reine Sammut qui utilise les produits de son jardin fait la réputation de cette charmante auberge.
9 ⊕ Fermé nov.-jan., restaurant fermé les lun. et mar. midi

HOSTELLERIE LE PARADOU
€€
COMBE DE LOURMARIN
TÉL. : 04 90 68 04 05
FAX : 04 90 08 54 94
Un tranquille petit hôtel familial enserré dans les gorges de Lourmarin. Chambres avec vues sur les champs et le village.
9 MC, V

HÔTEL DE GUILLES
€€ ★★★
RTE. DE VAUGINES
TÉL. : 04 90 68 30 55
FAX : 04 90 68 37 41
Un domaine de 20 ha pour ceux qui apprécient la campagne en fleurs et le chant des cigales. Plaisantes chambres de style provençal.
29 ⊕ Fermé nov.-mars AE, MC, V

ORANGE

HÔTEL ARÈNE
€€ ★★★
PLACE DE LANGES
TÉL. : 04 90 11 40 40
FAX : 04 90 11 40 45
Cet hôtel simple et tranquille, de style provençal, est une des adresses les plus agréables d'Orange.
30

LE MANDARIN ET L'ORANGERIE
€€
4, PLACE DE L'ORMEAU
PIOLENC 84420
TÉL. : 04 90 29 59 88
Cette auberge du XVIIIe siècle, dotée d'une agréable cour intérieure, offre dans un cadre traditionnel une cuisine inventive. Langoustines à la sauce aux truffes et osso bucco aux langoustines.
⊕ Fermé le lun. DC, MC, V

LE PARVIS
€€
3, COURS POURTOULES
TÉL. : 04 90 34 82 00
Restaurant élégant et cuisine au goût du jour rehaussée de touches provençales. Bar braisé.
⊕ Fermé le dim. midi et le lun. MC, V

PERNES-LES-FONTAINES

AU FIL DU TEMPS
€€€€
PLACE L. GIRAUD
TÉL./FAX : 04 90 66 48 61
Cette adresse (détenant une étoile Michelin) sert une cuisine méridionale intelligemment revisitée dans une salle très tranquille mais petite. Il est indispensable de réserver d'autant que la maison ferme à la Toussaint, pendant les fêtes de fin d'année, et les vacances de février. Excellente carte de vins.
⊕ Fermé mar. d'oct. à juin, sam. déj de juil. à sept., et mer. V

ROUSSILLON

MAS DE GARRIGON
€€€ ★★★
RTE. DE ST-SATURNIN
TÉL. : 04 90 05 63 22
FAX : 04 90 05 70 01
Ce charmant petit hôtel propose des chambres consacrées à un écrivain ou un artiste ayant vécu en Provence. Chacune a sa propre terrasse donnant sur le Luberon.
17 ⊕ Fermé le dim. soir et le lun.

SAIGNON

AUBERGE DU PRESBYTÈRE
€€ ★★★
PLACE DE LA FONTAINE
TÉL. : 04 90 74 11 50
FAX : 04 90 04 68 51
Une merveilleuse auberge donnant sur la place d'un des villages perchés les moins connus du Luberon. Cuisine délicieuse.
12 ⊕ Fermé mi-nov.-fév. MC, V

SÉGURET

DOMAINE DE CABASSE
€€ ★★★
ST-JOSEPH
TÉL. : 04 90 46 91 12
FAX : 04 90 46 94 01
www.domaine-de-cabasse.fr
Installé au pied des Dentelles de Montmirail, l'hôtel est intégré au domaine viticole et accueille des pensionnaires qui apprécient le vin et la cuisine provençale « faite comme à la maison ».
12 ⊕ Fermé nov.-mars MC, V

LA TABLE DU COMTAT
€€ ★★★
LE VILLAGE

INFORMATIONS PRATIQUES

TÉL. : 04 90 46 91 49
FAX : 04 90 46 94 27
Situé sur les hauteurs du village de Séguret, un hôtel intime où les propriétaires fins gourmets vous font partager leur amour de la cuisine.
🛈 8 🕐 Fermé nov.-fév. 🅿 🏊 ❄

VAISON-LA-ROMAINE

🏨 LE BEFFROI
🍴 €€ ★★★
RUE DE L'ÉVÊCHÉ, HAUTE VILLE
TÉL. : 04 90 36 04 71
FAX : 04 90 36 24 78
www.le-beffroi.com
Un manoir du XVIe siècle perché dans les hauteurs de la ville médiévale, au charme authentique. La décoration est remarquable : antiquités régionales, chevrons, carreaux en céramique. Cuisine régionale. Miel de lavande.
🛈 22 🅿 🏊 ❄

🍴 LE MOULIN À HUILE
€€€€
QUAI MARÉCHAL FOCH
PRÈS DE PONT-ROMAIN
TÉL. : 04 90 36 20 67
Excellente cuisine créative du chef Robert Bardot dans cet ancien moulin à huile des bords de l'Ouvèze. Tout ce que l'on peut espérer d'un restaurant provençal de classe. Fougasse au beurre de truffe, rougets poêlés à la sauce aux échalotes et aux herbes.
🕐 Fermé le dim. soir et le lun. ❄ AE, MC, V

VENASQUE

RECOMMANDÉ

🏨 LA MAISON AUX VOLETS BLEUS
Cette maison d'hôte, installée dans un magnifique mas de village du XVIIIe siècle, bénéficie d'une vue époustouflante sur le mont Ventoux. L'accueil, très chaleureux, est digne du confort des chambres et de la cuisine élaborée avec les produits frais de la région que Martine et Jérôme Maret proposent certains soirs. Base idéale pour découvrir la région.
€/€€
TÉL. : 04 90 66 03 04
FAX : 04 90 66 16 14
www.maison-volets-bleus.com
🛈 5 + 1 s. 🕐 Fermé nov.-fév. N'accepte pas les cartes bancaires

🏨 AUBERGE DE 🍴 LA FONTAINE
€€€ ★★★
PLACE DE LA FONTAINE
TÉL. : 04 90 66 02 96
FAX : 04 90 66 13 14
www.auberge-lafontaine.com
Face à la fontaine du village, cette maison ancienne située dans ce qui fut jadis la mairie propose des appartements accueillants, comprenant cuisine, cheminée, chambre et salle à manger. Idéal pour des séjours prolongés.
🛈 5 ❄ 🅿
❄ AE, MC, V

VERS LE SUD AU FIL DU RHÔNE

AIGUES-MORTES

🏨 LES ARCADES
€€ ★★★
23, BD. GAMBETTA
TÉL. : 04 66 53 81 13
FAX : 04 66 53 75 46
www.les-arcades.fr
Cette belle maison du XVIe siècle, située sous les arcades, abrite le meilleur restaurant de poissons d'Aigues-Mortes. Neuf chambres au mobilier moderne.
🛈 9 🅿 🕐 Fermé le lun., mar. et jeu. midi ❄ 🏊 ❄

🏨 LES TEMPLIERS
€€ ★★★
23, RUE DE LA RÉPUBLIQUE
TÉL. : 04 66 53 66 56
FAX : 04 66 53 69 61
Murs de pierre, poutres peintes, cheminées dans la plupart des chambres, cet ancien hôtel restauré dans les remparts est pétri de charme.
🛈 11 🅿 🏊 ❄ ❄ AE, MC, V

ARLES

🏨 LE MAS DE PEINT
€€€€ ★★★★
LE SAMBUC
TÉL. : 04 90 97 20 62
FAX : 04 90 97 22 20
Les étables reconverties de cette ferme camarguaise offrent des chambres raffinées au plafond de bois. Linge en lin et objets anciens.
🛈 8 + 2 suites 🅿 🕐 Fermé début jan.-mars ❄ ❄

🏨 GRAND HÔTEL NORD PINUS
€€€/€€€€€ ★★★★
14, PLACE DU FORUM
TÉL. : 04 90 93 44 44
FAX : 04 90 93 34 00
Bien que modernisé, ce luxueux hôtel reste dans la pure tradition provençale. Très apprécié des amateurs de corrida pendant le festival.
🛈 25 🅿 ❄ Dans certaines chambres ❄

🏨 L'ARLATAN
€€ ★★★
26, RUE SAUVAGE
TÉL. : 04 90 93 56 66
FAX : 04 90 49 68 45
www.hotel-arlatan.fr
Cette gracieuse demeure du XVe siècle, au cœur de la ville, déborde de mobilier ancien. Jardin clos et vestiges romains.
🛈 47 🕐 Fermé jan. et fév. 🅿 ❄ ❄

🍴 LA GUEULE DE LOUP
€€€
39, RUE DES ARÈNES
TÉL. : 04 90 96 96 69
Le restaurant est situé à l'étage, au-dessus des cuisines. Plats régionaux avec une pointe d'originalité. Charlotte d'agneau aux aubergines et coulis de poivrons rouges, tarte tatin de navets au foie gras et poires. Il est prudent de réserver.
🕐 Fermé en jan. et le dim. et lun. midi ❄ MC, V

❄ Non-fumeurs ❄ Air conditionné 🏊 Piscine extérieure ❄ couverte 🏋 Salle de sports ❄ Cartes bancaires

L'AFFENAGE

€€

4, RUE MOLIÈRE
TÉL. : 04 90 96 07 67
Les hors-d'œuvre à la provençale sont la spécialité de ce restaurant situé dans d'anciennes écuries mais les plats principaux comme l'agneau grillé dans la cheminée sont excellents.
Fermé trois semaines en août. N'accepte pas les cartes bancaires

CAFÉ LA NUIT

€

PLACE DU FORUM
TÉL. : 04 90 49 83 30
Un café populaire, décoré à la façon du tableau de Van Gogh, *Le Café du Soir*.
MC, V

LOU CALEU

€

27, RUE PORTE DE LAURE
TÉL. : 04 90 49 71 77
Le plus authentique des nombreux restaurants situés près des arènes. Excellente formule déjeuner. Tomates fourrées aux aubergines et viande de Camargue.
Fermé dim. et lun. et jan.-fév.

LES-BAUX-DE-PROVENCE

LA BENVENGUDO

€€ ★★★

À 2 KM DES BAUX
TÉL. : 04 90 54 32 54
FAX : 04 90 54 42 58
Blotti au pied des Alpilles, ce manoir-hôtel au jardin raffiné est un véritable paradis. Le salon et la salle à manger sont meublés dans le style provençal et certaines chambres dotées de terrasses privées. Tennis.
20 + 3 suites
Fermé nov.-déc. Dans certaines chambres
AE, MC, V

LE MAS D'AIGRET

€€ ★★★

D27A
TÉL. : 04 90 54 20 00
FAX : 04 90 54 44 00
www.masdaigret.com
Adossée à la falaise, une partie de l'hôtel est taillée dans le rocher, comme l'est le village en contrebas. Le petit déjeuner est servi dans une salle troglodytique.
17 Fermé nov.-mars

RECOMMANDÉ

OUSTAU DE BAUMANIÈRE

Un restaurant deux étoiles au Michelin logé dans une maison du XVIe siècle, aux voûtes séculaires. Belle cuisine ensoleillée : gigot d'agneau en croûte et raviolis aux truffes.
€€€€/€€€€€
TÉL. : 04 90 54 33 07
FAX : 04 90 54 40 46
www.oustaudebaumaniere.com
22 Fermé le jeu. midi et le mer. nov.-mars et de fin jan. au 10 mars

NÎMES

HÔTEL D'ENTRAIGUES

€€ ★★★

PLACE DE L'ÉVÊCHÉ, UZÈS
TÉL. : 04 66 22 32 68
FAX : 04 66 22 57 01
www.hoteldentraigues.com
Logé dans deux maisons des XVe et XVIIIe siècles, face à la tour Fenestrelle, cet hôtel calme et intime propose des chambres anciennes ou modernes au mobilier simple et aux murs teintés en ocre.
36

HÔTEL LA BAUME

€€ ★★★

21, RUE NATIONALE
TÉL. : 04 66 76 28 42
FAX : 04 66 76 28 45
www.new-hotel.com
Cet hôtel particulier du vieux Nîmes propose des chambres raffinées, où se marient ancien et design. Un bon point de

PRIX

HÔTELS
Voici quelques indications de prix pour une chambre double sans petit déjeuner :
€€€€€ Plus de 200 €
€€€€ 150-200 €
€€€ 125-150 €
€€ 100-125 €
€ Moins de 100 €

RESTAURANTS
Voici quelques indications de prix pour un repas avec entrée, plat et dessert, boisson non comprise :
€€€€€ Plus de 50 €
€€€€ 35-50 €
€€€ 25-35 €
€€ 20-25 €
€ Moins de 20 €

départ pour visiter les monuments de la ville.
34

L'ENCLOS DE LA FONTAINE

€€€

HÔTEL IMPERATOR
QUAI DE LA FONTAINE
TÉL. : 04 66 21 90 30
L'élégant restaurant, jadis fréquenté par Ava Garner et Hemingway, l'est aujourd'hui par les toréadors pendant la féria. Brandade de morue, escabèche, loup de mer accompagné d'une compote de fenouil.

LE 9

€€

RUE DE L'ÉTOILE
TÉL. : 04 66 21 80 77
Niché dans la vieille ville, ce restaurant chic et théâtral sert une cuisine gorgée de soleil jusque tard le soir.
Fermé nov.-avr. CB, V

ST-RÉMY-DE-PROVENCE

LES ATELIERS DE L'IMAGE

€€€ ★★★★

36, BD. VICTOR HUGO
TÉL. : 04 90 92 51 50
FAX : 04 90 92 43 52

INFORMATIONS PRATIQUES

Cet hôtel moderne est entièrement dédié à la photographie. Collection privée, exposition dans les chambres, galerie... Bel intérieur contemporain.
🛏 11 🕐 Fermé en jan. 🅿

CHÂTEAU DES ALPILLES
€€€ ★★★★
D31
TÉL. : 04 90 92 03 33
FAX : 04 90 92 45 17
www.chateau-des-alpilles.com
Cette demeure du XIXe siècle, tenue par un duo mère-fille, propose dans le château, la chapelle et la ferme, des chambres spacieuses, restaurées avec soin et au mobilier d'époque.
🛏 22 🕐 Fermé mi-nov. à mi-fév. 🅿

SOUS LES FIGUIERS
€€ ★★★
3, AV. TAILLANDIER
TÉL. : 04 32 60 15 40
FAX : 04 32 60 15 39
À l'ombre des vieux figuiers, ce petit hôtel tranquille au cœur de la ville offre des chambres idéales pour un séjour reposant. La plupart sont dotées d'une terrasse ou d'un jardin privé. Des cours d'art sont proposés.
🛏 12 🕐 Fermé de jan. à mi-mars 🅿 MC, V

🍴 ALAIN ASSAUD
€€€
13, BD. MARCEAU
TEL. : 04 90 92 37 11
Une adresse secrète en partie en raison de son emplacement discret. La cuisine du chef Alain Assaud évolue au gré des saisons : asperges sauce mousseline, filet de porc aux oignons caramélisés, tarte à la rhubarbe.
🕐 Fermé le mer., le jeu. midi et le sam. midi MC, V

🍴 LA MAISON JAUNE
€€€
15, RUE CARNOT
TÉL. : 04 90 92 56 14
Cuisine légère aux accents du Sud dans cet hôtel particulier du XVIIIe siècle, à la façade jaune,

doté d'une grande terrasse ombragée. Lotte grillée garnie de tomates séchées et cumin, et vins de la région des Baux.
🕐 Fermé le dim. soir, le lun. et jan.-fév. MC, V

🍴 LA GOUSSE D'AIL
€
25, RUE CARNOT
TÉL. : 04 90 92 16 87
Restaurant à la gastronomie et à l'atmosphère familiales, à un prix raisonnable. Soirées jazz.
🕐 Fermé le jeu.

SAINTES-MARIES-DE-LA-MER

LE MAS DE LA FOUQUE
€€€€ ★★★★
RTE. DU PETIT-RHÔNE
TÉL. : 04 90 97 81 02
FAX : 04 90 97 96 84
Traditionnel et élégant mas camarguais. Les chambres spacieuses, aux sols carrelés et aux poutres apparentes, sont dotées de terrasses privées donnant sur les étangs et le parc.
🛏 14 🅿 🕐 Fermé nov.-mars, ouvert à Noël

PONT DES BANNES
🍴 €€€ ★★★
D570
TÉL. : 04 90 97 81 09
FAX : 04 90 97 89 28
www.pontdesbannes.com
Les chambres, confortables, sont aménagées dans de traditionnelles cabanes de gardian, aux murs en briques et aux toits de chaume, en bordure des marais.
🛏 27 🅿

LE BRÛLEUR DE LOUPS
€€€
9, AV. LÉON-GAMBETTA
TÉL. : 04 90 97 83 31
Un des meilleurs restaurants de poissons. Dorade de mer grillée au beurre de fenouil et rascasse servie avec une sauce tomate au basilic.
🕐 Fermé le mar. soir et le mer.

AIX, MARSEILLE, ET LE VAR

AIX-EN-PROVENCE

BASTIDE DU COURS
🍴 €€€ ★★★★
43-47, COURS MIRABEAU
TÉL. : 04 42 26 55 41
FAX : 04 42 93 07 65
www.cafebastideducours.com
Cette magnifique maison d'hôtel sise dans un hôtel particulier du cours Mirabeau propose des chambres luxueuses (lits king size, draps en lin) et, dans son restaurant éponyme, un menu gastronomique qui, bien que réputé, se révèle quelque peu décevant avec le canard rôti au chutney de potirons.
🛏 5 🅿

LE PIGONNET
€€€/€€€€ ★★★★
5, AV. DU PIGONNET
TÉL. : 04 42 59 02 90
FAX : 04 42 59 47 77
www.hotelpigonnet.com
À 800 m du cœur de la vieille ville, une splendide demeure provençale entourée d'un parc fleuri et ombragé. Meubles anciens et tissus provençaux dans les chambres spacieuses. Cézanne y a peint la vue sur la montagne Sainte-Victoire.
🛏 52 🅿

GRAND HÔTEL NÈGRE COSTE
€€ ★★★
33, COURS MIRABEAU
TÉL. : 04 42 27 74 22
FAX : 04 42 26 80 93
Une des meilleures adresses d'Aix. Cet hôtel accueillant situé dans un hôtel particulier du XVIIIe siècle concilie calme et confort en plein cœur de la ville.
🛏 37 🅿

🍴 LE CLOS DE LA VIOLETTE
€€€€
10, AV. DE LA VIOLETTE
TÉL. : 04 42 23 30 71
Cette belle villa blanche au milieu d'un jardin fleuri – le plus grand restaurant de la ville – est

---

Non-fumeurs · Air conditionné · Piscine extérieure · couverte · Salle de sports · Cartes bancaires

dirigée par le chef Jean-Marc Banzo qui propose une succulente cuisine régionale. Loup de mer grillé farci au jambon fumé. Fermé le dim. et lun. midi et le mer. midi

🍴 LE FORMAL
€€
32, RUE ESPARIAT
TÉL. : 04 42 27 08 31
Cachée dans une rue tranquille, derrière les arcades, cette ancienne cave à vins est idéale pour un dîner romantique. Foie gras de canard accompagné de pommes cuites.
Fermé le dim., le lun. et le sam. midi MC, V

🍴 LES DEUX GARÇONS
€
COURS MIRABEAU
TÉL. : 04 42 26 00 51
Familièrement appelé les « 2G », ce café avec sa terrasse est fréquenté par les artistes et les intellectuels depuis le XVIIIe siècle. Cézanne et Zola aimaient s'y rencontrer tous les après-midi.

🍴 LE BISTRO LATIN
€
18, RUE DE LA COURONNE
TÉL. : 04 42 38 22 88
Meilleur que votre bistro de tous les jours, ce restaurant de style romain convient à tous les goûts. Polenta, tapenade, lapin à l'ail.
Fermé le sam. midi et les dim. et lun. AE, MC, V

🏨 RELAIS DE 🍴 SAINTE-VICTOIRE
€€ ★★★
À BEAURECUEIL, SUR LA ROUTE DE CÉZANNE
TÉL. : 04 42 66 94 98
FAX : 04 42 66 85 96
www.relais-sainte-victoire.com
Niché au pied de la montagne Sainte-Victoire, ce mas confortable, dirigé par une famille, offre de grandes chambres dans le style provençal. Le restaurant mérite le détour.
12 P
Fermé en jan. Restaurant fermé le dim. soir, le lun. et le ven. AE, MC, V

LES ARCS

🍴 LE BACCHUS GOURMAND
€€
N7
TÉL. : 04 94 47 48 47
Une bonne adresse pour goûter les vins des Côtes de Provence. La salle de dégustation est située sous le restaurant. Poulet rôti aux cœurs d'artichauts, sole à la sauce safranée.
Fermé le dim. soir, le mar. soir et le mer. MC, V

CASSIS

🏨 LES ROCHES 🍴 BLANCHES
€€€ ★★★★
RTE. DES CALANQUES
TÉL. : 04 42 01 09 30
FAX : 04 42 01 94 23
www.roches-blanches-cassis.com
Cet hôtel promontoire sur la route des Calanques, à quelques kilomètres à l'ouest de Cassis, est situé dans un cadre splendide : falaises blanches, jardins descendant jusqu'à la mer, façade couverte de lierre, vue sur le cap Canaille.
24 P

🍴 NINO
€€
1, QUAI BARTHÉLEMY
TÉL. : 04 42 01 74 32
Un des nombreux restaurants du port de Cassis qui propose des plateaux de fruits de mer, des poissons grillés et des pâtes, accompagnés du vin blanc local.
Fermé le dim. soir et le lun.

ÎLES DES PORQUEROLLES

🏨 LE MAS DU 🍴 LANGOUSTIER
€€€€ ★★★
CHEMIN DU LANGOUSTIER
TÉL. : 04 94 58 30 09
FAX : 04 94 58 36 02
Cet hôtel luxueux, qui possède son propre vignoble, est situé sur un éperon rocheux dominant la mer. Son restaurant (une étoile au Michelin), dirigé par le chef Joël Guillet, propose une cuisine provençale légère et revisitée, qui peut être servie dans le jardin. Demi-pension seulement. Tennis.
44 + 5 suites Fermé d'oct. à mai

🏨 LE MANOIR D'HÉLÈNE
🍴 €€€ ★★★
ÎLE DE PORT-CROS
TÉL. : 04 94 05 90 52
FAX : 04 94 05 90 89
Le seul hôtel de l'île où, dit-on, D. H. Lawrence a rencontré la femme qui lui a inspiré *L'Amant de Lady Chatterley*. Le restaurant est doté d'une terrasse idéale pour admirer le coucher du soleil.
25 Fermé oct.-avr.
MC, V

🏨 HÔTEL DU SOLEIL
€€ ★★
RUE DU REMPART
TÉL. : 04 94 65 16 26
FAX : 04 94 35 46 00
www.hoteldusoleil.com
Chambres simples dans une bastide couverte de lierre, bâtie sur les remparts du XIIe siècle dominant la vieille ville.
22 P

🍴 LES JARDINS DE BACCHUS
€€€
32 AV., GAMBETTA
TÉL. : 04 94 65 77 63
Comme son nom l'indique, une bonne adresse pour s'adonner au plaisir de vivre. Espadon, scampi et autres spécialités de la côte, préparées avec talent. Situé dans la ville moderne.
Fermé le sam. midi, le dim. soir et le lun. AE, MC, V

LA GARDE-FREINET

🏨 LA SARRAZINE
€€ ★★★
D588
TÉL. : 04 94 55 59 60
FAX : 04 94 55 58 18
www.lasarrazine.fr

INFORMATIONS PRATIQUES

Un hôtel luxueux situé sur les hauteurs du village médiéval, au cœur du massif des Maures. Un paradis pour les promeneurs.
🛈 9 ❄ P ⚓ Fermé nov.-mars 🚭 MC, V

LORGUES

> **RECOMMANDÉ**

🍴 CHEZ BRUNO
Le restaurant où officie le roi de la truffe, Bruno Clément. Raviolis de foie gras au jus de truffe, épaule d'agneau rôtie aux truffes et pommes de terre, daube de sanglier.
€€€€
RTE. DES ARCS
TÉL. : 04 94 85 93 93
⚓ Fermé le dim. midi et le lun. 🚭

MARSEILLE

🏨 LE PETIT NICE
🍴 €€€€ ★★★★
ANSE DE MALDORMÉ
CORNICHE J. F. KENNEDY
TÉL. : 04 91 59 25 92
FAX : 04 91 59 28 08
www.petitnice-passedat.com
Deux villas de style grec le long de la corniche surplombant la Grande Bleue. Belles chambres, toutes avec vue. Table phocéenne inventive dans le restaurant éponyme dirigé par Gérald Passedat. Beignets d'anémones de mer.
🛈 16 ❄ P 🏊
🚭

🏨 HÔTEL BOMPARD
€€€ ★★★
2, RUE DES FLOTS BLEUS
TÉL. : 04 91 99 22 22
FAX : 04 91 31 02 14
www.new-hotel.com
Ce charmant hôtel logé dans une maison bourgeoise au milieu d'un joli parc arboré dominant la mer, est une oasis de calme. Les chambres sont décorées dans le style provençal.
🛈 46 ❄ P 🏊 🚭

🏨 HÔTEL LA RÉSIDENCE DU VIEUX PORT
€€€ ★★★
18, QUAI DU PORT
TÉL. : 04 91 91 91 22
FAX : 04 91 56 60 88
Un hôtel désuet avec ses grandes baies vitrées et sa vue magnifique sur le port. Les chambres sont grandes et bien équipées.
🛈 41 ❄ P ⚓ 🚭

🏨 HÔTEL ALIZÉ
€ ★★★
35, QUAI DES BELGES
TÉL. : 04 91 33 66 97
FAX : 04 91 54 80 06
www.alize-hotel.com
Devant le marché aux poissons, hôtel simple et confortable, en retrait du quai principal. Les chambres situées en façade offrent le spectacle du port.
🛈 39 ❄ P ⚓ 🚭 AE, MC, V

> **RECOMMANDÉ**

🍴 LE MIRAMAR
La famille Minguella y sert l'authentique bouillabaisse depuis 40 ans. Une adresse à ne pas manquer pour découvrir Marseille sous son meilleur jour.
€€€
12, QUAI DU PORT
TÉL. : 04 91 91 10 40
⚓ Fermé le dim. et le lun. 🚭

🍴 CAFFE MILANO
€€
43, RUE SAINTE
TÉL. : 04 91 33 14 33
Un petit café chic dont les plats du jour ont le mérite d'offrir des proportions plus généreuses que dans bien d'autres bistros.
⚓ Fermé le sam. midi et le dim. 🚭 V

🍴 LA PART DES ANGES
€€
33, RUE SAINTE
TÉL. : 04 91 33 55 70
Un bar à vins à la mode qui propose un choix de vins du pays et de délicieux accompagnements. Personnel amical et compétent.
🚭 MC, V

ST-TROPEZ

🏨 LE BYBLOS
🍴 €€€€€ ★★★★
AV. PAUL-SIGNAC
TÉL. : 04 94 56 68 00
FAX : 04 94 56 68 01
www.byblos.com
Le célèbre hôtel où Mick Jagger a épousé Bianca, conçu comme un village dans un décor marocain. Boîte de nuit luxueuse et deux restaurants, le soir uniquement.
🛈 86 + 11 suites P
⚓ Fermé de mi-oct. à avr.
❄ 🏊 🚭

🏨 LE YACA
€€€€/€€€€€ ★★★★
1, BD. D'AUMALE
TÉL. : 04 94 55 81 00
FAX : 04 94 97 58 50
Trois vieilles maisons provençales mitoyennes, au cœur de la ville. Piscine et jardin.
🛈 27 ⚓ Fermé de mi-oct. à l'été ❄ 🏊 🚭

🏨 LA PONCHE
€€€€ ★★★★
PLACE RÉVELIN
TÉL. : 04 94 97 02 53
FAX : 04 94 97 78 61
Ensemble charmant de maisons de pêcheurs derrière le port, joliment aménagées.
🛈 13 et 5 suites ⚓ Fermé de nov. à mi-fév. ❄
🚭 AE, MC, V

🍴 LE CAFÉ
€€
PLACE DES LICES
TEL. : 04 94 97 44 69
L'ancien Café des Arts, avec le restaurant à l'arrière, est toujours, dit-on, fréquenté par les célébrités. Les clients réguliers restent néanmoins les joueurs de boule de la place.
🚭 AE, MC, V

🍴 CAFÉ SÉNÉQUIER
€€
QUAI JEAN-JAURÈS

🚭 Non-fumeurs   ❄ Air conditionné   🏊 Piscine extérieure   ⚓ couverte   💪 Salle de sports   💳 Cartes bancaires

INFORMATIONS PRATIQUES

TÉL. : 04 94 97 00 90
Un célèbre café, plutôt cher, mais agréable à l'heure de l'apéritif pour observer les célébrités savourant le leur sur leurs yachts.
N'accepte pas les cartes bancaires.

🍴 LA TABLE DU MARCHÉ
€€
38, RUE CLEMENCEAU
TÉL. : 04 94 97 85 20
Le chef Christophe Leroy a ajouté une touche gastronomique à plusieurs plats traditionnels : homard et macaroni au gratin, tourte au canard et au foie gras.
AE, MC, V

À Gassin
🍴 BELLO VISTO
€€
PLACE DES BARRYS
TÉL. : 04 94 56 17 30
Perché sur une colline dominant la baie de Saint-Tropez, ce restaurant offre une vue incroyable. Si vous pouvez détacher le regard, appréciez un saint-pierre grillé ou un lapin sauté au thym.
Fermé le mar. MC, V

À Ramatuelle
🏨 VILLA MARIE
€€€€€
CHEMIN VAL RIAN
TÉL. : 04 94 97 40 22
www.villamarie.fr
Ce récent hôtel de luxe dans les tons ocre, situé au cœur d'une immense pinède, surplombe la féerique baie de Pampelonne. Piscine à cascade. Spa.
Fermé de oct. à mars
AE, CB

TOURTOUR

🏨 LE BASTIDE DE
🍴 TOURTOUR
€€€/€€ ★★★
MONTÉE SAINT-DENIS
TÉL. : 04 98 10 54 20
FAX : 04 94 70 54 90
www.verdon.net
Exquis château restauré dans un des villages les plus hauts perchés du Var, au milieu des pins, des oliviers et de la lavande. Tennis.
25

CÔTE D'AZUR : CANNES ET SES ENVIRONS

ANTIBES

🏨 AUBERGE
🍴 PROVENÇALE
€€ ★★★
61, PLACE NATIONALE
TÉL. : 04 93 34 13 24
FAX : 04 93 34 89 88
www.aubergeprovencale.com
Cette abbaye du XVIIe siècle dans le vieil Antibes est devenue un pittoresque hôtel de bord de mer. Spécialités de fruits de mer et de poissons. Dînez dans le jardin ou la cour intérieure.
7 Fermé mi-nov. à mi-déc.

🍴 LE CESAR
€€€
CHEMIN DE LA GAROUPE
TÉL. : 04 93 61 33 74
Poisson à la croûte au sel, fricassée de gambas flambées et raviolis aux artichauts. Surplombe la plage Keller.
Fermé oct.-mars MC, V

🍴 LE MARQUIS
€€€
4, RUE SADE
TÉL. : 04 93 34 23 00
Un tranquille petit restaurant dans la vieille ville, au service attentionné et à la cuisine élégante : raviolis au foie gras servis avec une sauce aux morilles, homard au beurre d'olive.
Fermé lun. et mar. déj., de mi-nov. à la première semaine de déc. et dernière semaine de sept.

🍴 CHEZ MARGUERITE
€€
31, RUE SADE
TEL. : 04 93 34 33 58
Restaurant très méditerranéen dans le vieil Antibes. Paella et bouillabaisse au printemps et

PRIX

HÔTELS
Voici quelques indications de prix pour une chambre double sans petit déjeuner :
€€€€€ Plus de 200 €
€€€€ 150-200 €
€€€ 125-150 €
€€ 100-125 €
€ Moins de 100 €

RESTAURANTS
Voici quelques indications de prix pour un repas avec entrée, plat et dessert, boisson non comprise :
€€€€€ Plus de 50 €
€€€€ 35-50 €
€€€ 25-35 €
€€ 20-25 €
€ Moins de 20 €

en été, nombreux plats de pâtes en automne et en hiver.
Fermé le lun.
MC, V

Au Cap-d'Antibes
🏨 DU CAP-EDEN ROC
€€€€€ ★★★★
BD. KENNEDY
TÉL. : 04 93 61 39 01
FAX : 04 93 67 76 04
Le palace préféré des stars de cinéma pendant le festival de Cannes. Terrasse des années 1930 et piscine taillée dans le rocher dans laquelle Zelda Fitzgerald a nagé. Tennis.
121 + 9 suites
Fermé nov.-avr. Dans certaines chambres

BIOT

🍴 LES TERRAILLERS
€€€/€€€€
11, RTE. DU CHEMIN-NEUF
TÉL. : 04 93 65 01 59
Cuisine créative dans ce restaurant (une étoile au Michelin) logé dans une ancienne poterie du XVIe siècle, au sud de Biot. Lapereau aux fines herbes, raviolis de foie gras au fumet de morilles, lotte au beurre de thym.
Fermé le mer., le jeu. et en nov. AE, MC, V

INFORMATIONS PRATIQUES

CAGNES: HAUT-DE-CAGNES

🏨 LE CAGNARD
€€€ ★★★★
RUE SOUS BARI
TÉL. : 04 93 20 73 22
FAX : 04 93 22 06 39
Mitoyenne du château des Grimaldi, cette noble demeure du XIVe siècle a accueilli Modigliani, Renoir, Antoine de Saint-Exupéry. Les chambres sont décorées avec une touche médiévale.
26 Limité
Fermé de nov. à mi-déc.

🍴 JOSY-JO
€€€
4, PLACE PLANASTEL
TÉL. : 04 93 20 68 76
Ce bistro au décor rustique est situé dans la vieille ville. Immense cheminée. Cuisine simple préparée à base d'excellents produits : poivrons marinés à l'huile d'olive et petits farcis.
Fermé sam. midi, le dim. et en déc. AE, MC, V

CANNES

🏨 CARLTON INTER-CONTINENTAL
€€€€€ ★★★★
58, LA CROISETTE
TÉL. : 04 93 06 40 06
FAX : 04 93 06 40 25
cannes.intercontinental.com
Un des sommets du luxe. Pendant le festival, les contrats se discutent dans ses salons légendaires. Hitchcock y a filmé des scènes de *La Main au collet*. Salles de bains en marbre, nombreuses chambres avec vue sur la baie. Plage privée.
295 + 18 suites

🏨🍴 MAJESTIC
€€€€€ ★★★★
10, LA CROISETTE
TÉL. : 04 92 98 77 00
FAX : 04 92 98 77 60
www.lucienbarriere.com
Un des mythiques palaces qui logent toute l'industrie du cinéma pendant le festival. Luxe et raffinement.
305

🏨 SPLENDID
€€€ ★★★
4, RUE FÉLIX-FAURE
TÉL. : 04 97 06 22 22
FAX : 04 93 99 55 02
www.splendid-hotel-cannes.fr
Le plus ancien hôtel de Cannes. Noble façade aux allures de petit palace. Cet hôtel simple et familial est une bonne alternative aux palaces de la Croisette. Les chambres sont irréprochables. Demandez une vue sur la mer.
34 AE, MC, V

🏨 HÔTEL DE PROVENCE
€€ ★★★
9, RUE MOLIÈRE
TÉL. : 04 93 38 44 35
FAX : 04 93 39 63 14
www.hotel-de-provence.com
Oasis secrète au cœur de Cannes, ce charmant hôtel possède des chambres simples, décorées dans le style provençal. À moins de cent mètres de la Croisette. Plage privée.
30 Fermé de mi-nov. à mi-déc.

🍴 LA PALME D'OR
€€€€
HÔTEL MARTINEZ
73, LA CROISETTE
TÉL. : 04 92 98 74 14
Mélange de style Riviera et Art Déco, ce restaurant est le plus agréable de Cannes. Terrasse panoramique. Excellente carte méridionale. Lapin au romarin et aux pois chiches.
Fermé dim. et lun.

🍴 LA BROUETTE DE GRAND-MÈRE
€€€
9BIS, RUE D'ORAN
TÉL. : 04 93 39 12 10
Cuisine française traditionnelle dans une ambiance conviviale. Cailles rôties. Belle carte de vins.
Ouv. le soir uniquement. Fermé le dim. MC, V

🍴 L'ÉCHIQUIER
€€€
14, RUE SAINT-ANTOINE
TÉL. : 04 93 39 77 79
Au Suquet, ce restaurant intime, éclairé aux chandelles, sert aussi bien des stars que des anonymes. Foie gras, bouillabaisse, loup, magret de canard.
Ouv. le soir uniquement

🍴 LA SCALA
€€€
HÔTEL NOGA HILTON
50, LA CROISETTE
TÉL. : 04 92 99 70 93
Un restaurant à la mode agrémenté d'une terrasse panoramique surplombant la baie de Cannes. Cuisine italienne. Risotto aux artichauts et foie gras, pigeon aux raviolis de cèpes.

🍴 LA MÈRE BESSON
€€
13, RUE DES FRÈRES PRADIGNAC
TÉL. : 04 93 39 59 24
Une institution en matière de cuisine provençale, ce populaire bistro propose chaque jour un plat de poisson différent.
Fermé le dim.

GRASSE

RECOMMANDÉ

🏨🍴 LA BASTIDE SAINT-ANTOINE
Le restaurant deux étoiles au Michelin de Jacques Chibois a fait la renommée de cette bastide du XVIIIe siècle, perchée sur une colline plantée de vieux oliviers. Chambres élégantes meublées dans le style régional. Homard servi dans une fondue aux olives noires, loup au citron avec une purée aux truffes et au jus d'hibiscus.
€€€€/€€€€€ ★★★★
48, AV. HENRI-DUNANT
TÉL. : 04 93 70 94 94
FAX : 04 93 70 94 95
www.jacques-chibois.com
11

Non-fumeurs   Air conditionné   Piscine extérieure   couverte   Salle de sports   Cartes bancaires

CLOS DES CYPRÈS
€€ ★★★
87, CHEMIN DES CANEBIERS
TÉL. : 04 93 40 44 23
FAX : 04 93 40 83 09
www.closdescypres.com
Juste à la sortie de Grasse, cette superbe maison d'hôtes de 1880 offre un excellent accueil. Jardin parfumé. Équitation, randonnées, tennis et golf à proximité immédiate.
5 N'accepte pas les cartes bancaires

JUAN LES PINS

HÔTEL JUANA
€€€€€ ★★★★
LA PINÈDE, AV. GALLICE
TÉL. : 04 93 61 08 70
FAX : 04 93 61 76 60
www.hotel-juana.com
Luxueux hôtel art déco des années 1930. Le mobilier contemporain est en harmonie avec la façade classée. À La Terrasse, le chef Christian Morisset propose une excellente cuisine du soleil. Turbot aux truffes, cannelloni de palourdes et supions à l'encre de seiche.
40
Hôtel fermé de mi-déc. à mi-jan. Restaurant fermé mar. et mer. et de nov. à mi-déc.

DES MIMOSAS
€€ ★★★
RUE PAULINE
TÉL. : 04 93 61 04 16
FAX : 04 92 93 06 46
Hôtel centenaire aux chambres modernes et spacieuses, beaucoup avec balcons. Calme. Jardin ombragé.
34 Fermé oct.-avr.
AE, MC, V

MOUGINS

LE MAS CANDILLE
€€€€€ ★★★★
BD. CLÉMENT REBUFFEL
TÉL. : 04 92 28 43 43
FAX : 04 92 28 43 40
www.lemascandille.com
Bastide du XVIII siècle située au cœur d'un superbe parc. Mélange d'architectures de style ancien et d'installations modernes. Spa. Chambres raffinées. Deux restaurants.
39 Fermé en jan.

LE MOULIN DE MOUGINS
€€€€€
AV. NOTRE-DAME-DE-VIE
TÉL. : 04 93 75 78 24
Le restaurant une étoile au Michelin et son jardin agrémenté de sculptures modernes, fondé par Roger Vergé, le pape de la cuisine provençale, est maintenant dirigé par Alain Llorca, ancien chef du Negresco à Nice.
Fermé le lun.

L'AMANDIER DE MOUGINS
€€€
PL. DU COMMANDANT LAMY
TÉL. : 04 93 90 00 91
L'annexe moins « chic » du fameux Moulin de Mougins de Roger Vergé propose une excellente cuisine. Carré d'agneau servi avec un risotto aux fleurs de courgettes. Des cours de cuisine du soleil sont organisés.

ST.-PAUL-DE-VENCE

LE HAMEAU
€€€ ★★★
528, RTE. DE LA COLLE
TÉL. : 04 93 32 80 24
FAX : 04 93 32 55 75
www.le-hameau.com
Excellent hôtel familial dans une ancienne ferme provençale. Piscine. Certaines chambres sont dotées d'une terrasse privative.
19 Fermé nov.-déc.

RECOMMANDÉ

COLOMBE D'OR

Dînez sur la terrasse de ce mythique hôtel-restaurant au milieu d'une collection de tableaux donnés en paiement de leur séjour par Picasso, Calder, Braque et bien d'autres. Essayez les quinze hors-d'œuvre et soufflés. Il est prudent de réserver une chambre à l'avance.
€€€/€€€€ ★★★
PLACE DES ORMEAUX–PLACE DE GAULLE
TÉL. : 04 93 32 80 02
FAX : 04 93 32 77 78
www.la-colombe-dor.com
16 + 10 suites Fermé de nov. à fin-déc.

LE SAINT-PAUL
€€€/€€€€ ★★★★
86, RUE GRANDE
TÉL. : 04 93 32 65 25
FAX : 04 93 32 52 94
Dans le village perché, à l'intérieur des remparts, demeure provençale du XVI siècle, remarquablement meublée.
15 + 3 suites

VALLAURIS

LA GOUSSE D'AIL
€€
11, RTE. DE GRASSE
TÉL. : 04 93 64 10 71
Ce restaurant de la vieille ville propose une authentique cuisine régionale. Lapin, agneau, fruits de mer.
Fermé le dim. soir et le lun. et le mar. soir V

VENCE

CHÂTEAU DU DOMAINE ST-MARTIN
€€€€€/€€€€ ★★★★
AV. DES TEMPLIERS
TÉL. : 04 93 58 02 02
FAX : 04 93 24 08 91
www.chateau-st-martin.com
Superbe palace bâti sur les ruines d'un ancien fort des Templiers. Mobilier Louis XV, balcons donnant sur la mer. Restaurant une étoile au Michelin. Crevettes rôties au vinaigre basalmique, turbot grillé accompagné de fèves de cacao et d'une purée d'abricots.
38
Fermé de mi-oct. à mi-fév.

INFORMATIONS PRATIQUES

🍽 RESTAURANT MAXIMIN
€€€
689, CHEMIN DE LA GAUDE
TÉL. : 04 93 58 90 75
Le célèbre chef Jacques Maximin dirige ce modeste restaurant, non loin de chez lui, démontrant ainsi qu'il n'est pas nécessaire de dépenser des fortunes pour goûter à la cuisine la plus créative. Les desserts sont particulièrement élaborés. Aubergines confites à la glace au gingembre.
🕒 Fermé le lun. et mar.
💳 AE, MC, V

CÔTE D'AZUR : DE NICE À MENTON

BEAULIEU-SUR-MER

🏨 LA RÉSERVE 🍽 DE BEAULIEU
€€€€€ ★★★★
5, BD. DU MARÉCHAL-LECLERC
TÉL. : 04 93 01 00 01
FAX : 04 93 01 28 99
Légendaire depuis 1880, ce palace du front de mer a été fondé par James Gordon Bennett, propriétaire du *New York Herald Tribune* et ainsi nommé en raison de son réservoir à poissons. Le restaurant (une étoile au Michelin), propose des spécialités de poisson.
🛏 33 🍴 🅿 🕒 Fermé de mi-nov. à mi-déc.

🍽 LES AGAVES
€€€
4, AV. MARÉCHAL FOCH
TÉL. : 04 93 01 13 12
Situé dans l'ancien palais des Anglais, ce petit restaurant propose une cuisine méridionale savamment revisitée. Coquilles saint-jacques au curry, homard, salade de mangues.
🕒 Ouv. le soir uniquement
💳 AE, MC, V

COARAZE

🏨 AUBERGE DU SOLEIL
🍽 € ★
5, CH. CAMIN DE LA BEGUDA

TÉL. : 04 93 79 08 11
FAX : 04 93 79 37 79
Situé à 640 m au-dessus du niveau de la mer, dans l'un des villages perchés de la région de Nice, cet hôtel simple et confortable est idéal pour un séjour reposant. Un paradis pour les randonneurs.
🛏 8 🍴 🅿 🕒 Fermé nov.-mars 💳 AE, MC V

ÈZE

🏨 CHÂTEAU DE 🍽 LA CHÈVRE D'OR
€€€€€/€€€€ ★★★★
RUE DU BARRI
TÉL. : 04 92 10 66 66
FAX : 04 93 41 06 72
www.chevredor.com
Véritable nid d'aigle agrippé au rocher, cette demeure est composée de plusieurs maisons de village restaurées autour du manoir. Les chambres sont luxueuses, les salles de bains en marbre rose. Le menu du restaurant gastronomique évolue au gré des saisons. Magnifique panorama sur la Méditerranée.
🛏 33 🍴 🅿
🕒 Fermé nov.-mars

MENTON

🏨 HÔTEL AIGLON
🍽 €€€ ★★★
7, AV. DE LA MADONE
TÉL. : 04 93 57 55 55
FAX : 04 93 35 92 39
www.hotelaiglon.net
Une villa Belle Époque reconvertie en un charmant hôtel, au hall d'entrée de style rococo. Luxueux jardins. Chambres bien aménagées. En été, demandez une chambre sur le jardin.
🛏 29 🍴 🅿 🕒 Fermé de mi-nov. à mi-déc.

🏨 HÔTEL DES AMBASSADEURS
€€€ ★★★★
3, RUE PARTOURNEAUX
TÉL. : 04 93 28 75 75
FAX : 04 93 35 62 32
www.ambassadeurs-menton.com
Ce tranquille palace Belle Époque à la façade rose date de 1865. L'intérieur est décoré aux couleurs provençales. Beaucoup de chambres ont un petit balcon. Plage privée.
🛏 49 🅿

🍽 CAFÉ FIORI
€€€
LES AMBASSADEURS
3, RUE PARTOUNEAUX
TÉL. : 04 93 28 75 75
La décoration est une référence au jardin botanique du Val Rahmeh voisin. La cuisine à base de fleurs en est le prolongement.
🕒 Fermé le sam. midi, le dim. et le lun. midi

🍽 L'ULIVO
€
21, PLACE DU CAP
TÉL. : 04 93 35 45 65
Cette auberge façon trattoria sert dans une ambiance très conviviale une grande variété de plats de pâtes. Elle a fait des moules une de ses spécialités favorites.
🕒 Fermé le jeu. 💳 MC, V

MONACO : MONTE-CARLO

🏨 HERMITAGE
€€€€€ ★★★★
PLACE BEAUMARCHAIS
TÉL. : 377 92 16 40 00
FAX : 377 92 16 38 52
Un luxueux palace Belle Époque doté d'un immense jardin d'hiver sous une coupole signée Eiffel. Restaurant au décor chargé. Terrasse de marbre.
🛏 209 + 18 suites 🅿

🏨 HÔTEL METROPOLE
€€€€€ ★★★★
4, AV. DE LA MADONE
TÉL. : 377 93 15 15 15
FAX : 377 93 25 24 44
www.metropole.mc
Ce palace historique a été rénové en 2004 pour y ajouter un spa et quelques somptueuses chambres. Le jardin est une oasis de calme au cœur de Monte-Carlo.
🛏 146

HÔTELS ET RESTAURANTS

Non-fumeurs · Air conditionné · Piscine extérieure · couverte · Salle de sports · Cartes bancaires

INFORMATIONS PRATIQUES

🛏 HÔTEL COLUMBUS
€€€€ ★★★
23, AV. DES PAPALINS
TÉL. : 377 92 05 90 00
FAX : 377 92 05 91 67
www.columbushotels.com
Cet hôtel bourgeois correspond bien à l'image que l'on se fait de la tradition aristocratique et quelque peu désuète de Monaco. Il n'en reste pas moins chic, moderne et très confortable.
🛏 192

🍴 BAR ET BŒUF
€€€€€
AV. PRINCESSE GRACE
TÉL. : 377 92 16 60 60
Le beau restaurant de l'empire Ducasse, décoré par Philippe Stark, décline avec art et une véritable originalité le bar et le bœuf sous toutes leurs formes. Bœuf frit aux artichauts et loup aux aubergines et zucchini, entre autres. Glace au bubble-gum.
Fermé de mi-sept. à mi-mai.

🍴 LOUIS XV
€€€€€
HÔTEL DE PARIS
PLACE DU CASINO
TÉL. : 00 377 92 16 30 01
C'est l'adresse par excellence. Le célébrissime restaurant de Monaco, doté de trois-étoiles Michelin, et dirigé par Alain Ducasse, vous réserve un moment inoubliable, si votre budget vous le permet. Légumes des jardins de Provence mijotés à la truffe noire écrasée, pigeon au foie gras de canard.
Fermé le mar. et le mer. (sauf le soir de mi-juil. à fin-août), deux semaines en fév. et en déc.

🍴 CAFÉ DE PARIS
€€€
PLACE DU CASINO
TÉL. : 377 92 16 25 54
La brasserie de Monte-Carlo, son immense terrasse pour voir et être vu et son extravagant décor Belle Époque.

NICE

RECOMMANDÉ

🛏 NÉGRESCO
Ce grand palace blanc incrusté d'ors et de lumière, sur la promenade des Anglais, est le plus célèbre et le plus cher de Nice. Le cadre est somptueux – admirez le chandelier Baccarat – et le service impeccable.
€€€€/€€€€€ ★★★★
37, PROMENADE DES ANGLAIS
TÉL. : 04 93 16 64 00
FAX : 04 93 88 35 68
www.hotel-negresco-nice.com
🛏 134 + 18 suites

🛏 LA PÉROUSE
€€€/€€€€ ★★★★
11, QUAI RAUBA-CAPÉU
TÉL. : 04 93 62 34 63
FAX : 04 93 62 59 41
Sa vue sur la mer a inspiré Dufy et Matisse. Terrasse fleurie et restaurant dans le jardin. Prix raisonnables.
🛏 64 Dans certaines chambres

🛏 BEAU RIVAGE
€€€ ★★★★
24, RUE ST.-FRANÇOIS-DE-PAULE, 06300
TÉL. : 04 92 47 82 82
FAX : 04 92 47 82 83
Idéalement situé à la limite de la vieille ville, cet hôtel important bénéficie d'une plage privée. Matisse lors de son premier séjour à Nice, Nietzsche, Tchékhov y ont séjourné. Demandez une chambre avec vue sur mer.
🛏 118

🛏 HI
€€€
3, AV. DES FLEURS
TÉL. : 04 97 07 26 26
www.hi-hotel.net
Ce nouvel hôtel, au design postmoderne et au service informel, est apprécié des amateurs de musique, de cinéma et de nouvelles technologies. Pas de restaurant mais un « Hi-Food », ouvert 24 h/24, à chaque étage.
🛏 38

🛏 HÔTEL WINDSOR
€€€ ★★★
11, RUE DALPOSSO
TÉL. : 04 93 88 59 35
FAX : 04 93 88 94 57
www.hotelwindsornice.com
Situé non loin de la plage, cet hôtel au style contemporain et dépouillé propose des chambres personnalisées. Hammam, massages, et jardin tropical.
🛏 57
AE, MC, V

🍴 LA MÉRENDA
€€€
4, RUE TERRACE
Ce bistro est réputé pour sa cuisine niçoise : merluche, beignets, sardines farcies, bœuf en daube. Pas de réservation. Venez tôt pour avoir une table.
Fermé en août et de fin nov. à mi-déc.
N'accepte pas les cartes bancaires.

🍴 L'AUBERGE DE THÉO
€€
52, AV. CAP DE CROIX
TÉL. : 04 93 81 26 19

PRIX

HÔTELS
Voici quelques indications de prix pour une chambre double sans petit déjeuner :
€€€€€   Plus de 200 €
€€€€   150-200 €
€€€   125-150 €
€€   100-125 €
€   Moins de 100 €

RESTAURANTS
Voici quelques indications de prix pour un repas avec entrée, plat et dessert, boisson non comprise :
€€€€€   Plus de 50 €
€€€€   35-50 €
€€€   25-35 €
€€   20-25 €
€   Moins de 20 €

🛏 Hôtel 🍴 Restaurant Nbre de chambres Nbre de places Ⓜ Métro Fermeture Ascenseur

INFORMATIONS PRATIQUES

Charmant restaurant italien sur la colline de Cimiez. Grand choix de carpaccio, pâtes fraîches et pizzas au feu de bois. Fermé le lun. MC, V

LE COMPTOIR
€€
20, RUE SAINT-FRANÇOIS-DE-PAULE
TÉL. : 04 93 92 08 80
Un joli bar-restaurant de style 1930, particulièrement agréable pour les dîners tardifs et les repas légers après l'opéra. Fermé le sam. midi et le dim. MC, V

LE SAFARI
€€
1, COURS SALEYA
TÉL. : 04 93 80 18 44
Grand café aux volets bleus méditerranéens près du marché du cours Saleya. Idéal pour dîner en plein air. Calamars en ragoût, bagna cauda (spécialité à base d'anchois), fondue de légumes aux anchois.

LOU PISTOU
€€
4, RUE TERRASSE
TÉL. : 04 93 62 21 82
À deux pas du palais de Justice, ce petit restaurant, simple mais très chaleureux, propose une cuisine authentique et extrêmement savoureuse. Fermé sam. et dim. V

TERRES DE TRUFFES
€€
11, RUE SAINT-FRANÇOIS-DE-PAULE
TÉL. : 04 93 62 07 68
Dans sa boutique comme dans son restaurant, le chef Bruno Clément met la truffe à l'honneur. Pâte de truffes, soupe de tortellini aux truffes, glace aux truffes. Fermé le dim.

PEILLON

AUBERGE DE LA MADONE
€€€ ★★★
2, PLACE AUGUSTE-ARNULF

TÉL. : 04 93 79 91 17
FAX : 04 93 79 99 36
L'un des plus agréables petits hôtels de l'arrière-pays niçois. Belle vue sur le village du XIIe siècle. Cuisine régionale. 20 Hôtel fermé de mi-oct. à déc. Restaurant fermé le mer. MC, V

ST-JEAN-CAP-FERRAT

GRAND HÔTEL DU CAP FERRAT
€€€€€ ★★★★
BD. DU GÉNÉRAL DE GAULLE
TÉL. : 04 93 76 50 50
FAX : 04 93 76 04 52
Un des hôtels légendaires de la Riviera, entouré de jardins tropicaux dominant la mer. Funiculaire privé conduisant de la terrasse à la piscine. Chambres luxueuses. Le restaurant s'est vu accorder une étoile par le guide Michelin. Tennis. 44 + 9 suites Fermé d'oct. à avr.

ROYAL RIVIERA
€€€€€ ★★★★
3, AV. JEAN MONNET
TÉL. : 04 93 76 31 00
FAX : 04 93 01 23 07
www.royal-riviera.com
Une résidence Belle Époque de 1904. Mobilier contemporain installé dans un somptueux décor néo-grec. Plage privée et jardin. 77 Fermé de mi-nov. à mi-jan.

HÔTEL LE PANORAMIC
€€€ ★★★
3, AV. ALBERT 1ER
TÉL. : 04 93 76 00 37
FAX : 04 93 76 15 78
www.hotel-lepanoramic.com
Cet hôtel très tranquille aux chambres accueillantes possède une vue absolument exceptionnelle sur le golfe, la ville et le lever du soleil sur la Méditerranée. 20 Fermé nov.-déc.

LES ALPES DE PROVENCE

BARCELONNETTE

AZTECA
€€ ★★★
3, RUE FRANÇOIS ARNAUD
TÉL. : 04 92 81 46 36
Située en plein centre, cette jolie villa du XIXe siècle est meublée dans le style mexicain, souvenir de l'épopée des Barcelonnettes au Mexique au début du XIXe siècle. Navettes gratuites pour les pistes de ski, l'hiver. 27 Fermé en nov. MC, V

PASSE-MONTAGNE
€€
RTE DU COL DE LA CAYOLE
TÉL. : 04 92 8146 36
Un décor alpin, une ambiance chaleureuse pour une cuisine de montagne l'hiver, et méditerranéenne l'été. Il vaut mieux réserver. AE, DC, V

BREIL-SUR-ROYA

CASTEL DU ROY
€€ ★★
RTE. DE L'AIGARA
TÉL. : 04 93 04 43 66
FAX : 04 93 04 91 83
www.castelduroy.com
Cet hôtel calme et confortable est une bonne base pour la découverte de la vallée des Merveilles. Chambres simples dans un cadre boisé. 19 Fermé nov.-avr. MC, V

DIGNE-LES-BAINS

LE GRAND PARIS
€€ ★★★★
19, BD. THIERS
TÉL. : 04 92 31 11 15
FAX : 04 92 32 32 82
www.hotel-grand-paris.com
Un monastère du XVIIe siècle transformé en un hôtel luxueux doté d'un superbe restaurant. Tennis et golf. 20 Fermé déc.-mars

---

Non-fumeurs Air conditionné Piscine extérieure couverte Salle de sports Cartes bancaires

INFORMATIONS PRATIQUES

🏨 **CENTRAL**
€ ★★
26, BD. GASSENDI
TÉL. : 04 92 31 31 91
FAX : 04 92 31 49 78
Modeste établissement au cœur de la ville. Les chambres sont très bien tenues et aussi confortables que bon marché. Il vaut mieux réserver.
🛏 20 🅿 V

LANTOSQUE

🏨 **HOSTELLERIE**
🍴 **DE L'ANCIENNE GENDARMERIE**
€€€ ★★★
D2565, VERS PARC NATIONAL DU MERCANTOUR
TÉL. : 04 93 03 00 65
FAX : 04 93 03 06 31
Cet hôtel haut de gamme des Alpes Maritimes est un ancien poste de police. Impossible à deviner tant ses chambres, meublées à l'ancienne dans un esprit moderne, sont confortables.
🛏 8 🅿 🕐 Fermé nov.-fév.
🅿 MC, V

LA-PALUD-SUR-VERDON

🏨 **HÔTEL DES GORGES DU VERDON**
€€€ ★★★
LA PALUD
TÉL. : 04 92 77 38 26
FAX : 04 92 77 35 00
www.hotel-des-gorges-du-verdon.fr
Idéalement situé au bord des gorges du Verdon, cet excellent hôtel de moyenne catégorie possède des chambres modernes et colorées. Vue sur la nature méditerranéenne.
🛏 27 🅿 🏊 🕐 Fermé nov.-mars
🅿 MC, V

MOUSTIERS-STE-MARIE

RECOMMANDÉ

🏨 **LA BASTIDE**
🍴 **DE MOUSTIERS**
Alain Ducasse a transformé cette bastide du XVIIe siècle en un des plus beaux hôtels de Provence. Les clients sont autorisés à circuler librement, aussi bien dans les cuisines que dans le jardin potager. Le restaurant une étoile au Michelin vaut à lui seul le déplacement.
€€€€/€€€ ★★★★
CHEMIN DE QUINSON
TÉL. : 04 92 70 47 47
FAX : 04 93 70 47 48
www.bastide-moustiers.com
🛏 12 🅿 🏊 📶 🕐 Fermé le mar. midi, le mer. et le jeu. et déc.-fév. 🅿

🍴 **LES SANTONS**
€€€/€€€€
PLACE DE L'ÉGLISE
TÉL. : 04 92 74 66 48
Un petit restaurant (une étoile au Michelin) dirigé par Alain Ducasse. Superbe vue sur l'église du village et le cours d'eau. Poulet rôti au miel de lavande. Indispensable de réserver.
🕐 Fermé de mi-nov. à mi-fév. 🅿

🍴 **BLACAS**
€€€
AU SUD DU VILLAGE PAR LA D952
TÉL. : 04 92 74 65 59
Couleur locale pour cette agréable maison possédant une terrasse sur la campagne.
🕐 Fermé oct., mars, sam. déj. et ven. 🅿

ST.-DALMAS-DE-TENDE

🏨 **LE PRIEURÉ**
🍴 € ★★
RUE JEAN MÉDECIN
TÉL. : 04 93 04 75 70
FAX : 04 93 04 71 58
www.leprieure.org
L'un des meilleurs restaurants aux abords de la vallée des Merveilles. Truite fraîche et magrets de canard. Chambres agréables.
🛏 24 🅿 🕐 Fermé nov.-mars 🅿 AE, MC, V

TRIGANCE

🏨 **CHÂTEAU**
🍴 **DE TRIGANCE**

PRIX

HÔTELS
Voici quelques indications de prix pour une chambre double sans petit déjeuner :
€€€€€ Plus de 200 €
€€€€ 150-200 €
€€€ 125-150 €
€€ 100-125 €
€ Moins de 100 €

RESTAURANTS
Voici quelques indications de prix pour un repas avec entrée, plat et dessert, boisson non comprise :
€€€€€ Plus de 50 €
€€€€ 35-50 €
€€€ 25-35 €
€€ 20-25 €
€ Moins de 20 €

€€€ ★★★
CHEMIN DE QUINSON
TÉL. : 04 94 76 91 18
FAX : 04 94 85 68 99
www.chateau-de-trigance.fr
Perché au-dessus du village, cet hôtel occupe les murs d'un château médiéval restauré dans les années 1960, dans un décor d'époque. Le petit déjeuner est servi sur la terrasse sur le toit et il est possible de dîner dans l'ancienne salle d'armes. Proche des gorges du Verdon.
🛏 10 🅿 🕐 Fermé nov.-mars 🅿

VALENSOLE

🏨 **HOSTELLERIE**
🍴 **DE LA FUSTE**
€€€ ★★★★
LIEU-DIT DE LA FUSTE
TÉL. : 04 92 72 05 95
FAX : 04 92 72 92 93
www.lafuste.com
Cette bastide du XVIIe siècle a été reconvertie en une luxueuse oasis au milieu des champs de lavande, des amandiers et des collines inondées de soleil. Excellent service.
🛏 12 🅿 🏊 🕐 Fermé de mi-nov. à mi-déc. 🅿 Dans certaines chambres 🅿

🏨 Hôtel 🍴 Restaurant 🛏 Nbre de chambres 🅿 Nbre de places Ⓜ Métro 🕐 Fermeture 🛗 Ascenseur

FAIRE SES ACHATS EN PROVENCE

La Provence commerce avec l'étranger depuis des siècles. Il n'est donc pas surprenant que ses produits traditionnels soient bien connus du touriste, fût-ce sa première visite. La lavande, les herbes de Provence et l'huile d'olive témoignent toutes du chaud soleil et des parfums de la région, et l'artisanat local offre une grande diversité : santons de terre cuite, vannerie et tissus provençaux pour ne citer que quelques exemples. Outre ces produits régionaux, il existe de nombreux magasins et boutiques de luxe destinés à la clientèle internationale aisée qui a trouvé refuge en Provence et sur la Côte d'Azur depuis plusieurs décennies. Les vitrines de Nice, de Cannes, de Saint-Tropez et d'Aix-en-Provence proposent les dernières tendances de la mode.

Les marchés

Il n'existe pas de meilleur endroit pour faire ses achats. La plupart des villes et villages de Provence organisent au moins un marché hebdomadaire, si ce n'est quotidien dans certaines grandes villes. Les marchés s'ouvrent tôt le matin et ferment à midi. Mieux vaut s'y rendre peu après leur installation pour admirer la richesse des étals. Les fruits et légumes proviennent pour l'essentiel de productions locales et sont vendus sous l'appellation « du pays ». On y trouve beaucoup d'animaux vivants, canards, oies et poulets qui attendent d'être dégustés et de nombreuses spécialités locales telles que fromages, miel, olives, charcuterie et pâtisseries régionales (fougassettes à Grasse, navettes à Marseille, calissons à Aix) et, bien sûr, épices et herbes aromatiques.

Marchés aux puces hebdomadaires

Les marchés aux puces ou brocantes de Provence vendent des articles d'occasion, des antiquités ou des curiosités locales. Bien entendu, ce sont les premiers arrivés qui seront à même de conclure les meilleures affaires.

Aix-en-Provence
Place de Verdun mardi, jeudi et samedi
Cannes
Rue Forville lundi
Marseille
Avenue du Cap-Pinède dimanche
Nice
Cours Saleya lundi
Nîmes
Bd. Jean-Jaurès lundi

Dégustations

Partout l'on vous proposera de goûter les produits locaux, notamment le vin. Si vous n'êtes pas obligé d'acheter ce qui est proposé, il est beaucoup mieux vu cependant de faire les frais d'une bouteille.

Heures d'ouverture

Les magasins d'alimentation, en particulier les boulangeries, ouvrent vers 7 h le matin. Les boutiques et grands magasins ouvrent en général à 9 h. La plupart des magasins ferment à l'heure du déjeuner (de midi à 14 h ou 15 h) et restent ouverts jusqu'à 19 h ou 19 h 30. Les hypermarchés restent ouverts toute la journée jusqu'à 20 h et parfois plus tard. Les magasins ferment en général le lundi : les magasins d'alimentation et surtout les boulangeries sont ouverts le dimanche matin.

Paiement

Les supermarchés acceptent les cartes de crédit, ce que ne font pas toujours les petits magasins. Vérifier les autocollants sur la porte avant d'entrer.

Exportation

La plupart des achats incluent la TVA, à un taux qui varie de 19,6 % à 33 % pour les articles de luxe. Les voyageurs non ressortissants de l'Union européenne peuvent se faire rembourser la TVA pour des achats de plus de 300 € effectués dans un même négoce : demandez au vendeur un bordereau que vous présenterez, avec les articles achetés, à l'officier des douanes avant de quitter la France. Envoyez ensuite le bordereau au détaillant qui vous restituera la TVA. Mais il faudra vous armer de patience !

QUE FAUT-IL ACHETER ?

ANTIQUITÉS ET BROCANTES

L'Isle-sur-la-Sorgue est le meilleur endroit pour chiner ; plus de 300 marchands y tiennent boutique du samedi au lundi. Chaque dimanche, le marché aux puces installé sur les rives de la Sorgue propose meubles, tableaux, fripes et bibelots, de la vaisselle aux accessoires de salle de bains.

Le Village des Antiquaires
2bis, avenue de l'Égalité
L'Isle-sur-la-Sorgue
Tél. : 04 90 38 04 57

ARTISANAT

Céramique

La région exporte de la poterie depuis l'époque romaine. Cet artisanat a décliné vers la fin du XIXe siècle pour renaître à Vallauris après la Seconde Guerre mondiale, grâce à Picasso ; Moustiers-Sainte-Marie est spécialisée dans la faïence peinte à la main. Vous trouverez de nombreuses boutiques sur la route de Riez.

Faïences de Moustiers
18, rue du Marché
06300 Nice
Tél. : 04 93 13 06 03
Les visiteurs de la Riviera qui ne veulent pas se déplacer jusqu'à Moustiers pourront acheter la vaisselle dans ce magasin de Nice qui propose un choix de faïence de qualité.

Galerie Madoura
Rue Georges et Suzanne Ramié
06220 Vallauris
Tél. : 04 93 64 66 39
www.madoura.com
Les acheteurs se trouveront devant une belle présentation d'éditions limitées d'assiettes et de vases en céramique, tous réalisés d'après des dessins effectués par Picasso entre 1947 et 1971.

INFORMATIONS PRATIQUES

FAIRE SES ACHATS EN PROVENCE

Galerie Sassi-Milici
65, avenue Georges-Clemenceau
06220 Vallauris
Tél.: 04 93 64 65 71
www.sassi-milici.com
Céramique décorée par différents artistes internationaux.

Syndicat des Potiers
Espace Grandjean
Avenue du Stade
06220 Vallauris
Tél.: 04 93 64 17 93

Tissu
Depuis le XVIIIe siècle, les Provençaux taillent leurs nappes, rideaux et draps dans des indiennes, ces toiles de couleurs vives imitant celles venues des Indes. Décorées de motifs d'inspiration locale (tournesols, coquelicots, etc.), elles étaient fabriquées à l'origine à Orange. Aujourd'hui, il existe des boutiques de tissus présentant ces modèles dans toutes les grandes villes.

Les Indiennes de Nîmes
2, bd des Arènes
30000 Nîmes
Tél.: 04 66 36 19 75
La boutique vend des vêtements, des accessoires pour la maison et du tissu au mètre.

La Maison des Lices
2 et 18, bd. Louis-Blanc
83990 Saint-Tropez
Tél.: 04 94 97 24 64
Linge de maison de qualité.

Les Olivades
15, rue M. Reinaud
13100 Aix-en Provence
Tél.: 04 38 33 66
www.les-olivades.com
Cette grande enseigne de tissus traditionnels a ouvert des boutiques dans les plus grandes villes de Provence. Se reporter au site web pour obtenir les autres adresses.

Souleïado
18, bd. des Lices
13200 Arles
Tél.: 04 90 96 37 55
Tissus traditionnels, succursales aux Baux et à Saint-Rémy.

Terre et Provence
26, rue de la République
84000 Avignon
Tél : 04 90 85 56 45
Vaisselle, poterie et tissus traditionnels.

Verre
Le verre soufflé ne devient la spécialité de Biot qu'en 1956, lorsqu'Éloi Monod y ouvre La Verrerie. Réputée pour son verre à bulles.

Cristallerie d'Èze
8, rue Principale
06360 Èze
Tél.: 04 93 41 20 34
Cristal et verrerie.

La Verrerie de Biot
Chemin des Combes
06410 Biot
Tél.: 04 93 65 03 00
www.verreriebiot.com
Atelier de soufflage de verre. Des visites sont organisées et des articles sont proposés à la vente dans la salle d'exposition.

Papier

Vallis Clausa, Moulin à Papier
Chemin de la Fontaine
84800 Fontaine-de-Vaucluse
Tél.: 04 90 20 34 14
Le vieux moulin produit toujours du papier fabriqué à la main et des produits dérivés.

PARFUMS
Les trois grandes parfumeries de Grasse vendent directement leurs fragrances ainsi que de magnifiques coffrets-cadeaux conçus par leurs meilleurs parfumeurs en résidence. Si toutefois vous voulez tester les essences sur un mode plus ludique, Thierry Poilpot, à Nice, offre un grand choix de compositions parfumées.

Florame
34, bd. Mirabeau
13210 Saint-Rémy
Tél.: 04 32 60 05 18
Huiles essentielles, aromathérapie et savons présents au musée des Arômes.

Fragonard
17, route de Cannes
06130 Grasse
Tél.: 04 93 77 94 30

Galimard
73, route de Cannes
16130 Grasse
Tél.: 04 93 09 20 00

Molinard
60, bd. Victor-Hugo
06130 Grasse
Tél.: 04 93 36 01 62

Thierry Poilpot
10, rue St. Gaétan
06300 Nice
Tél.: 04 93 85 60 77

SANDALES

Les Sandales Tropéziennes:
16, rue Georges-Clemenceau
83990 Saint-Tropez
Tél: 04 94 97 19 55
Sandales de cuir fabriquées à la main depuis 1927.

SANTONS
Les figurines en terre cuite appelées santons représentaient à l'origine les personnages de la Nativité. Le répertoire des santonniers s'est peu à peu étendu à tous les métiers, du boulanger au rémouleur. Chaque mois de décembre, à Marseille, se déroule la foire aux santons la plus importante de la région, sans doute la meilleure occasion d'admirer le travail de nombreux artisans. Sinon, visitez les ateliers familiaux où tous les santons sont fabriqués à la main.

Arterra
3, rue du Petit Puits
13002 Marseille
Tél.: 04 91 91 03 31
Santons inventifs et fabriqués avec goût. Quartier du Panier.

Maison Chave
37, rue Frédéric Mistral
13400 Aubagne
Tél.: 04 42 70 12 86
Bien qu'un peu à l'écart des circuits touristiques, Aubagne possède plusieurs fabriques de santons renommées.

Pinocchio
Rue de la Pise
06360 Èze
Tél.: 04 93 41 21 30
Un choix intéressant d'accessoires pour poupées et marionnettes.

Santons Devouassoux
Le Grand Vallet
13650 Meyrargues
Tél.: 04 42 57 51 10

Santons Fouque
65, cours Gambetta
13100 Aix-en-Provence
Tél.: 04 42 26 33 38
www.santonsfouque.fr
L'un des ateliers de santons les plus réputés de Provence.

INFORMATIONS PRATIQUES

FAIRE SES ACHATS EN PROVENCE

SAVON

La marque L'Occitane a bâti son succès grâce à des savons, des crèmes et autres produits de beauté aux parfums de Provence. Mais c'est toutefois le bloc très olive fabriqué à Marseille depuis le XVIIe siècle qui, dans l'esprit des Français, incarne le mieux l'arôme provençal. 100 % biodégradable et recommandé pour les peaux sensibles, le savon de Marseille se décline aujourd'hui sous plusieurs parfums et sous diverses présentations. Il est vendu en pharmacies et en parfumeries.

Compagnie de Provence
1, rue Caisserie
13002 Marseille
Tél. : 04 91 56 20 94
Les légendaires cubes de savon de Marseille.

L'Occitane
21, rue Grande
04100 Manosque
Tél. : 04 92 72 41 02
www.loccitane.com
Maison-mère du célèbre fabricant de produits de beauté de Provence

Savonnerie Marius Fabre Jeune
148, avenue Paul Bourret
13300 Salon-de-Provence
Tél. : 04 90 53 24 77
Comme Marseille, Salon-de-Provence produisait aussi des savons au XIXe siècle.

METS ET VINS

Chocolat, confitures et pâtisseries

Délicieux chocolats, confitures maison, fruits confits, friandises et pâtisseries ne sont que quelques-unes des gourmandises imaginées depuis des lustres par les Provençaux.

La Bonbonnière
54, rue de la Sous-Préfecture
84400 Apt
Tél. : 04 90 74 12 92
Fruits confits, confitures, bonbons et chocolats.

Calissons du Roy René
330, rue Guillaume du Vair
13545 Aix-en-Provence
Tél. : 04 42 39 29 89
Calissons aux amandes – cette spécialité d'Aix – et de nombreuses pâtisseries.

Carrousel des Confitures
2, rue du Vieux-Collège
06500 Menton
Tél. : 04 93 57 21 00
Miels et confitures locaux.

La Chocolatière du Panier
35, rue Vacon
13001 Marseille
Tél. : 04 91 55 70 41

Chocolats Schies
15, rue d'Antibes
06400 Cannes
Tél. : 04 93 39 01 03

Confiserie Bono
280, allée Jean-Jaurès
84200 Carpentras
Tél. : 04 90 63 04 99
Fruits confits et confitures.

Confiserie Florian
14, quai Papacino
06300 Nice
Tél. : 04 93 55 43 50
Le plus célèbre fabricant de fruits confits de la Riviera.

Four des Navettes
136, rue Sainte
13007 Marseille
Tél. : 04 91 33 32 12
L'une des plus anciennes boulangeries de Marseille, spécialisée dans les navettes, gourmandises en forme de bateau.

Pâtisserie Armando des Lices
10, rue du Président Wilson
13200 Arles
Tél. : 04 90 96 00 57
Nougats de différents parfums, parfois inhabituels.

Puyricard
Avenue Georges de Fabry
13100 Aix-en-Provence
Tél. : 04 42 28 18 18
Chocolats et autres sucreries.

Venturini Fougassettes
1, rue Marcel Journet
06130 Grasse
Tél. : 04 93 36 20 47
Pains plats et sucrés parfumés à la fleur d'oranger.

Herbes et autres spécialités

Les herbes se trouvent sur tous les marchés. Dans les régions de Sault et Valensole, royaumes de la lavande, il est possible d'acheter directement aux agriculteurs installés sur les bords des routes : lavande, produits dérivés de la lavande et miel. Des petits sachets d'herbes de Provence sont vendus dans toutes les boutiques de souvenirs.

Alziari
14, rue St-François-de-Paule
06100 Nice
Tél. : 04 93 85 76 92
Bien que producteur d'huile d'olive, Alziari vend également toutes sortes de produits locaux : herbes, savons, miel et tapenade.

Boutique de l'abbaye de Lérins
06400 Ile Saint-Honorat
Tél. : 04 92 99 54 00
C'est là que vous trouverez, aux côtés de produits régionaux, la célèbre liqueur préparée par les moines avec non moins de 45 herbes différentes.

Cannolive
16, rue Vénizélos
06400 Cannes
Tél. : 04 93 39 08 19
Spécialités de l'arrière-pays provençal.

Les Délices du Luberon
1, avenue du Partage des Eaux
84800 L'Isle-sur-la-Sorgue
Tél. : 04 90 20 77 37
Un grand choix de tapenades, de brandades, de tomates séchées et de pesto.

L'Herbier de Saint-Rémy
34, boulevard Victor-Hugo
13210 Saint-Rémy-de-Provence
Tél. : 04 90 92 11 96

Musée de la Lavande
Route de Gordes
84220 Coustellet
Tél. : 04 90 76 91 23
Grand choix de produits issus de la lavande.

Au Père Blaize
4, rue Méolan
13001 Marseille
Tél. : 04 91 54 04 01
Pharmacie et herboristerie traditionnelle.

Huile d'olive

Les meilleurs endroits pour acheter de l'huile d'olive sont les moulins à huile, en général signalés sur les routes principales. Si les deux grandes régions productrices se trouvent autour de Saint-Rémy et de Nyons (dans le Vaucluse), la Riviera possède elle aussi ses moulins.

INFORMATIONS PRATIQUES

FAIRE SES ACHATS EN PROVENCE

Château d'Estoublon
Route de Maussane
13990 Fontvieille
Tél. : 04 90 54 64 00
Huiles Jamard
46, rue des Arènes
13200 Arles
Tél. : 04 90 49 70 73
Moulin de la Brague
2, route de Châteauneuf
06650 Opio
Tél. : 04 93 77 23 03
Moulin à Huile Conti
138, route de Draguignan
06130 Grasse
Tél. : 04 93 70 21 42
Moulin à Huile Lottier
102, avenue des Acacias
06500 Menton
Tél. : 04 93 35 79 15
Moulin Jean-Marie Cornille
13520 Maussane-les-Alpilles
Tél. : 04 90 54 32 37

Pastis

L'apéritif préféré des Provençaux – qu'ils aiment à nommer le *pastaga* –, parfumé à l'anis et descendant direct de l'absinthe, est suffisamment particulier pour n'être pas du goût de tout le monde. Deux marques de pastis traditionnels se partagent le marché, Ricard et Pernod. Si vous préférez les pastis plus confidentiels et plus fins, vous trouverez chez tous les bons vendeurs de liqueurs les gammes suivantes : Pastis à l'ancienne : Henri Bardouin, Lou Garagaï, Lapouge, La Bleue…
Pastis d'antan : Pastis des Homs, Jean Boyer sauvage, L'Artémise, La Muse verte…
Pastis aromatisés : Ambiosis, Jean Boyer à la sève de réglisse, Jean Boyer à l'angélique, Jean Boyer aux armoises, Jean Boyer émeraude, Jean Boyer à la fève de tonka, P'tit Bleu, Jean Boyer aux épices douces…
Anisettes proches de l'absinthe : pontarlier-anis à l'ancienne, pontarlier-anis ponsec, l'absinthe du père Kermann, Absente, Versinthe, Lamesinthe…

Vins

Certains des plus grands vins de France sont produits en Provence. Elle produit suffisamment de vins pour que vous en trouviez à votre goût. N'hésitez pas à visiter des domaines et suivre les dégustations. Les Maisons des vins mentionnées ci-dessous sont un bon point de départ pour s'initier aux appellations régionales.
Caveau du Gigondas
Place du Portail
84190 Gigondas
Tél. : 04 90 65 82 29
Grand choix de vins locaux.
Château Vignelaure (Côteaux d'Aix)
Route Jouques
83560 Rians
Tél. : 04 94 37 21 10
Domaine de la Ferme Blanche (Vignoble de Cassis)
D559
13260 Cassis
Tél. : 04 42 01 00 74
Domaine de la Genestière
Chemin de Cravailleux
30126 Tavel
Tél. : 04 66 50 07 03
Domaine des Terres Blanches (Côteaux des Baux)
Quittez la D99
13210 St-Rémy
Tél. : 04 90 95 91 66
Domaine de Trévallon (Côteaux d'Aix)
Chemin Romain Arles
13210 St-Rémy
Tél. : 04 90 49 06 00
Maison des Vins (Côtes de Provence)
N7
83460 Les Arcs
Tél. : 04 94 99 50 20
Maison des Vins (Côtes du Rhône)
6, rue Trois Faucons
84000 Avignon
Tél : 04 90 27 24 00
Vignerons de Beaumes-de-Venise
Quartier Ravel
84190 Beaumes-de-Venise
Tél. : 04 90 12 41 00
Vinadéa
8, rue du Maréchal Foch
84230 Châteauneuf-du-Pape
Tél. : 04 90 83 70 60
www.vinadea.com
Large choix de vins locaux.
La Vinothèque
18, rue Jean Reboul
30900 Nîmes
Tél. : 04 66 67 20 44

Pour savoir lire au mieux les étiquettes des vins

AOC
Appellation d'origine contrôlée. Ce label garantit qu'un vin est produit selon des normes strictes, dans une zone de production donnée et à partir de certains cépages. Les vins qui reçoivent cette appellation sont de la meilleure qualité.

Cru classé
Ce label de haute qualité n'est décerné qu'à de rares appellations (dont les côtes-de-provence) qui ont fait l'objet d'un classement officialisé.

Grand Cru
Terme autorisé dès lors que le vin correspond aux normes de qualité fixées par chaque région viticole.

VDQS
Vins Délimité de Qualité Supérieure. Ces vins viennent juste après les AOC. Le label est apposé sur le coin inférieur gauche de l'étiquette, qui comporte en outre la mention du cépage.

Vin de pays
Un vin de qualité qui contient 100 % d'une variété de raisins approuvée par un conseil interprofessionnel.

Vin de table
C'est le vin de tous les jours, fabriqué sans indication d'origine ni de cépages. Il représente 70 % de la production française et son degré d'alcool doit être compris entre 8,5° et 15°.

LOISIRS ET ACTIVITÉS SPORTIVES

LOISIRS
La Provence offre les divertissements les plus divers, des opéras sophistiqués aux traditionnelles courses de taureaux organisées dans les décors spectaculaires des monuments romains. Les festivals abondent à toutes les périodes de l'année et chacun y trouvera son compte : concerts de jazz, pèlerinages gitans, expositions de photographies ou spectacles de théâtre. Les casinos et salles de cinéma sont nombreux et, pour les irréductibles de la nuit, restent toujours les clubs de Marseille, Saint-Tropez, Cannes et Nice.

Courses de taureaux
Elles se déroulent dans les arènes d'Arles et de Nîmes et constituent une bonne entrée en matière pour qui veut s'initier à la vie provençale. Résolument moins cruelle que la corrida espagnole, la course camarguaise donne l'avantage aux animaux et ce sont les raseteurs qui assument le plus de risques. La meilleure occasion d'assister à ces jeux taurins est sans doute la Féria pascale (week-end de Pâques), la Fête des gardians (1er mars) et la Cocarde d'or en juillet. Les billets sont vendus sur place ou à l'office du tourisme.

Casinos
Les casinos contribuent au charme de la Côte d'Azur, le plus célèbre et le plus chic étant bien sûr celui de Monte-Carlo.
Casino de Bandol
2, place Lucien-Artaud
83150 Bandol
Tél. : 04 94 29 31 31
Casino du Golfe
Promenade du Port
83240 Cavalaire-sur-Mer
Tél. : 04 94 01 92 40
Casino de Grasse
Bd. du Jeu-de-Ballon
06130 Grasse
Tél. : 04 93 36 91 00
Casino Ruhl
1, promenade des Anglais
06000 Nice
Tél. : 04 97 03 12 33

Le Casino
Place du Casino
Monte-Carlo, Monaco
Tél. : 92 16 21 21

Cinéma
L'intérêt des Français (et des Provençaux) pour le cinéma n'a rien à envier à la passion qu'éprouvent certaines nations pour le sport professionnel. Les salles de cinéma mentionnées ci-dessous projettent des films en V.O., sous-titrés en français. La dernière production de l'industrie hollywoodienne côtoie le cinéma classique ou indépendant, rarement présenté dans des grandes salles hors de France. Le Festival international du film s'ouvre chaque année en mai à Cannes, mais, sans accréditation, obtenir un strapontin relève de l'impossible.

Cinéma Mazarin
6, rue Laroque
13100 Aix-en-Provence
Tél. : 08 92 68 72 70
Cinéma Mercury
16, place Garibaldi
06300 Nice
Tél. : 08 36 68 81 06
Cinéma Olympia
16, rue de la Pompe
06400 Cannes
Tél. : 04 93 39 13 93
Cinéma Renoir
24, cours Mirabeau
13100 Aix-en-Provence
Tél. : 08 92 68 72 70
Cinéma Rialto
4, rue de Rivoli
06000 Nice
Tél. : 04 93 88 08 41
Cinéma Utopia
4, rue Escaliers-Sainte-Anne
84000 Avignon
Tél. : 04 90 82 65 36
Cinéma Les Variétés
37, rue Vincent Scotto
13001 Marseille
Tél. : 08 92 68 05 97
Entrevue
23, quai Marx-Dormoy
13200 Arles
Tél. : 04 90 93 37 28
Librairie, hammam et cinéma.

Opéra, ballet, et musique classique
Outre les grands opéras et salles de concerts classiques mentionnés ci-dessous, ne négligez pas les affiches apposées sur les églises et cathédrales qui annoncent leurs concerts plus confidentiels. L'été voit fleurir une multitude de festivals de musique en plein air, dans des sites aussi enchanteurs que le théâtre antique d'Orange.
Ballet national de Marseille
20, bd. Gabès
13008 Marseille
Tél. : 04 91 32 73 27
Opéra de Marseille
2, rue Molière
13001 Marseille
Tél. : 04 91 55 21 08
Un bâtiment Art Déco au centre de Marseille.
Opéra de Monte-Carlo
Place du Casino
98000 Monaco
Tél. : 92 16 23 18
Opéra de Nice
4, rue St-François-de-Paule
06300 Nice
Tél. : 04 92 17 40 00
Opéra et concerts dans le vieux Nice.
Opéra-Théâtre
1, rue Racine
84007 Avignon
Tél. : 04 90 82 42 42
Construit en 1847, il présente toute l'année des spectacles d'opéra, des concerts et des pièces de théâtre.
Palais de l'Europe
8, avenue Boyer
06500 Menton
Tél. : 04 92 41 76 50
Le centre culturel de Menton propose des opéras, des ballets et des concerts.
Théâtre antique
Centre culturel
14, place Silvain
84100 Orange
Tél : 04 90 51 60 51
Guichet du majestueux théâtre romain d'Orange et des Chorégies en juillet et août.
Théâtre du Jeu de Paume
17, rue de l'Opéra
13100 Aix-en-Provence
Tél. : 04 42 99 12 00
Ce magnifique théâtre du XVIIIe siècle affiche une programmation très variée.

INFORMATIONS PRATIQUES

ACTIVITÉS SPORTIVES

La Provence et le littoral méditerranéen offrent une multitude de distractions, depuis la plus sage et la plus reposante (bain de soleil sur la plage) à la plus extrême, pleine de frissons garantis (saut à l'élastique). Toute la région se prête aux randonnées pédestres ou équestres, les golfs sont nombreux et la côte est le paradis des amateurs d'activités nautiques. La plupart des villes disposent d'excellentes piscines publiques et infrastructures sportives. Se renseigner auprès des offices de tourisme locaux. Toutefois, pour obtenir des informations plus complètes sur certaines disciplines – vélo, voile, randonnées ou plongée sous-marine –, adressez-vous aux comités départementaux du tourisme dont voici la liste.

Alpes-de-Haute-Provence
19, rue du Docteur-Honnorat
04005 Digne-les-Bains
Tél. : 04 92 31 57 29
www.alpes-haute-provence.com

Alpes-Maritimes
55, promenade des Anglais
06000 Nice
Tél. : 04 93 37 78 78
www.guideriviera.com

Bouches-du-Rhône
Les Docks Atrium
10, place Joliette
13002 Marseille
Tél. : 04 91 56 47 00
www.crt-paca.fr

Hautes-Alpes
8bis, rue Capit-de-Bresson
05000 Gap
Tél. : 04 92 53 62 00
www.hautes-alpes.net

Var
1, bd. du Maréchal-Foch
83003 Draguignan
Tél. : 04 94 50 55 50
www.tourismevar.com

Vaucluse
12, rue du Collège-de-la-Croix
84000 Avignon
Tél. : 04 90 80 47 20
www.provenceguide.com

Excursions en montgolfière

Rien de mieux qu'une promenade en ballon pour découvrir le paysage provençal.
Le voyage dure en général une à deux heures.

Montgolfière Provence
Le Mas Fourniguière, Joucas
84220 Gordes
Tél. : 04 90 05 79 21

Provence en Ballon
Chemin Colombier
13570 Barbentane
Tél. : 04 90 95 54 50

Observer les oiseaux

Les marais de Camargue sont bien sûr le lieu d'élection de tout sérieux amateur d'oiseaux. Des centaines d'espèces d'oiseaux migrateurs y trouvent chaque année refuge. Dans cette région protégée, deux adresses vous permettront de mieux connaître la faune et la flore ; les sentiers balisés vous mèneront au cœur du paysage camarguais.

Maison du Parc naturel régional de Camargue
Mas du Pont-de-Rousty
D570, Pont-de-Gau
Tél. : 04 90 97 86 32

Parc ornithologique de Pont-de-Gau
D570, Pont-de-Gau
Tél. : 04 90 97 82 62

Excursions en bateau

Isles de Stel
12, rue de l'Amiral-Coubert
30220 Aigues-Mortes
Tél. : 04 66 53 60 70
Excursions en bateau en Camargue.

Trans Côte d'Azur
Quai Amiral-Infernet
06300 Nice
Tél : 04 92 00 42 30
Promenades côtières en vedette panoramique pour profiter au mieux des paysages splendides.

Saut à l'élastique

L'un des plus hauts points d'Europe pour se jeter dans le vide est le pont de l'Artuby (haut de 180 m) dans les gorges du Verdon.

Canyoning

Le canyoning, devenu très populaire, allie les techniques et l'équipement de l'escalade aux plaisirs de l'eau.

AET Nature
Foussa
06540 Breil-sur-Roya
Tél. : 04 93 04 47 64
Canyoning, rafting et alpinisme en vallée de la Roya.

Aventures et Nature
04120 La-Palud-sur-Verdon
Tél. : 04 92 77 30 43

Les Guides des Calanques
Rue de Lorraine
13380 Plan-de-Cuques
Tél. : 04 91 07 46 96

Les Guides du Verdon
Le Galetas
83630 Aiguines
Tél. : 04 94 84 22 55

Cyclisme

Cette passion française rivalise (et contraste fortement) avec l'obsession régionale : la pétanque. Dès qu'il s'agit de vous trouver une bicyclette, les Provençaux deviennent particulièrement serviables, et la plupart des villes moyennes possèdent une ou plusieurs boutiques où l'on peut louer et faire réparer un vélo. Le succès du VTT a apporté une seconde jeunesse à ce sport traditionnel.

Holiday Bikes
www.holiday-bikes.com
Cette chaîne de magasins de location de vélos (et VTT) dispose de plusieurs succursales en Provence.

Vélo Loisir en Luberon
Place de la République
04280 Céreste
Tél. : 04 92 79 05 82
Information et service de location du Luberon.

Golf

Il existe curieusement plus de terrains de golf dans la région que l'on aurait pu l'imaginer, compte tenu, notamment, du climat pour le moins aride. Pourtant, ce sport a ici une longue tradition qui remonte aux premiers visiteurs européens à la fin du XIXe siècle.

Golf Club Aix-Marseille
Domaine de Riquetti, Les Milles
13290 Aix-en-Provence
Tél. : 04 42 24 20 41
L'un des plus anciens de Provence, construit en 1935.

Golf des Baux
Domaine Manville
13520 Les-Baux-de-Provence
Tél. : 04 90 54 40 20

Golf du Grand Avignon
Les Chênes Verts
84270 Vedène
Tél. : 04 90 31 49 94

Golf du Roquebrune
D7, Les Issambres
83520 Roquebrune-sur-Argens
Tél. : 04 94 19 60 33

Golf de Sainte-Maxime
Route du Débarquement
83120 Sainte-Maxime
Tél : 04 94 55 02 02

Golf de Servanes
Route de Servanes
13890 Mouriès
Tél. : 04 90 47 59 95

Provence Country Club
Route de Fontaine-de-Vaucluse
84800 Saumane-de-Vaucluse
Tél. : 04 90 20 20 65

Balades à cheval
Pour obtenir des informations détaillées sur des promenades à cheval en Camargue ou dans d'autres régions, vous pouvez contacter l'un des centres ci-dessous, tous des établissements sérieux.

Centre équestre de la ville de Marseille
33, traverse de Carthage
13008 Marseille
Tél. : 04 91 73 72 94

Centre de tourisme équestre Brenda
Mas Saint-George (Astouin)
13460 Stes-Maries-de-la-Mer
Tél. : 04 90 97 52 08

Nouveau Club hippique des Antiques
3, rue Étienne Astier
13210 Saint-Rémy
Tél. : 04 90 92 30 55
Promenade à cheval dans les Alpilles et les Dentelles de Montmirail.

Nudisme et naturisme
Les seins nus ne surprennent absolument personne sur les plages de la Côte d'Azur et ne choquent plus. Toutefois, les naturistes choisiront de se mettre à l'écart sur l'île de Levant, au large d'Hyères.

Héliopolis Ile du Levant
83411 Hyères

Rafting et canoë-kayak
Le cours de la plupart des rivières provençales est interrompu par un barrage, si ce n'est plusieurs. Il est cependant possible de pratiquer le rafting et le canoë-kayak sur certains tronçons rapides, notamment dans les Hautes-Alpes. Une bonne façon de découvrir le plus grand canyon d'Europe : les gorges du Verdon.

Abord Rafting
8, place de l'Église
04120 Castellane
Tél. : 04 92 83 76 11

Compagnie des guides de rivières
27, rue Nationale
04120 Castellane
Tél. : 04 92 83 74 22

Kayak vert
La Beaume
84800 Fontaine-de-Vaucluse
Tél. : 04 90 20 35 44
Ce centre propose des excursions tranquilles d'une journée sur la rivière, jusqu'à L'Isle-sur-la-Sorgue et vend des articles de pêche.

Kayak vert Camargue
Petites Armelles, avenue d'Arles
13460 Stes-Maries-de-la-Mer
Tél. : 04 90 97 80 32
Location de canoës et de kayaks pour des excursions en Camargue.

Ligue régionale Alpes Provence
14, avenue Vincent Auriol
30200 Bagnols-sur-Cèze
Tél. : 04 66 89 47 71

Maison du canoë-kayak et du rafting
Le Four à Chaux, Pont-Martinet
04340 Méolans
Pour découvrir la vallée de l'Ubaye.

Escalade
Les éperons calcaires et les falaises déchiquetées de la région offrent d'impressionnants sites d'escalade.

Les Calanques, les gorges du Verdon, les Dentelles de Montmirail, Buoux dans le Luberon et la vallée des Merveilles possèdent des voies balisées selon le degré de difficulté, certaines avec des ancrages. Sans oublier la variante provençale des Via Ferrata – parcours d'altitude entièrement balisés et équipés –, populaires dans les Alpes.

Adressez-vous aux centres suivants pour des informations plus complètes, pour louer du matériel ou bénéficier de l'expérience d'un guide.

Association Lei Lagramusas
04120 La-Palud-sur-Verdon
Tél. : 04 92 77 38 02

Aventures et Nature
04120 La-Palud-sur-Verdon
Tél. : 04 92 77 30 43

Comité départemental de la Montagne et de l'Escalade
3, bd. du Temps Perdu
Manosque
Tél. : 04 92 72 39 40

Club d'escalade de Quinson
04500 Quinson
Tél. : 04 92 74 40 04

Les Guides des Calanques
Rue de Lorraine
13380 Plan-de-Cuques
Tél. : 04 91 07 46 96

Voile, planche à voile et autres sports nautiques
Sur la côte, il y a l'embarras du choix pour louer des skis nautiques, des jet-skis ou de l'accastillage. Les offices de tourisme locaux vous fourniront la liste des établissements qui proposent ces services.

Cannes Station de voile
Port du Mourre-Rouge
06400 Cannes
Tél. : 04 92 18 88 87

Nautique 2000
Port Gallice
06160 Juan-les-Pins
Tél. : 04 93 61 20 01

Team Water Sport
Coco Plage
Quartier Pampelonne
83350 Ramatuelle
Tél. : 04 94 79 82 41

LOISIRS ET ACTIVITÉS SPORTIVES

Ski nautique, planche à voile et matériel pour autres sports nautiques.

Plongée sous-marine
Il existe quantité de sites de plongée intéressants, des navires naufragés au large des îles aux anses paisibles et mystérieuses des Calanques. Quelques écoles proposent des formations, délivrent des diplômes et organisent des baptêmes de plongée. Pour louer un équipement, il faut être titulaire d'un brevet.

Centre cassidain de plongée
3, rue Michel Arnaud
13260 Cassis
Tél.: 04 42 01 89 16
L'école Henri Cosquer organise des plongées dans les eaux turquoise et superbes à l'aplomb des Calanques.

Centre départemental de plongée sous-marine
Porquerolles Plongée
ZA Porquerolles
83400 Ile de Porquerolles
Tél : 04 98 04 62 22
Plongée pour tous les niveaux et tous les âges au large des îles d'Hyères. Plongée libre, formation et délivrance de brevets.

Fédération française d'études et des sports sous-marins
24, quai Rive-Neuve
13284 Marseille
Tél : 04 91 33 99 31

Ski
Le ski dans les Alpes provençales ne peut se comparer à celui pratiqué plus au nord au cœur du massif alpin. Mais le tarif des remontées mécaniques y est beaucoup moins élevé.
Isola 2000
Office de tourisme
Tél : 04 93 23 15 15
120 km de pistes
Saint-Étienne-du-Tinée
Office de tourisme
1, rue de la Commune-de-France
Tél : 04 93 02 41 96
130 km de pistes

Thermalisme
L'influence romaine et la présence de sources chaudes ont sans doute contribué à établir cette tradition thermale dans la région. Aujourd'hui, outre les éternels saunas et bains chauds, on vous proposera des massages shiatsu, de l'aromathérapie et de la méditation.

La Bastide de Gordes et Spa
Route de Combe
84220 Gordes
Tél : 04 90 72 12 12

Thermes de Digne-les-Bains
29, avenue Thermes
04005 Digne-les-Bains
Tél : 04 92 32 32 92

Thermes de Gréoux
Rue des Eaux-Chaudes
04800 Gréoux-les-Bains
Tél : 04 92 70 40 01

Les Thermes marins
2, avenue de Monte-Carlo
98000 Monaco
Tél : 92 16 40 40

Thermes Sextius
55, cours Sextius
13101 Aix-en-Provence
Tél : 04 42 23 81 82

Promenades et randonnées
Le promeneur trouvera son bonheur dans la campagne provençale. En dépit du développement massif du littoral, le relief accidenté et la volonté grandissante de préserver l'environnement ont permis de conserver quelques enclaves de nature intacte. Les sites les plus spectaculaires se trouvent dans les Calanques près de Marseille, autour des Dentelles dans la vallée du Rhône, dans l'arrière-pays niçois truffé de villages perchés, dans les forêts de châtaigniers et de pins du massif des Maures derrière Saint-Tropez, dans les gorges du Verdon et la vallée des Merveilles dans les Alpes provençales. Les offices de tourisme vous donneront tous les renseignements sur les sentiers de grande randonnée (GR) locaux, sinon adressez-vous aux organismes suivants pour des informations plus détaillées, pour obtenir des cartes ou la liste des refuges alpins. Gardez à l'esprit que les randonnées dans l'arrière-pays sont en général interdites au plus fort de l'été, en raison des risques des feux de forêts.

Club alpin français
14, avenue Mirabeau
06000 Nice
Tél.: 04 93 62 59 99

Comité départemental de la randonnée pédestre
4, avenue de Verdun
06800 Cagnes-sur-Mer
Tél.: 04 93 20 74 73

Destination Merveilles
10, rue des Mesures
06270 Villeneuve-Loubet
Tél.: 04 93 73 09 07
Randonnées en compagnie d'un guide organisées dans la vallée des Merveilles.

QUELQUES LIVRES

D'innombrables livres ont la Provence pour décor, nombre d'auteurs y ont en effet vu tôt le charme qu'elle pouvait apporter à une intrigue. En voici quelques-uns :
Le Comte de Monte-Cristo (1845) et *L'Homme au masque de fer* d'Alexandre Dumas. Deux classiques qui se déroulent pour partie dans le Marseille du XIXe siècle.
Le Parfum (2001) de Patrick Suskind. L'histoire d'un jeune garçon doué d'un extraordinaire odorat. À Grasse, au XVIIIe siècle, il apprend, au cours d'une histoire nourrie, les techniques sophistiquées qui lui permettront de créer les parfums qu'il aime tant.
Tendre est la nuit (1934), de F. Scott Fitzgerald. Les décadentes années 1920 au cap d'Antibes.
Une année en Provence (1993) et *Provence toujours* (1995) de Peter Mayle. Deux best-sellers mondiaux. Dans *Le Bonheur en Provence*, le plus « provençal des Anglais » retrace son retour dans le Sud, relatant moult rencontres et aventures et dévoilant ses adresses culinaires !
Total Khéops, *Chomo* et *Solea*, une trilogie de Jean Claude Izzo consacrée à Marseille et publiée dans la Série noire.
Qui perd gagne (1955), de Graham Greene.
Et, bien sûr, ne saurait être omise l'œuvre époustouflante de Jean Giono, dont *Le Hussard sur le toit*, *Que ma joie demeure*, *Regain*...

INDEX

En gras : mention du nom dans une légende

A

Achats 227-230
Aigues-Mortes 30, 105
Aiguines 197
Aix, Marseille et le Var 107-134
  Aix-en-Provence 25, 34, **107**, 108, 110-115, 186
  Aubagne 134
  Brignoles 134
  Les *calanques* 126
  cartes 108-109, 133
  Cassis 126
  Cavalaire-sur-Mer 131
  Côtes de Provence 132-133
  Gassin 130
  Grimaud 131
  hôtels et restaurants 217-220
  Hyères 127, 174
  Hyères, Iles d' 127
  La Ciotat 43, 134
  La Garde-Freinet 134
  Marseille 25, 26, 29, 30, 31, 32, 33, 108-109, 118-125, 186
  Oppidum d'Entremont 134
  Ramatuelle 130-131
  Salon-de-Provence 134
  Saint-Tropez 109, 128-129, **128-129**, 186
  Ste-Victoire, Montagne **22**, 116-117, **116-117**
  Les vins de Provence 132-133
Aix-en-Provence **107**, 108, 110-115, 186
  Ancienne halle aux grains 114
  Atelier Cézanne 113
  carte 115
  Cours Mirabeau 111, 114
  Les Deux Garçons 111
  Fontaine de la Rotonde 111, 114
  histoire 25, 29
  Hôtel de Chateaurenard 115
  quartier Mazarin 112
  Musée des Tapisseries 112, 115
  Musée du Vieil Aix 112, 115
  Musée Granet 112-113, 134
  Musée Paul Arbaud 112
  Palais de l'Archêveché 115
  Pavillon Vendôme 112
  Saint-Sauveur 34, 111-112, **114**, 115
  La visite du vieil Aix 114-115
Allemagne-en-Provence 199
Alpes de Provence 187-202
  cartes 188-189, 197
  Coustellet 201
  Digne-les-Bains 201, 202
  Entrevaux 36, 156, 202
  festivals de la lavande 189
  Gréoux-les-Bains 202
  hôtels et restaurants 225-226
  lavande 200-201, **200-201**
  Manosque 202
  Moustiers-Ste-Marie 189, 194, 196, 198-199
  Musée de la Préhistoire des gorges du Verdon 202
  Parc national du Mercantour 188, 190, 192-193
  La route des gorges du Verdon 196-197
  Sospel 202
  Valensole, plateau de 189, 199
  Verdon, gorges du 188-189, **194-195**, 194-197, 202
Ansouis 60
Antibes 137, 153-157, 158
  Antibes, cap d' 137, 156-157, 174-175
  Fort Carré 154-155, **154-155**, 156
  L'Immaculée Conception 154
  Musée de la Tour 153
  Musée d'Histoire et d'Archéologie 154
  Musée Peynet et du Dessin humoristique 153
  Musée Picasso 136, 137, 155-156
Antibes, Cap d' 137, 156-157
  jardins 174-175
  Hôtel du Cap 157
  Musée naval et napoléonien 157
  Parc Thuret 157
  Phare de la Garoupe 157
  Sanctuaire de la Garoupe 157, **157**
  Villa Thuret 174-175
Apt 59, 186, 201
  Distillerie des Agnels 201
  Maison du Parc naturel régional du Luberon 59
  Musée archéologique 59
Sainte-Anne 59
Architecture 34, 36-37
Arles 15, 41, 83, 94-99, **113**
  Les Alyscamps 96-97
  Arènes 95, 98
  carte 97
  Cryptoportiques du Forum 96, 99
  Fondation Vincent Van Gogh 97, 98
  Grand Hôtel Nord-Pinus 98
  Hôtel Quiqueran de Beaujeu 98
  Jardin d'Été 98
  Musée de la Provence et de l'Arles antiques 94-95
  Musée Réattu 96, 99
  Museon Arlaten 96, 99
  Saint-Trophime 96, 99
  Théâtre antique 95-96, 98
  Thermes de Constantin 96, 99
  Une promenade en Arles 98-99
Arts 34-44
Aubagne 134
Avignon **28-29**, 45-55
  Fondation Angladon-Dubrujeaud 55
  histoire 27-28
  Jardin du Rocher des Doms 54
  Musée Calvet 55
  Musée du Petit Palais 53
  Musée Lapidaire 54-55
  Musée Louis Vouland 55
  Notre-Dame des Doms 53
  Palais des Papes **28-29**, 40, 48-53
  Pont Saint-Bénezet 54, **54**
  Théâtre de l'opéra 49
Avignon et le Vaucluse 45-55
  Avignon 48-55
  carte 46-47, 69
  Cavaillon 78
  Châteauneuf-du-Pape 20, 21, 76-77, **76-77**
  Les Dentelles de Montmirail 21, 68-69
  Fontaine-de-Vaucluse 47, 64-65, **65**
  Glanum **74-75**
  Gordes 25, 47, **62**, 62-63
  hôtels et restaurants 212-215
  Isle-sur-la-Sorgue 47, 64
  Luberon **24**, 25, 29, 46-47, 56-60
  Musée de la Lavande, Coustellet 79, 201
  Orange 29, **70**, 70-73
  Pernes-les-Fontaines 79
  Roussillon 47, 61
  Sault 79, 189, 201
  Sénanque, abbaye de **45**, 63
  Vaison-la-Romaine 47, **66**, 66-67, **67**, 68
  Venasque 79-80
  Ventoux, Mont 78-79
  Village des Bories 63, **63**
  Villeneuve-lès-Avignon 80

B

Barbentane 102
Barcelonnette 193
Basse Corniche 176-177
Beaucaire **105**, 106
Beaulieu-sur-Mer 177
Villa Kerylos 177
Beaumes-de-Venise 68
Biot 137, 160, **160**
  Musée d'Histoire et de Céramique biotoises 160
  Musée national Fernand Léger 160
  Verrerie 160
Bonnieux 59
Bouillabaisse 124
Boulbon 102, **102**
Breil-sur-Roya 192
Brignoles 134
Buoux 59

C

Cagnes-sur-Mer 137, 161
  Château-Musée 161, **161**
  Musée Renoir 161
Les *calanques* 126
La Camargue 83, 88-93
  Avignon, château d' 89
  Stes-Maries-de-la-Mer 89, 90, 92, 93, **93**
  Maison du Parc naturel régional de Camargue 89
  Musée de la Camargue 89
  Musée du Riz 93
  Parc naturel régional de Camargue 89
  Parc ornithologique de Pont de Gau 92
  Salin-de-Giraud 93
Campaniles 37, **37**
Cannes **138-139**, 138-141
  carte 136-137
  La Croisette 138, 139-140
  Festival international du Film 44, **44**, 136, 138, 139
  histoire 31, 32
  Inter-Continental Carlton Hotel 139-140, **140**
  Musée de la Castre 141
  Sainte-Anne 141
Carcès 132
Carpentras 58, 78, **78**, 186
Cassis 126
Castellane 189, 194
Castillon 186
Cathédrale d'images 105
Cavaillon 78
Cavalaire-sur-Mer 131
Cézanne, Paul 40, 108, 113, 116-117
Chagall, Marc 42, 172
Char, René 39
Châteauneuf-du-Pape 20, 21, 76-77, **76-77**
Cicadas 106
Cinéma 43-44
Coaraze 183
Cocteau, Jean **39**, 165, 177, 184
Colorado provençal, 61, **61**
Contes 183
Les Corniches 176-177
Corridas 84, 85, 90, 95
Côtes d'Azur: Cannes et ses environs 135-162
  Antibes 137, 153-157, 158
  Antibes, Cap d' 137, 156-157, 174-175
  plages 153
  Biot 137, 160, **160**
  Cagnes-sur-Mer 137, 161
  Cannes 138-141
  carte 136-137
  festivals 162
  Gorges-sur-Loup 162
  Grasse 137, 144-145
  hôtels et restaurants 220-223
  Juan-les-Pins 162
  Lérins, Iles des 136, 141, 162
  Mougins 136-137, 143

INDEX

Saint-Paul-de-Vence 137, 150-152, **151**
Sainte-Marguerite, Ile 141, **141**, 162
Vallauris **39**, 136, 142-143
Vence 137, 148-149
Côtes d'Azur: de Nice à Menton 163-186
À la découverte du vieux Nice 168-169
carte 164-165
Castillon 186
Coaraze 183
Contes 183
Les Corniches 176-177
Èze 177
jardins 174-175
hôtels et restaurants 223-225
Menton 31, 165, 174, 184-185
Monaco 31, 32, **163**, 165, **175, 178-179**, 178-182
Nice 24, 31, 32, 33, 40, 43, 164, **164**, 166-173, 186
Peille **36**, 183
Peillon 183
Sainte-Agnès **183**, 186
Côtes de Provence 131-133
Carcès 132
Cotignac **21**, 132
Les Arcs 21, 132
carte 133
Notre-Dame-du-Thoronet 132
Salèrnes 132
Saint-Michel-du-Var (monastère) 133
Tourtour 133
Villecroze 133
Les vins de Provence 132-133
Cotignac **21**, 132
Crusades 26, **27**
Cucuron 160
Cuisine 18-21, 54, 58, 124, 186
Cuisine du soleil 18-19

D

Denim 86
Les Dentelles de Montmirail 68-69
Desserts 186
Digne-les-Bains 201, 202

E

Loisirs et activités sportives 231-234
Entrevaux **35**, 156, 202
Euroméditerrannée, projet 15, 108, 120
Èze 164-165, 174, 177
Jardin exotique 174, 177

F

Faïence **198**, 199
Ferrat, Cap 164, 177, 186
Festivals 15, 55, 58, **94-95, 113**, 136, 138, 139, 162, 189, 210

Fontaine-de-Vaucluse 47, 64-65, **65**
L'Appel de la Liberté-Musée d'Histoire 1939-1945 65
Le Monde souterrain de Norbert Casteret 65
Musée Pétrarque 65
Fontvieille 105-106
boules **14-15**
Le moulin de Daudet 105-106
Fontvieille, Monaco 181
Fragonard (parfumerie), Grasse 144
Français (langue) 29

G

Gassin 130
Gigondas 68-69
Glanum **74-75**
Golfe-Juan **158-159**, 159
Gordes 25, 47, **62**, 62-63
Gorges-sur-Loup 162
Grace, Princesse (Monaco) 179, 180, 181
Grand Hôtel Nord-Pinus, Arles 98
Grand Luberon 59-60
Grande Corniche 177
Grasse 137, 144-145
Fragonard (parfumerie) 144
Musée d'Art et d'Histoire de Provence 145
Musée de la Marine 145
Musée international de la Parfumerie 144
Musée provençal du Costume et du Bijou 144-145
Notre-Dame-du-Puy 145
Villa-Musée Fragonard 145
Gréoux-les-Bains 202
Grimaud 131

H

Histoire 24-33
Hôtel de Paris, Monaco **180-181, 182**
Hôtel de ville, Menton 184, **185**
Hôtel du Cap, Cap d'Antibes 157
Hôtel Negresco, Nice 167, 171, **171**
Hôtels et restaurants 211-226
Hyères 127, 174
Jardin provençal 174
Parc St-Bernard 174
Parc Ste-Claire 174
Villa de Noailles 174
Hyères, Iles d' 127

I

Les indiennes 71, **71**
Isle-sur-la-Sorgue 47, 64
Isola 2000 188, 193

J

Jardins 174-175

Jardin botanique exotique du Val Rahmen, Menton 174
Jardin de la Fontaine, Nîmes 86
Jardin de Maria Serena, Menton 174
Jardin des Lavandes, Sault 79, 201
Jardin des Vestiges, Marseille 122
Jardin d'Été, Arles 98
Jardin du Rocher des Doms, Avignon 54
Jardin exotique, Èze 174, 177
Jardin exotique, Monaco **175**, 181
Jardin Fontana Rosa, Menton 174
Jardin provençal, Hyères 174
Jardins des Colombières, Menton 174
Juan-les-Pins 162

L

La Ciotat 134
cinéma 43
La Garde-Freinet 134
La Montagnette 83, 102
Barbentane 102
Boulbon 102, **102**
Saint-Michel de Frigolet 102
La Tour d'Aigues 60
La Turbie **176**, 177
Lacoste 58-59
Lavande **187**, 200-201
festivals 189
Le Corbusier 37
Le Crestet 68
Le Tholonet 116
Léger, Fernand 42
Lérins, Iles des 136, 141, 162
Les Arcs 21, 132
Les Baux 83, 100-101, **100-101**
Levant, Ile du 127
Litterature 37-39
Lourmarin 47, 60
Luberon 29, 46-47, 56-60

M

Maillane 106
Musée Frédéric Mistral 106
L'homme au masque de fer 141, 162
Manosque 202
Marseille **10-11**, 15, 108-109, 118-125, 186
Belsunce 122-123
carte 121
Château d'If 125, **125**
Corniche John F. Kennedy 125
Cours Julien 123
Fort St-Nicolas 120
Fort St-Jean 120
histoire 25, 26, 29, 30, 31, 32, 33, 118-120
Hospice de la Vieille Charité 124

Jardin des Vestiges 122
La Canebière 30, 122-123
Le Panier 32, **120**, 123-125
Major, Cathédrale de la **122,** 124
Musée Cantini 123
Musée d'Archéologie méditerranénne 124-125
Musée d'Arts africain, océanien et amérindien 125
Musée de la Faïence 125
Musée de la Marine et de l'Économie de Marseille 122, **123**
Musée des Beaux-Arts 123
Musée des Docks romains 121
Musée d'Histoire de Marseille 121-122
Musée d'Histoire naturelle 123
Musée du Vieux Marseille 121
Musée Grobet-Labadié 123
Notre-Dame-de-la-Garde 125
Palais de la Bourse 122
Palais Longchamp 123
Saint-Victor 123
Vieux-Port **118-119**, 119, 120-122
Mas des Tourelles (entreprise viticole) 106
Matisse, Henri 42, 137, 149, **170,** 172
Ménerbes 58
Musée du Tire-Bouchon 58
Menton 31, 165, 174, 184-185
Halles municipales 184
Hôtel de ville 184, **185**
Jardin botanique exotique du Val Rahmen 174
Jardin de Maria Serena 174
Jardin Fontana Rosa 174
Jardins des Colombières 174
Musée de Préhistoire régional 184
Musée des Beaux-Arts 185
Musée Jean Cocteau 184
St-Michel-Archange 185
Vallée des Merveilles 25, 188, 192-193
Le mistral 109
Mistral, Frédéric 31, 38, **38,** 106, 121
Monaco **163,** 165, **178-179,** 178-182
Casino de Monte-Carlo 182, **182**
Collection de Voitures anciennes 181
Fontvieille 181
jardins **175,** 181
histoire 24, 31, 32
Hôtel de Paris **180-181,** 182
Jardin exotique **175,** 181
Monaco-Ville 179-180
Monte-Carlo 165, 178, 182, **182**

INDEX

Musée napoléonien et des Archives du Palais 180
Musée d'Anthropologie préhistorique 181
Musée des Timbres et des Monnaies 181
Musée naval 181
Musée océanographique 181
Palais du Prince 179-180
Monaco-Ville, Monaco 179-180
Monte-Carlo, Monaco 165, 178, 182, 182
Montmajour, abbaye de 105
Mougins 136-137, 143
   Le moulin de Mougins 143
   Musée de la Photographie 143
   Musée de l'Automobiliste 143
Le moulin de Daudet, Fontvieille 105-106
Le moulin de Mougins 143
Moulins de Paillas 131
Moustiers-Ste-Marie 189, 194, 196, 198-199
   Musée de la Faïence 198
   Notre-Dame-de-Beauvoir 198
Moyenne Corniche 177
Musée archéologique, Nice 172
Musée archéologique, Nîmes 84
Musée Calvet, Avignon 55
Musée Cantini, Marseille 123
Musée napoléonien et des Archives du Palais, Monaco 180
Musée d'Anthropologie préhistorique, Monaco 181
Musée d'Archéologie méditerranénne 124-125
Musée d'Art et d'Histoire de Provence, Grasse 145
Musée d'Art moderne et contemporain, Nice 171-172
Musée d'Arts africain, océanien, et amérindien, Marseille 125
Musée de la Boulangerie, Bonnieux 59
Musée de la Camargue 89
Musée de la Castre, Cannes 141
Musée de la Céramique, Vallauris 143
Musée de la Faïence, Marseille 125
Musée de la Faïence, Moustiers-Ste-Marie 198
Musée de la Lavande, Coustellat 79, 201
Musée de la Marine, Grasse 145
Musée de la Marine, Nice 169
Musée de la Marine et de l'Économie de Marseille 122

Musée de la Mer, Ile Ste-Marguerite 162
Musée de la Photographie, Mougins 143
Musée de la Tour, Antibes 154
Musée de la Vallée, Barcelonnette 193
Musée de la Vigne et du Vin, Ansouis 60
Musée de l'Annonciade, St-Tropez 129
Musée de la Provence et de l'Arles antiques, Arles 94-95
Musée de l'Automobiliste, Mougins 143
Musée de la Préhistoire des gorges du Verdon 202
Musée de Préhistoire régional, Menton 185
Musée des Alpilles, St-Rémy-de-Provence 104
Musée des Beaux-Arts, Marseille 123
Musée des Beaux-Arts, Menton 185
Musée des Beaux-Arts, Nice 170
Musée des Docks romains, Marseille 121
Musée des Faïences, La Tour d'Aigues 60
Musée des Merveilles, Tende 25, 192
Musée des Outils de vignerons, Châteauneuf-du-Pape 77
Musée des Santons, Les Baux 101
Musée des Tapisseries, Aix-en-Provence 112, 115
Musée des Timbres et des Monnaies, Monaco 181
Musée d'Histoire de Marseille 121-122
Musée d'Histoire des Baux 101
Musée d'Histoire et d'Archéologie, Antibes 154
Musée d'Histoire et de Céramique biotoises, Biot 160
Musée d'Histoire locale, St-Paul-de-Vence 151
Musée d'Histoire naturelle, Marseille 123
Musée du Pays brignolais, Brignoles 134
Musée du Petit Palais, Avignon 53
Musée du Riz, Camargue 93
Musée du Santon en Provence, Cavaillon 78
Musée du Terroir, Peille 183
Musée du Tire-Bouchon, Ménerbes 58
Musée du vieil Aix, Aix-en-Provence 112, 115
Musée du vieux Marseille, Marseille 121

Musée du vieux Nîmes, Nîmes 86
Musée du Vigneron, Rasteau 69
Musée extraordinaire, Ansouis 60
Musée Frédéric Mistral, Maillane 106
Musée Granet, Aix-en-Provence 112-113, 134
Musée Grobet-Labadié, Marseille 123
Musée international d'Art naïf A. Jakovsky, Nice 170
Musée international de la Parfumerie, Grasse 144
Musée Jean Cocteau, Menton 184
Musée juif comtadin, Cavaillon 78
Musée Lapidaire, Avignon 54-55
Musée Louis Vouland, Avignon 55
Musée Magnelli, Vallauris 143
Musée Marc Deydier, Cucuron 60
Musée Masséna, Nice 171
Musée Matisse, Nice 172
Musée municipal, Orange 71-72
Musée municipal Pierre de Luxembourg, Villeneuve-lès-Avignon 80
Musée national Fernand Léger, Biot 160
Musée national Message biblique Marc Chagall, Nice 172
Musée national Picasso, Vallauris 142-143
Musée naval, Monaco 181
Musée naval et napoléonien, Cap d'Antibes 157
Musée océanographique, Monaco 181
Musée de Paléontologie humaine de Terra Amata, Nice 172
Musée Paul Arbaud, Aix-en-Provence 112
Musée Pétrarque, Fontaine-de-Vaucluse 65
Musée Peynet et du Dessin humoristique, Antibes 153
Musée Picasso, Antibes **136**, 137, 155-156
Musée Pol-Mara, Gordes 63
Musée provençal du Costume et du Bijou, Grasse 144-145
Musée Réattu, Arles 96, 99
Musée Renoir, Cagnes-sur-Mer 161
Musée Volti, Villefranche-sur-Mer 177
Musée Yves Brayer, Les Baux 101
Museon Arlaten, Arles 96, 99

N

Napoléon 31, 158-159, **158-159**
Nice 43, 164, **164**, 166-173, 186
   carte 169
   Cours Saleya 168
   histoire 24, 31, 32, 33, 40
   Hôtel Negresco 167, 171, **171**
   Miséricorde, chapelle de la 168
   Musée archéologique 172
   Musée d'Art moderne et contemporain 171-172
   Musée de la Marine 169
   Musée des Beaux-Arts 170, 171
   Musée international d'Art naïf A. Jakovsky 170
   Musée Masséna 171
   Musée Matisse 172
   Musée national Message biblique Marc Chagall 172
   Musée de Paléontologie humaine de Terra Amata 172
   Notre-Dame-de-l'Annonciation 168
   Palais de la Méditerranée 167
   Palais des Ducs de Savoie 168
   Palais Lascaris 168-169
   St-Jacques 168
   St-Nicolas 164, 170-171
   Ste-Réparate 168
   Théâtre municipal 168
   Vieux Nice 164, **168**, 168-169
   À la découverte du vieux Nice 168-169
Nîmes 29, 82-86, **83**, 186
   Arènes 84-85
   Carré d'art 86
   Jardin de la Fontaine 86
   Maison carrée **84-85**, 85-86
   Musée archéologique 84
   Musée du Vieux Nîmes 86
Notre-Dame et St-Castor 86
Notre-Dame, Ramatuelle 131
Notre-Dame, Venasque 80
Notre-Dame, Villeneuve-lès-Avignon 80
Notre-Dame-d'Alidon, Oppède-le-Vieux 57
Notre-Dame-d'Aubune, Beaumes-de-Venise 68
Notre-Dame-de-Beaulieu, Cucuron 60
Notre-Dame-de-Beauvoir, Moustiers-Ste-Marie 198
Notre-Dame-de-la-Garde, Marseille 125
Notre-Dame-de-l'Annonciation, Nice 168
Notre-Dame-de-Nazareth, Orange 73

Notre-Dame-de-Nazareth, Vaison-la-Romaine 67
Notre-Dame-des-Anges, Isle-sur-la-Sorgue 64
Notre-Dame-des-Doms, Avignon 53
Notre-Dame-du-Bourg, Digne-les-Bains 202
Notre-Dame-du-Puy, Grasse 145
Notre-Dame-du-Thoronet 132
Notre-Dame et St-Castor, Nîmes 86

O

Oppède-le-Vieux 56-57
Oppidum d'Entremont 134
Orange 29, **70,** 70-73
   Musée municipal 71-72
   Notre-Dame-de-Nazareth 73
   Théâtre antique 70-71, **72-73**

P

Pagnol, Marcel 38, 43
Peinture 40-43
Parc national du Mercantour 188, 190, 192-193
   Barcelonnette 193
   Breil-sur-Roya 192
   Isola 2000 188, 193
   La vallée des Merveilles 25, 188, 192-193
   Saorge 192
   St-Étienne-de-Tinée 193
   St-Martin-Vésubie **191,** 193
   Tende 25, 192
   Parc naturel régional de Camargue 89
   La vallée de la Roya 32, 192
   La vallée de la Tinée 192, **193**
   La vallée de l'Ubaye 193
   La vallée de Vésubie 193
Parc naturel régional du Verdon 195
Parc ornithologique de Pont de Gau 92
Parc St-Bernard, Hyères 174
Parc Ste-Claire, Hyères 174
Parc Thuret, Cap d'Antibes 157
Parfumeries 144, 146, **147**
Peille **36,** 183
Peillon 183
Pernes-les-Fontaines 79
Petit Luberon 56-59
Picasso, Pablo **39,** 42, 117, 136, 137, 142-143, 155-156
Pont du Gard 87, **87**
Pont St-Bénezet, Avignon 54, **54**
Porquerolles, Ile de 127
Port-Cros, Ile de 127, **127**
Poteries 198, **198,** 199
Pourrières 117
Provençal (langue) 29, 38

R

Rainier III, Prince (Monaco) 178-179, 180, 181
Ramatuelle 130-131
Rasteau 69
   Musée du Vigneron 69
Renoir, Pierre-Auguste 42, 161
Restaurants et hôtels 211-226
Rhône, vers le sud au fil du 81-106
   Aigues-Mortes 30, 105
   Arles 41, 83, 94-99
   Beaucaire **105**
   La Camargue 83, 88-93
   carte 82-83
   Cathédrale d'images 105
   Fontvieille 105-106
   hôtels et restaurants 215-217
   La Montagnette 83, 102
   Le Vieux Mas 106
   Les Baux 83, 100-101, **100-101**
   Maillane 106
   Mas des Tourelles (entreprise viticole) 106
   Montmajour, abbaye de 105
   Nîmes 29, 82-86, **83,** 186
   Pont du Gard 87, **87**
   Route à l'Olivier 106
   St-Rémy-de-Provence **41,** 83, **103,** 103-104
   Tarascon, château de 106
   Une promenade en Arles 98-99
   Riez 189, 199
   La vie romaine et la culture 74-75
Roussillon 47, 61
   Colorado provençal, Rustrel 61
   Sentier des Ocres 61
Route à l'Olivier 106
Route Napoléon 159
Roya, vallée de la 32, 192

S

Saignon 59, **60**
Saint-Blaise, Les Baux 101
Stes-Maries-de-la-Mer 89, 90, 92, 93, **93**
Saint-Firmin, Gordes 63
Saint-Michel de Frigolet, La Montagnette 102
Salernes 132
Salin-de-Giraud 93
Salon-de-Provence 134
   Maison de Nostradamus 134
Sancta-Maria-in-Albis, Breil-sur-Roya 192
Sanctuaire de la Garoupe, Cap d'Antibes 157, **157**
Saorge 192
Sault 79, 189, 201
Séguret 69
Sénanque, abbaye de **45,** 63

Sivergues 59
Sospel 202
Sports 195
St-Étienne-de-Tinée 193
St-Honorat, Ile 136
St-Jacques, Nice 168
St-Martin-Vésubie **191,** 193
St-Michel-Archange, Menton 185
St-Michel du Var (monastery) 133
St-Nicolas, Nice 164, 170-171
St-Paul-de-Mausole, St-Rémy-de-Provence 104
St-Paul-de-Vence 137, 150-152, **151**
   Église collégiale **150,** 151
   Fondation Maeght 151-152, **152**
   Musée d'Histoire locale 151
Saint-Bernard 152
St-Pierre, Villefranche-sur-Mer 176-177
St-Rémy-de-Provence **19,** **41,** 83, **103,** 103-104
   Centre d'art Présence Vincent Van Gogh 104
   Hôtel de Sade 104
   Musée des Alpilles 104
   Site archéologique de Glanum 103-104
   St-Paul de Mausole 104
St-Sauveur, Aix-en-Provence 34, 111-112, **114,** 115
St-Sauveur, Le Crestat 68
St-Siffrein, Carpentras 78
St-Tropez 119, **128-129,** 128-129, 186
   Musée de l'Annonciade 129
   Place des Lices 129
   Vieux-Port 129
St-Trophime, Arles 26, 96
St-Victor, Marseille 123
St-Vincent, Les Baux 101
Ste-Agnès **183,** 186
   Fort Maginot de Ste-Agnès 186
Ste-Anne, Apt 59
Ste-Anne, Cannes 141
Ste-Croix, Lac de, Gorges du Verdon 197
Ste-Marguerite, Ile 136, **141,** 141, 162
Ste-Réparate, Nice 168
Ste-Roseline château, Les Arcs 132
Ste-Victoire, Mont 23, 116-117, **116-117**
   Le Tholonet 116
   Pourrières 117
   Vauvenargues 117
Suzette 68

T

Tarascon, château de 106
Tende 25, 192
   Musée des Merveilles 25, 192
Thermes de Constantin,

Arles 96, 99
Thermes de Gréoux-les-Bains 202
Tinée, vallée de la 193, **193**
Tourrettes-sur-Loup 162, **162**
Tourtour 133
Trigance 196
Truffles 58

U

Ubaye, vallée de l' 193

V

Vacqueyras 68
Vaison-la-Romaine 47, **66,** 66-67, **67,** 68
   Notre-Dame de Nazareth 67
Valensole, plateau de 199
   Allemagne-en-Provence 199
   Riez 189, 199
Valensole 189, 199
Vallauris 39, 136, 142-143
   Musée de la Céramique 143
   Musée Magnelli 143
   Musée national Picasso 142-143
Van Gogh, Vincent 11, 41-42, 82, 83, 97, 98, 103
Vauban, Sébastien le Prestre de 156
Vaucluse 22, 45-47, 186
Vauvenargues 117
Venasque 79-80
Vence 137, 148-149
Ventoux, Mont 78-79
Verdon, Gorges du 188-189, **194-195,** 194-197
Vers le sud au fil du Rhône 81-106
Vésubie, vallée de la 193
Villa Éphrussi de Rothschild, Cap Ferrat 177, 186
Villa Kerylos, Beaulieu-sur-Mer 177
Villa-Musée Fragonard 145, **145**
Villa de Noailles, Hyères 174
Villa Thuret, Cap d'Antibes 174-175
Village des Bories 63, **63**
Villecroze 133
Villefranche-sur-Mer 156, 176-177, **177**
   St-Pierre 176-177
Villeneuve-lès-Avignon 80
   Chartreuse du Val de Bénédiction 80
   Fort St-André 80
   Musée municipal Pierre de Luxembourg 80
   Notre-Dame 80
   Tour Philippe Le Bel 80
Vin 20-21, 76-77